J. Krishnamurti

LA REVOLUCIÓN INTERIOR

Transformar el mundo

editorial Kairós

Título original: INWARD REVOLUTION

© 1971 & 2005 KRISHNAMURTI FOUNDATION TRUST LTD
Brockwood Park, Bramdean,
Hampshire SO24 0LQ, England

Recopilación: Ray McCoy

© de la presente edición en lengua española:
2008 by Editorial Kairós, S.A.

Editorial Kairós, S.A.
Numancia 117-121, 08029 Barcelona, España
www.editorialkairos.com

Nirvana Libros S.A. de C.V.
3ª Cerrada de Minas 501-8, CP 01280 México, D.F.
www.nirvanalibros.com.mx

Traducción: Elsa Gómez Belastegui
Revisión: FKL

La presente edición en lengua Española ha sido contratada — bajo la licencia
de la Krishnamurti Foundation Trust Ltd (KFT) www.kfoundation.org
e-mail: kft@brockwood.org.uk — con la Fundación Krishnamurti
Latinoamericana (FKL), Apartado 5351, 08080 Barcelona, España.
www.fkla.org e-mail: fkl@fkla.org

I.S.B.N.: 978-84-7245-672-3
Depósito legal: B-25.683/2008

Fotocomposición: Grafime. Mallorca 1. 08014 Barcelona
Tipografía: Times, cuerpo 11, interlineado 12,8
Impresión y encuadernación: Romanyà Valls. Verdaguer, 1. 08786 Capellades

NOTA PARA LA EDICIÓN
EN ESPAÑOL

Krishnamurti pronunció estas catorce conferencias durante los meses de diciembre de 1970 y enero y febrero de 1971 en cuatro diferentes ciudades de la India. Las cinco primeras en Nueva Delhi, las dos siguientes en Bangalore, la octava, novena y décima en Madrás, y las cuatro últimas en Bombay. El público al que iban dirigidas era diferente en cada una de las ciudades, y por eso mismo se observan repeticiones en los temas tratados e incluso, en ocasiones, similitud en las propias frases. No obstante, el enfoque siempre nuevo que Krishnamurti da a cada una de sus conferencias, las convierte en exploraciones únicas del continuo cambio a cada instante del proceso de la vida.

SUMARIO

1. ¿ES POSIBLE VIVIR SIN ESFUERZO EN ESTE MUNDO DE LOCOS?

Si hay algo sobre lo que de verdad resulta difícil aprender es sobre la comunicación. Decir que hay comunicación entre nosotros significa que compartimos un factor común, que reflexionamos juntos acerca de un problema; no se trata simplemente de recibir, sino de compartir, de crear juntos. La palabra *comunicación* lleva todo esto implícito: tomar un factor común a todos nosotros y examinarlo detenidamente, es decir, compartirlo. Nos encontramos aquí para conversar sobre una serie de cuestiones, lo cual significa que ustedes participan del problema, que no se limitan a escuchar, discutir, asentir o discrepar, sino que examinamos juntos el problema, y por consiguiente, resolver ese problema es responsabilidad de ustedes tanto como de quien les habla. Tienen que participar en ello, puesto que es un problema que afecta a todos los seres humanos, ya vivan en los Estados Unidos, en Rusia o donde fuere. Y el problema no es otro que la necesidad de un cambio radical.

Cuando uno viaja por el mundo, ve algo que es común a todos los lugares, y es la necesidad que tienen todos ellos de una completa revolución. No me refiero a una revolución en el sentido físico; no hablo de lanzar bombas, ni de una revuelta con derramamiento de sangre, ya que, con el tiempo, toda revolución física desemboca inevitablemente en una dictadura burocrática o en el despotismo de una minoría. Éste es un hecho histórico que ni siquiera hace falta discutir. Sobre lo que sí tenemos que conversar, juntos, es sobre la revolución interior. Porque es obvio que no podemos seguir viviendo con nuestra actual actitud psicológica, deben producirse inmensos y drásticos cambios, no sólo en la estructura externa de la sociedad sino en nosotros mismos, dado que la sociedad en la que vivimos, la cultura en la que se nos ha educado, forma parte de nosotros. Esa estructura social y esa cultura son lo que nosotros hemos creado; nosotros somos la cultura y la cultura es lo que nosotros somos: somos el mundo y el mundo es nosotros. Es obvio que uno representa a la cultura en la que ha nacido, forma parte de ella; y para cambiar esencialmente esa estructura, uno tiene que cambiarse a sí mismo.

Una mente confusa, una mente sustentada en ideologías o en arraigadas convicciones, no puede alterar nada ni provocar ningún cambio en la estructura social, puesto que precisamente aquel que debería actuar está confundido y, por tanto, el resultado de cualquier acción que emprenda se basará en la confusión. Creo que esto está claro. Es decir, uno es el mundo, no en un sentido abstracto, no como idea, sino como realidad; uno es la cultura en la que vive. Usted es el mundo y el mundo es usted. Y si intenta cambiar la estructura social –y no hay duda de que es necesario cambiarla– actuando a partir de su confusión, de su fanatismo, a partir de sus mezquinos, fanáticos y limitados ideales y convicciones, lo único que conseguirá será crear más caos y una desdicha aún mayor.

La pregunta a la que hemos de responder, entonces, es si la mente humana tiene posibilidad de experimentar un cambio radical; un cambio que no dependa del proceso analítico ni sea fruto de la progresión en el tiempo: un cambio instantáneo. ¿Puede la mente humana, o sea, podemos cada uno de nosotros provocar una revolución psicológica en nuestro interior? Eso es lo que vamos a examinar; eso es lo que, juntos, vamos a explorar y compartir.

Compartir significa que no hay maestro ni discípulo. El *gurú* jamás podrá compartir nada; puede únicamente instruir. Quien les habla ahora no es su *gurú*, no es su autoridad, no tiene intención de decirles lo que deben hacer; lo único que a esta persona le interesa es examinar y comprender ese problema tan descomunal y complejo que es cómo provocar un cambio social. Porque vivimos en una sociedad corrupta, en la que reinan la injusticia, la guerra y toda clase de brutalidad y violencia; y, puesto que los seres humanos que viven en cada sociedad concreta, en cada cultura, forman parte de ella, tiene que haber una revolución en la psique, una revolución dentro de cada ser humano, para que se produzca realmente un cambio radical.

Eso es lo que vamos a compartir, examinar y comprender juntos. Y *juntos* significa que no hay división. Aunque quien les habla esté sentado sobre una plataforma, la realidad es que no hay división alguna entre nosotros a la hora de investigar. Me gustaría que quedara muy claro que quien les habla no trata de instruirles, que no tiene la menor autoridad. La autoridad encadena, destruye, corrompe; nosotros estamos aquí para compartir nuestros problemas y estudiarlos entre todos. Para ello, la comunicación verbal tiene una enorme importancia, dado que las palabras nos van a permitir comunicarnos; ahora bien, si queremos que nuestra comunicación vaya más allá de lo verbal, debemos establecer entre ustedes y quien les habla una cualidad de la mente en la que las palabras no sean necesarias.

Para poder llegar a eso, debemos primero hacer uso de la razón, de la lógica, debemos pensar con claridad, con objetividad, con cordura, y luego examinar; pues si se aferran a su condicionamiento cultural particular, obviamente no serán capaces de examinar nada. El examen requiere libertad; y si uno se adhiere a una determinada convicción, a una tradición, a un ideal concreto, no podrá examinar, no podrá razonar con claridad. Y es fundamental que uno razone, que sea capaz de examinar objetivamente, porque sólo entonces se puede ir más allá de la razón.

De modo que vamos a reflexionar sobre esta cuestión, teniendo presente que es necesaria una profunda y radical revolución psicológica, que tendrá un impacto inmediato en la sociedad en la que vivimos; la revolución debe comenzar por la mente humana, y no por la estructura que la mente ha creado, ya se trate de la sociedad comunista, de la llamada sociedad democrática, de la sociedad capitalista o de la maoísta. Así pues, nuestra primera pregunta es si la mente humana –que es producto del tiempo, de lo que se conoce como evolución, que ha vivido miles de experiencias–, si esa mente que cada uno de nosotros tenemos y en la que están comprendidos el cerebro, el corazón, el ser entero, si la estructura completa de los seres humanos puede de raíz transformarse a sí misma, en lugar de depender de que sea el medio circundante el que la transforme. Vean, por favor, la importancia de esto. Son ustedes quienes han creado el medio en el que viven, de manera que si dependen de él, si confían en que será la estructura social la que provocará una transformación, se están engañando a sí mismos, viven en una ilusión, porque esta sociedad la han creado ustedes.

Ahora bien, ¿cómo puede cambiar una mente que está tan condicionada? Si observan su mente, verán hasta qué punto está programada de acuerdo con el modelo hindú, budista, cristiano, comunista, maoísta… La mente está condicionada por el tiempo, por la cultura, por toda una serie de influencias; está condicionada por el pasado –de hecho, el condicionamiento *es* el pasado–. Así que ¿cómo puede una mente de estas características provocar en su interior un cambio total? Eso es lo que vamos a intentar averiguar juntos a lo largo de estas charlas.

Bien, al participar en una charla como ésta, deben escuchar, no con el fin de adquirir conocimientos, sino a fin de poder observar con claridad. Hay dos modos de aprender muy distintos. Uno es un movimiento de acumulación, como el que se produce cuando estudiamos un idioma y adquirimos conocimientos. Esos conocimientos que uno almacena son el pasado y uno actúa basándose en ellos; o sea, actúa de acuerdo con lo que ha aprendido, y *lo que ha aprendido* es el pasado. Y existe otra forma de aprender, que no consiste en acumular sino en avanzar continuamente, en seguir adelante mientras uno aprende, y de ésa es de la que hablaremos con más detenimiento a medida que vayamos avanzando.

¿Puede el individuo cambiar a través de un proceso analítico, es decir, mediante la introspección, mediante el enfoque crítico en sus diversas modalidades? ¿Puede la mente condicionada transformarse a sí misma a través del análisis y descubrir la manera de provocar una revolución en la psique? Lo que preguntamos es si la mente puede cambiar por medio del análisis. El análisis implica que hay un observador que analiza y un objeto analizado. Por favor, observen esto en sí mismos, no se limiten a escuchar con indiferencia, de un modo superficial; obsérvenlo en sí mismos, pues eso es lo que significa compartir. Estamos diciendo que, cuando analizamos, existen un observador –el analizador– y aquello que analiza, de manera que existe una división; y cuando hay división, forzosamente hay conflicto, no sólo en el aspecto físico, sino también en el psicológico. Cuando hay división entre el hindú y el musulmán, el conflicto es ineludible, y cuando hay división entre el analizador y lo analizado, tiene que haber conflicto igualmente, ya que el analizador, al analizar aquello que ha observado en sí mismo, inmediatamente intenta corregirlo, controlarlo, reprimirlo.

¿Entienden de qué hablamos? No es difícil de entender. Si observan en sí mismos lo que se está diciendo, es muy sencillo; se vuelve extremadamente difícil sólo si lo tratan como una cuestión intelectual.

Miren, estamos acostumbrados al análisis. Tanto sus religiones como su formación sociológica y su condicionamiento les han enseñado a analizar paso a paso, a progresar lentamente; así se les ha educado. Y yo les aseguro que eso jamás producirá un cambio, porque lo que hace el análisis es posponer la acción. ¿Tiene alguna posibilidad de provocar un cambio fundamental, un verdadero cambio, el análisis dualista que realiza el analizador? ¿Quién es ese analizador? ¿Es diferente el analizador del objeto analizado?

Nuestra vida entera es un movimiento nacido de la fragmentación. Somos seres humanos fragmentados, externa e internamente. Miren lo que está sucediendo en el mundo y lo verán: el Norte enfrentado al Sur, el Este al Oeste. La fragmentación es una constante: hay antagonismo entre católicos y protestantes, entre hindúes y musulmanes; antagonismo entre la vida privada y la vida pública —en privado uno es de determinada manera y en público es de otra—. Nuestra vida es acción fragmentada. Por favor, obsérvenlo; no es algo que uno pretenda enseñarles. Vean que esto es lo que ocurre en todas las partes del mundo: los judíos, los árabes, los sikhs; ya conocen toda esa insensatez. Eso es lo que sucede en el exterior, y en el interior es también lo único que hay: fragmentación, división entre el observador y lo observado, entre el analizador y aquello que analiza.

Y ¿es el analizador diferente de aquello que analiza? El analizador examina su ira, su envidia, su ambición, su codicia o su brutalidad a fin de superarlas, de reprimirlas o de oponerles resistencia; las examina a fin de obtener un resultado, en sentido negativo o positivo. ¿Y quién es el examinador y qué es aquello que examina? ¿Quién es? ¿Quién es el analizador? ¿No es acaso uno de los muchos fragmentos? Puede que se considere a sí mismo el "superfragmento", que se denomine a sí mismo "la mente", "la inteligencia", pero sigue siendo un fragmento nada más; puede que se llame a sí mismo el *atman* o lo que quiera llamarse, pero no puede ser más que un "superfragmento". ¿Me están siguiendo?

No se trata de que asientan o discrepen, sino de que observen lo que ocurre en sus vidas, porque es nuestra vida, nuestro vivir, lo que tenemos que cambiar, no nuestros ideales, nuestras conclusiones y convicciones... ¿Qué importancia puede tener todo eso? ¿Qué puede importar que alguien diga: «Estoy completamente convencido de que todos somos uno»? ¡Menuda estupidez! No lo somos; es tan sólo una idea, es decir, una fragmentación más.

¿Es realmente el observador, el analizador, distinto de lo analizado? ¿Acaso no son los dos una misma cosa? Por favor, es importante comprender esto con mucha claridad, hasta el fondo, porque si son lo mismo –y si observan verán que lo son–, entonces el conflicto toca a su fin. Miren, vivimos en conflicto desde que nacemos hasta que morimos, en lucha constante; y no hemos sido capaces de resolver este problema. Lo que estamos diciendo es que mientras hagamos una separación entre el analizador y aquello que éste analiza, inevitablemente habrá conflicto. Porque el analizador es el pasado, que ha adquirido conocimientos a través de diversas experiencias e influencias; es el censor que juzga: «Esto está bien, y esto está mal; debería ser de esta manera, y no de aquélla», etcétera. El censor es siempre el pasado, que, basándose en su condicionamiento, cada vez que observa una actuación dicta cómo debería o no debería ser, cuándo debería reprimirse o cuándo trascenderse.

Probablemente no estén acostumbrados a esta clase de examen. Por desgracia, tienen demasiados *gurús* en este país, que les han dicho cómo deben comportarse, lo que deben pensar y practicar; son unos dictadores y ustedes han dejado de pensar con cordura. Los *gurús* no crean, destruyen. Si de verdad lo entendieran, abandonarían por completo a cualquier autoridad espiritual; no seguirían a nadie, incluido a quien les habla. Observarían con el corazón, con la mente; indagarían, examinarían para descubrir, porque cada uno es el que debe cambiar, no su *gurú*. En el momento que alguien se erige a sí mismo en *gurú*, esa persona se ha alejado de la verdad.

Así pues, quien analiza es el pasado, que es el censor, que es el analizador; y el pasado crea la división. El análisis, además, requiere tiempo: uno puede necesitar días, meses, años para analizar y, por consiguiente, no existe una acción completa. La acción de una mente introspectiva, de una mente que se limita a seguir un patrón establecido, de una mente que opera de acuerdo con el pasado, de acuerdo con el analizador, es siempre una acción incompleta y, por tanto, confusa, debido a lo cual sólo es capaz de crear desdicha. Lo importante es que uno vea por sí mismo que en verdad el análisis, o sea, la introspección que intenta averiguar la causa, no es la manera de ser libre. Uno le dedica todo el tiempo que requiere –innumerables días y meses–, y antes de haber llegado a averiguar nada se ha muerto.

De modo que si realmente ven que el análisis no es el camino para que la mente se libere por completo de su condicionamiento, abandonarán de una vez por todas el proceso analítico. Si ven el peligro que entraña el análisis de la misma forma que ven el peligro que representa una serpiente, si ven de hecho su peligro, no se acercarán a él nunca más. Entonces la mente se libera de la idea del análisis y, simplemente por eso, su cualidad ya es diferente; la mente es capaz entonces de mirar en otra dirección. La antigua dirección, la antigua tradición, los antiguos métodos y sistemas, lo que ofrecen los *gurús*, lo que ofrecen los libros es todo un proceso gradual, una forma de análisis; al percibir la verdad acerca del análisis, todo eso queda definitivamente atrás, y, puesto que ya no están atrapados en el análisis, su mente se vuelve mucho más aguda, mucho más clara.

¿Están observando todo esto en sí mismos a medida que avanzamos? No se trata de que estén de acuerdo, sino de que realmente lo hagan, que observen, que estén completamente atentos a fin de descubrir la verdad sobre esta cuestión. La verdad no es algo que exista en la distancia; está *aquí* mismo; pero hay que saber mirar. Una mente que está presa en los prejuicios, una mente cargada de conclusiones y creencias, es incapaz de ver, y uno de nuestros prejuicios es el valor que concedemos al proceso analítico. Al ver esto, uno lo abandona; y si uno realmente lo ha abandonado, ya no está preso en él, y su pensar deja de medirlo todo en función del avance, de la represión, de la resistencia, todo lo cual está implícito en el análisis.

¿Estamos juntos compartiendo esto? ¿Existe en este momento verdadera comunicación entre nosotros? Pues compartir significa, no que están escuchando lo que se dice, sino que estamos observándolo juntos; y en eso hay una gran belleza, hay auténtico amor. Pero si están ahí sentados y lo único que hacen es escuchar una serie de ideas a las que a continuación se suman o se oponen, no nos estamos comunicando, no estamos en comunión unos con otros; en ese caso no estamos compartiendo nada.

Así pues, si el análisis no es el medio que puede hacer realidad una revolución psicológica radical, ¿existe otro medio? Es decir, ¿existe otro método, otro sistema mediante el cual sea posible dejar atrás todo condicionamiento, a fin de que la mente sea libre? Ésa es precisamente la siguiente cuestión.

La mente nunca será libre mientras exista cualquier clase de esfuerzo, y lo cierto es que el esfuerzo está constantemente presente en cada aspecto de nuestra vida: uno siente que debe ser esto o aquello, que debe alcanzar una meta, que debe convertirse en lo que sea. Todo ese proceso implica un esfuerzo tremendo; y ¿acaso no está implícita en el esfuerzo la necesidad de reprimir, de amoldarse o de oponer resistencia?

Lo cierto es que somos esclavos del verbo *ser*. No sé si han advertido en sí mismos cómo el pensamiento quiere llegar a *ser* algo, a *tener* éxito, a *ser* libre. El verbo *ser* condiciona a la mente, pues en él existen, de forma tácita, el pasado, el presente y el futuro: he sido, seré, o soy. Obsérvenlo, por favor, ya que éste es uno de sus mayores condicionamientos. Y bien, ¿puede la mente liberarse de todo ese proceso? ¿Existe acaso un mañana en el ámbito psicológico? El mañana existe en el sentido del tiempo que marca el reloj, pero psicológica, interiormente, ¿existe tal cosa como el mañana? Y no me refiero a la ilusión del mañana que el pensamiento crea; pregunto si ese mañana existe como hecho real. Verán que el mañana psicológico, el *seré*, existe sólo cuando el condicionamiento hace a la mente prisionera de la trampa del llegar a ser.

Me da la sensación de que no siguen lo que estoy diciendo y no sé cómo transmitírselo. Miren, una de nuestras mayores dificultades es que hemos dejado de pensar, de razonar. Nos hemos alimentado de las palabras de otros, nos hemos convertido en seres de segunda mano; por eso es tan difícil conversar con claridad y franqueza. Y para tratar este problema que nos incumbe, es imprescindible que haya por ambas partes una claridad en el pensar, porque nos encontramos ante un problema tremendo que debemos resolver.

Mientras esté en marcha el proceso del devenir –de llegar a ser bueno, noble, de dejar de ser violento, de conseguir un objetivo, de lo que quiera que sea que los *gurús* prometen y los libros explican que uno, finalmente, alcanzará un día–, mientras exista este condicionamiento del llegar a ser, habrá conflicto... ¿No es sencillamente un hecho? De modo que la idea del devenir es causa de conflicto, ¿no?, y el conflicto, inevitablemente, distorsiona y desequilibra la mente. Por tanto, la cuestión es si hay posibilidad de que la mente funcione de una forma sana, con cordura, con expansión, con verdadera inteligencia y sin ningún esfuerzo.

Así pues, señores, si me permiten decirlo –y no es una crítica, ni lo digo en tono despectivo–, sus mentes, como verán si las observan con mucho cuidado, están siempre enfocadas hacia el futuro, en lo que un día será, o hacia el pasado. Si trabajan en una oficina, piensan en llegar a ser el gerente, en escalar sin tregua hasta alcanzar lo que sea que uno alcance –generalmente, alguna idiotez–; y, siguiendo la misma pauta, piensan que un día llegarán a ser perfectos, que dejarán de ser violentos, y que vivirán, por fin, en un estado de paz absoluta. Así es como tradicionalmente se les ha enseñado a pensar, ésa es su tradición, lo cual ha terminado convirtiéndose en un hábito. Ahora se les desafía a que piensen y miren de una forma muy distinta, y el reto que se plantea les parece tan difícil que exclaman: «Pero ¿cómo es posible vivir en este mundo enloquecido sin hacer ningún esfuerzo? ¿Cómo voy a vivir conmigo mismo sin esforzarme?». ¿No es eso lo que se preguntan? ¿Acaso no son eso sus vidas: una constante batalla exterior por conseguir seguridad en todos los aspectos, y también una batalla interior por llegar a ser, por cambiar, por alcanzar? El problema es que en el momento en que existe cualquier clase de esfuerzo, es inevitable que se produzca una distorsión, ¿comprenden?; al igual que sucede con una máquina, que en cuanto se la fuerza deja de funcionar como corresponde.

Por tanto, vamos a averiguar si es posible que la mente viva sin ningún esfuerzo, sin que eso signifique entrar en un estado vegetativo. No soy yo quien les pregunta; esta pregunta les pertenece a ustedes, son ustedes quienes se la formulan. Lo único que han conocido hasta ahora es el esfuerzo, la resistencia, la represión, y el seguir a otra persona; eso es cuanto conocen. Y ahora preguntamos si la mente que ha aceptado este sistema, esta tradición y esta forma de vivir, puede dejar de realizar cualquier esfuerzo. Vamos a examinarlo juntos; no es algo que vayan a aprender de mí. Por favor, es importante que entiendan que no están aprendiendo de quien les habla; aprenden a través de la observación y, por consiguiente, lo que aprenden es suyo, no mío. ¿Comprenden?

El esfuerzo existe cuando hay dualidad. Dualidad significa contradicción: «Soy esto pero me gustaría ser aquello», tener deseos y propósitos contradictorios, ideas contradictorias. La mayoría de los seres humanos son violentos, son animales terribles; pero albergamos el ideal de llegar a ser personas pacíficas, por tanto, existe una contradicción entre el hecho y la idea. El hecho es que los seres humanos son violentos, y lo que no es un hecho es el ideal de la no violencia. Si no existiera en absoluto ese ideal, uno tendría que afrontar el hecho, ¿no? Ahora bien, ¿pueden abandonar por completo el ideal y afrontar *lo que es*?; ¿pueden abandonar sus convicciones, sus códigos, sus ideales y esperanzas, puesto que todos ellos les impiden observar *lo que es*? *Lo que es* es la violencia; pero, como no sabemos qué hacer con ella, forjamos ideales. Y bien, tal como decíamos, ¿han eliminado sus ideales y convicciones? No, no lo han hecho, lo cual significa que siguen viviendo de ideales y palabras. Cuando alguien asegura que está convencido de algo, lo cierto es que no está observando los hechos, no está observando *lo que es*; está atrapado en una conclusión que le impide observar *lo que es*.

Si una persona quiere cambiar radicalmente, debe observar *lo que es*, y no *lo que debería ser*. Como pueden ver, tener ideales es una de las razones de que no tengan energía, de que no tengan pasión, porque esos ideales les hacen vivir en una especie de ensimismamiento. Así es que ¿puede la mente liberarse del futuro, entendiendo por "futuro" lo que uno será? El futuro es la palabra, es el verbo *ser*; por eso, si uno se desprende de él, lo único que importa es *lo que es*, y su mente tiene entonces la claridad necesaria para mirar, una claridad que no existe cuando uno vive con la mirada puesta en un momento u otro del futuro. Los idealistas son, así pues, la gente más hipócrita del mundo, ya que eluden la realidad. Si quiero cambiar, debo afrontar *lo que es*, no imaginar *lo que debería ser*; no puedo estar limitado por conclusiones, convicciones, códigos y sistemas; debo estar en contacto con *lo que es* para saber cómo abordarlo y qué hacer al respecto. ¿No les parece algo simplemente lógico y razonable?

Y ahora surge la pregunta: ¿cómo observa uno *lo que es*? Porque *lo que debería ser* adopta el papel de la autoridad, ¿entienden?; mientras que la mente que se ha liberado de *lo que debería ser* no tiene autoridad alguna, y debido a ello está libre de cualquier clase de suposición que engendre autoridad, lo que significa que es libre para observar realmente *lo que es*. Y bien, ¿cómo observa esa mente?; ¿qué relación hay entre el observador y lo observado? La mente está ahora libre de ideales, de conclusiones, de toda autoridad, porque la autoridad sólo existe cuando uno trata de llegar a ser algo, cuando el *gurú* o el libro, en su papel autoritario, insisten en que uno alcanzará su objetivo si sigue un determinado sistema: «Haz esto y lograrás aquello», situando "aquello" siempre en el futuro, y eludiendo de ese modo el presente. Cuando la mente está libre de autoridad, libre de cualquier clase de concepto, la pregunta que se plantea es: ¿cómo puede la mente observar de verdad *lo que es*?

Así pues, *lo que es* es que los seres humanos son violentos. No es difícil averiguar, explicar y constatar las causas de esa violencia: uno ve que la violencia está presente en el animal y, como descendemos de los animales, es comprensible que seamos agresivos, que seamos violentos; y también debido a la sociedad en la que vivimos, de la que somos responsables. El hecho es que somos violentos. Ahora bien, ¿cómo observa la mente este hecho, que es la violencia? ¿Cómo observan la violencia? Cuando están enfadados, cuando sienten envidia, celos, o se apodera de ustedes la ira, ¿cómo observan lo que está sucediendo? ¿Lo observan como un observador separado del hecho que observa? Porque, en ese caso, crean una división. ¿Es así como observan? ¿Hay un observador que observa la violencia? ¿O es su observación un proceso unitario, completo, en el que no hay separación entre el observador y lo observado? ¿Cuál de las dos es su forma de observar? ¿Observan el hecho de que son violentos, codiciosos o envidiosos separándose a sí mismos del hecho y creando así en el observador la idea de que es distinto de aquello que observa, o ven que la ira, la envidia, la violencia forman parte del observador y que, por tanto, el observador es lo observado? ¿Es esto lo que ven? Porque si ven que no hay división entre el observador y lo observado (aquello que el observador observa), que la ira y los celos son inseparables del observador, que el observador está celoso, entonces el conflicto toca a su fin.

Hay conflicto mientras hay división: cuando uno es hindú y el otro es musulmán; cuando uno es católico y el otro, protestante; cuando uno es nacionalista y el otro tiene una nacionalidad diferente. Mientras exista cualquier clase de división entre uno y la otra persona, habrá conflicto; y esa división que existe en nuestras relaciones externas ocurre igualmente en nuestro interior: hay división entre "yo" y mis actividades, entre el "yo" que observa y el "yo" que sueña con llegar a ser lo que fuere. En esa división hay conflicto, y una mente que está en conflicto no puede ser libre; una mente sumida en el conflicto está siempre distorsionada. ¿Comprenden esto? No me refiero a una *comprensión* intelectual, que de nada les va a servir; les pregunto si están completamente en contacto con ello.

Todo esto forma parte de la meditación. De hecho, todo esto *es* meditación –no todas las tonterías que habitualmente les cuentan–, meditación para descubrir un modo de vida en el que no exista ningún conflicto; no para escapar, no para evadirse a un mundo de fantasía a través de experiencias místicas, sino para descubrir de verdad en la vida cotidiana una forma de vivir en que la mente no contenga ni rastro de conflicto, es decir, la forma de vivir de una mente a la que el conflicto no ha afectado jamás. Y eso sólo puede suceder cuando uno comprende, cuando de verdad ve –con el corazón, con la mente, con la razón, con su ser entero– la división interior, la división de la psique. Mientras esa división exista –y es un hecho que existe, forzosamente ha de existir cuando uno está empeñado en convertirse en algo: en ser honesto, en ser mejor persona–, el conflicto es ineludible, y ese conflicto le impide a uno ver *lo que es*. Quisiera que entendieran que la bondad nunca puede ser algo alejado de uno y hacia lo que uno avanza. Uno no puede "mejorar" en bondad. La bondad existe en el ahora; florece ahora, no en el futuro.

Por tanto, ¿puede esa mente tan condicionada por el pasado, por la cultura, etcétera, cambiar de un modo radical en el momento que tiene una visión completa de la falsedad de las ideologías, de la falsedad de seguir y obedecer a alguien? Cuando uno obedece, lo hace siempre con el fin de conseguir algo; y al verlo, uno desecha definitivamente toda autoridad. Ahora bien, para percibir el significado profundo de la autoridad, deben entender no sólo la autoridad de la ley, sino sobre todo la autoridad que nace en el interior de uno como fruto de la obediencia. La palabra *obediencia* proviene del latín, significa "oír". Cuando uno oye incansablemente que necesita a un *gurú* porque, si no, nunca podrá comprender la vida ni alcanzar la iluminación, cuando oye insistentemente que es necesario seguir a alguien, al final obedece, ¿no es así? Luego obediencia significa acatamiento, y éste implica a su vez someterse a la autoridad; y una mente abrumada por la autoridad –como lo está la suya– nunca es libre, ni es capaz, por consiguiente, de vivir sin esfuerzo.

¿Les gustaría, quizá, plantear alguna pregunta? Y ¿a quién se la van a hacer? Entiendan, por favor, no pretendo disuadirles de que pregunten, pero ¿a quién van a preguntar? ¿A quien les habla? ¿O preguntarán para compartir la pregunta y averiguar juntos la respuesta? En ese caso, no se trata de una pregunta dirigida a quien les habla, sino de una cuestión que tiene importancia para ustedes y que, precisamente por eso, quieren compartir con quien les habla. Si se limitan a formular una pregunta y a esperar que la conteste quien les habla, estarán de vuelta en su viejo juego, que consiste en dejarse arrastrar de acá para allá, con la esperanza de que alguien les diga lo que deben hacer. En cambio, si plantean la pregunta –y deben hacerlo– con el fin de compartirla, su problema es el problema de todos; su agonía es la agonía de la mente humana; su sufrimiento es el sufrimiento de sus semejantes. Si se limitan a formular una pregunta para que otro la conteste, seguirán sumidos en su desdicha. Así pues, hagan sus preguntas, pero háganlas para compartirlas entre todos, para que las comprendamos juntos.

INTERLOCUTOR: ¿Cuando emplea las palabras *usted* y su *mente*, las entiende como sinónimos?

KRISHNAMURTI: ¿Es eso una pregunta? ¿No son usted y su mente una misma cosa? ¿Está separado de su mente? ¿Acaso es un superalma, el *atman*, que hace uso de la mente? Si es eso lo que cree, que usted es el *atman*, se trata de uno de sus condicionamientos, pues en el mundo comunista nadie cree en ninguna de esas bobadas; allí a la gente se le enseña a no creer en nada de eso, mientras que a usted se le ha enseñado a creerlo. Eso es todo. Se le ha educado para que crea en Dios, y hay millones de personas a las que se ha condicionado para que no crean en él. Pero el condicionamiento es el mismo: el suyo que cree y el de la persona que no cree; ambos están condicionados, y mientras uno esté condicionado jamás podrá averiguar la verdad. Para descubrir la verdad, uno debe abandonar sus creencias. Pregunta si es usted su mente. ¿Acaso no lo es? Uno es lo que piensa; si piensa que es sikh, budista, cristiano, católico o comunista, uno es exactamente eso; si piensa que un día alcanzará el cielo, ésa es su idea, es decir, eso es lo que uno es. Luego ¿por qué se separa a sí mismo de lo que es? Por favor, ponga toda su atención en tratar de comprender esto. ¿Por qué? ¿Por qué cree que es algo separado?

I: Usted dice que cuando la mente deja de actuar no queda nada.

K: «Cuando la mente deja de actuar no queda nada»... ¿es eso cierto? ¿Es eso lo que supuestamente ha dicho quien les habla? Disculpe, pero yo no he dicho eso.

I: ¿Cree que existe algo más allá del ser humano?

K: Como saben, quien les habla ha insistido en que uno debe dejar de lado sus propias creencias y examinar, averiguar, descubrir por sí mismo; y después de hora y cuarto pregunta a quien les habla: «¿Cree que…?». Señor, a esto es a lo que me refiero; lo que buscan y quieren son creencias, piensan que el tener ciertas creencias soluciona el problema. Usted cree que hay algo más allá; no tiene ni idea de si es así, pero cree en ello; acepta como si se tratara de una realidad, de un hecho real, algo sobre lo que no sabe absolutamente nada. ¿Cómo puede una mente confundida, una mente que sufre, una mente sumida en la ira y la amargura averiguar si hay algo que esté más allá? Pero está dispuesto a creerlo porque uno de sus escapes es precisamente creer en algo acerca de lo cual poder discutir sin fin.

I: ¿Podría compartir con nosotros qué entiende por eso a lo que llama "realidad creativa" y explicar si está relacionada con el darse cuenta sin elección?

K: Sí, señor, a eso voy; y por supuesto que está relacionada con el darse cuenta sin elección. Pregunta a qué *llamo* yo realidad. Señor, la realidad no es una opinión; no es a través de opiniones ni de creencias como llega uno a la realidad. Para descubrir lo que es la realidad, la mente debe estar vacía. Por otro lado, no es posible compartir cuando la mente del otro no tiene la misma intensidad, pasión y libertad para mirar; y, además, ¿cómo puede compartir algo sobre lo que no sabe nada? Ahora bien, sobre lo que sí sabemos, juntos, es sobre la confusión, el sufrimiento y la mezquindad de nuestras vidas; el problema es que, en vez de intentar comprenderlo y liberar nuestras mentes de todo eso, queremos saber qué es la verdad. La verdad está donde está uno; cuando el conflicto termina y la mente es libre, la verdad está ahí para que uno la vea.

I: Veo el hecho de que mi mente está fragmentada, dividida en el observador y lo observado; lo que no veo es cómo lo uno y lo otro pueden unirse.

K: El interlocutor dice que ve con claridad que su mente está fragmentada, dividida, que por una parte está el observador y por otra lo observado, y que entre ambos hay conflicto; pero que no sabe qué hacer para que el uno y el otro se unan. Vamos a compartir esta pregunta y a investigarla juntos.

¿Cómo observamos un árbol? El árbol en sí, ¿cómo lo observa? ¿Lo ve a través de una imagen, entendiendo por imagen su conocimiento de ese árbol en particular, su conocimiento de que es un mango, o lo que fuere?

¿Miran el árbol a través de la imagen que tienen de él, es decir, de lo que saben acerca de él? ¿Miran a su vecino, a su esposa o a su marido con el conocimiento o con la imagen que tienen? Es así como los miran, ¿no es cierto? Cuando miran a un comunista, tienen una imagen de lo que significa ser comunista; si miran al protestante, lo hacen con mirada católica, o miran al musulmán con mirada hindú; es decir, miran a través de una imagen, ¿comprenden?, y esa imagen es causa de división. Si estoy casado o vivo con un compañero o una compañera desde hace veinte años, naturalmente que he creado una imagen de esa persona, en la que están incluidos los enfados, la amistad, la camaradería, el sexo, el placer..., y ésa es la imagen a través de la cual ahora la miro. Esto es fácil de entender, ¿no? Vemos, por tanto, que la imagen divide.

Consideremos ahora al observador y lo observado. El observador es la imagen, es el conocimiento del pasado, y, cualquier cosa que observe, la mira a través de esa imagen, lo cual significa que existe una división. Ahora bien, ¿puede la mente estar libre de imágenes, libre de toda imagen? ¿Puede la mente, habituada a crear imágenes, estar libre del proceso de crear imágenes. Es decir, ¿puede el mecanismo que construye las imágenes dejar de existir de una vez para siempre? Pero veamos primero qué mecanismo es ése. Por favor, estamos compartiendo esta cuestión, examinándola juntos; no les estoy instruyendo acerca de ella. En este momento nos preguntamos uno a otro qué es esa imagen, cómo se produce y qué la sustenta.

La maquinaria que construye la imagen es la inatención, ¿se dan cuenta? Si me insulta o me halaga, reacciono, y esa reacción crea la imagen. La reacción surge cuando no hay atención, cuando no estoy completamente atento a su insulto, cuando no presto atención completa; si me llama idiota, y en ese momento no estoy completamente atento a lo que me dice, reacciono y se forma la imagen; mientras que si estoy atento por completo a sus palabras, no hay nada que pueda crear imagen alguna. Lo mismo sucede si me halaga; si le escucho totalmente, con atención total –que es lo que significa atender sin elección, darse cuenta sin elección–, entonces no se forma ninguna imagen en absoluto. En última instancia, crear imágenes es una forma de que a uno no le hagan daño; pero ahora no vamos a entrar en eso, porque nos desviaría de lo que estamos examinando. De manera que cuando alguien le insulte o le halague, en ese momento preste toda su atención, y verá que no se crea ninguna imagen. Y al no tener imagen alguna, no hay ninguna división que separe al observador de lo observado.

I: Justamente ha dicho lo que quería decir. En el momento que la llamo ira, ya me he separado a mí mismo.

K: Exactamente, señor.

I: Y cuando estoy furioso no puedo observar, no se trata de…

K: No, señor, escuche. El interlocutor dice que, cuando hay ira, no existen ni el observador ni lo observado, sólo hay esa reacción de ira, y en cuanto utiliza la palabra *ira*, esa misma definición verbal del sentimiento hace que aparezca el observador, que es diferente de lo observado. ¿Me siguen? ¿Están siguiendo todo esto? Cuando uno está furioso, en ese instante no existen ni el observador ni lo observado, pero un momento, un segundo después, surge el observador y dice: «No debo enfurecerme», o «tengo razones para estar furioso»; es entonces cuando se separan el observador y lo observado, no en el momento de la ira. Ahora bien, en el momento de cualquier crisis, la que sea, no hay tal cosa como el observador y lo observado, pues el momento es demasiado serio y nos reclama por entero; pero dado que no somos capaces de vivir en ese estado de elevada intensidad todo el tiempo, recurrimos a establecer la dualidad. Esto que decimos plantea una pregunta –no puedo profundizar en ella ahora, pero es algo que quizá puedan explorar por sí mismos–, que es: ¿puede la mente vivir sin ninguna clase de reto? La mayoría necesitamos retos, si no, nos quedamos dormidos. El reto es eso que nos reclama, nos empuja, nos exige, nos hace actuar. Así que deben averiguar si la mente puede vivir sin ningún reto en absoluto, lo cual significa tener una mente despierta por completo.

I: ¿Cuando uno está atento se forman imágenes y sólo cuando está inatento no hay imágenes?

K: Mire, señor, si me insulta y yo reacciono al insulto, ¿qué sucede? El insulto ha dejado una huella, un recuerdo en mi mente, ¿no es así? A causa de esa huella, el próximo día que lo vea, sentiré que no es mi amigo. En el caso de que me halagara, eso también dejaría una huella, y la próxima

vez que nos viésemos sentiría que es mi amigo. Es decir,
cualquier marca que se imprima en la mente es el origen
de la imagen; y la importancia de esto es que, como decíamos, una mente atestada de imágenes, cargada de imágenes, no es una mente libre y, por tanto, sólo puede vivir en
conflicto.

2. ¿PUEDE EL PENSAMIENTO ENCONTRAR UNA FORMA DE VIDA ARMONIOSA?

La mayoría de nosotros no planteamos preguntas fundamentales, y, en caso de hacerlo, esperamos que sean otros quienes las contesten. Si les parece, esta tarde vamos a reflexionar sobre una serie de problemas, de cuestiones que, creo, son de carácter fundamental. La primera de ellas es que al observar los innumerables fragmentos de la vida, las diversas clases de actividades que se oponen unas a otras, que se contradicen unas a otras y generan enorme confusión, uno se pregunta si existe una acción capaz de abarcar la totalidad de las actividades divergentes, contradictorias y fragmentarias. No es difícil observar en nuestras propias vidas cómo estamos divididos a causa de los deseos contrapuestos, de actividades políticas, religiosas, artísticas, científicas y mercantiles enfrentadas. ¿Existe, así pues, una acción capaz de responder por completo a todas y cada una de las exigencias de la vida sin ser contradictoria en sí misma? No sé si han formulado alguna vez esta pregunta.

La mayoría vivimos sumidos en nuestra limitada actividad particular, y dentro de ella hacemos lo que podemos: si uno se dedica a la política –y espero que no sea así–, su mundo depende entonces en gran medida de los votos y de todo ese disparate al que la política generalmente se traduce; si es

prioritariamente una persona religiosa, tiene entonces una serie de creencias, y una forma de meditar, que están en contradicción con todos los demás aspectos de su realidad cotidiana; si uno es artista, su vida transcurre completamente al
margen de todo esto, absorto en sus propios puntos de vista, en su propia percepción de la belleza, etcétera; y si uno
es científico, pasa gran parte del tiempo en su laboratorio, y,
cuando está fuera de él, es un ser humano normal y corrien-
te, más bien mezquino y competitivo. De modo que, a la vista de todos estos hechos, con los que creo que la mayoría de
nosotros estamos bastante familiarizados, ¿cuál es la acción
que puede responder totalmente a cada exigencia y, a la vez,
seguir estando libre de cualquier contradicción, seguir siendo una acción completa?

Ahora bien, si se hicieran esta pregunta a sí mismos, como
estamos haciendo ahora, ¿cuál sería la respuesta? Como decíamos el otro día, cuando nos encontramos aquí, estamos
compartiendo los problemas de nuestra vida, no intelectualmente, sino compartiéndolos de verdad; decíamos que eso es
lo que significa comunicarse: explorar juntos una cuestión
común. Y la cuestión común en este momento es esta pregunta sobre si existe una acción, una forma de vivir nuestra
realidad cotidiana que, ya sea uno artista, científico o se de-
dique al mundo de los negocios, nos permita tener una vida
integral, en la que no haya ninguna fragmentación y, por tanto, ninguna acción contradictoria.

Si esto está claro, la cuestión entonces es cómo encon-
traremos esa acción; ¿por medio de un método, de un sistema? Si lo que hacemos es buscar un método, intentar vivir de
acuerdo con un sistema, adoptar un modelo determinado, lo
cierto es que ese modelo y ese sistema son en sí mismos contradictorios. Por favor, es importante que entendamos esto
con mucha claridad. Si sigo un sistema en concreto a fin de

originar una acción que sea integral, completa, plena, fértil y bella, el método o el sistema se vuelven mecánicos; eso significa que mis acciones serán mecánicas y, por consiguiente, incompletas de principio a fin.

Debo averiguar también si el pensamiento puede ayudarme a generar dicha acción. Llevan una vida fragmentada: son distintos en el trabajo y en casa, tienen pensamientos privados y pensamientos públicos. Basta con mirar para ver que existe este abismo, esta contradicción, esta fragmentación; y la cuestión es si el pensamiento puede tender un puente y unir los diversos fragmentos, si puede integrar todos los distintos factores. ¿Es capaz de hacerlo? Tenemos que averiguar cuáles son la naturaleza y la estructura del pensamiento antes de aventurar una respuesta afirmativa o negativa, antes de decir si el pensamiento, el pensar, la ideación, el proceso intelectual del razonamiento es o no capaz de hacer realidad una vida armoniosa. Y para averiguarlo, uno debe investigar, debe examinar con cuidado la naturaleza y estructura del pensamiento. Así pues, vamos a examinar juntos toda la actividad de su pensamiento, no la descripción o la explicación que de ello pudiera dar quien les habla, puesto que la descripción nunca es aquello que se describe, y la explicación nunca es aquello sobre lo que se explica. Sabiendo esto, vamos a no quedarnos atrapados en explicaciones o descripciones y a indagar juntos para averiguar cómo trabaja el pensamiento y si el pensamiento puede real y sustancialmente dar origen a una forma de vivir enteramente armoniosa, sin contradicciones, completa en cada acción. Es muy importante averiguar esto; si queremos crear un mundo cuyos pilares no sean la corrupción, la destrucción y la crueldad actuales, un mundo totalmente transformado, en el que no haya corrupción, en el que poder vivir de una forma que tenga significado en sí misma –no con un significado de invención nuestra–, tenemos que plantearnos esta pregunta. Tenemos que intentar ver, asimismo, qué es el sufrimiento y si es posible que un día el sufrimiento termine; y explorar el dolor, el miedo, el amor y la muerte. Es necesario que cada uno de nosotros descubra por sí mismo el significado de todo esto, pero no basándonos en lo que explica un libro o en lo que ha dicho otra persona; eso no sirve absolutamente para nada.

Miren, el conocimiento es de gran importancia, tiene su valor. Si uno quiere ir a la Luna –y no es que yo entienda ese interés por ir a la Luna–, uno ha de tener conocimientos técnicos extraordinarios. Ahora bien, a la hora de intentar encontrar una forma de vivir totalmente armoniosa, ese mismo conocimiento se convierte en un obstáculo, puesto que el conocimiento pertenece al pasado. El conocimiento es el pasado, y si uno vive basándose en su pasado, es obvio que existe una contradicción, ya que pasado y presente entran en conflicto. Uno debe darse cuenta de este hecho: de que el conocimiento es necesario, y de que, no obstante, puede convertirse en un impedimento enorme. Lo mismo ocurre con la tradición; puede resultar útil en ciertos aspectos, pero cuando es la tradición la que responde al presente, sólo crea confusión y contradicciones. Por todo ello, es imperioso que investiguemos muy seriamente nuestro proceso de pensamiento.

Sólo quienes son serios pueden vivir en plenitud. Porque cuando una persona verdaderamente seria emprende algo, es inquebrantable hasta llegar al final; no lo abandona en el momento que le conviene; no se deja distraer, ni se deja llevar por el entusiasmo o por las reacciones emocionales. De modo que vamos a indagar acerca de estas cuestiones: la actividad del pensamiento; la posibilidad de poner fin al sufrimiento y al miedo; el significado de la muerte y del amor, para –dejando atrás lo que otro haya dicho, y más todavía lo que haya dicho quien les habla– descubrir por nosotros mismos una forma de vivir que sea armoniosa, auténticamente inteligente y sensible, y que tenga la profunda cualidad de la belleza.

Bien, estamos comunicándonos, compartiendo esto juntos. Por favor, comprendan el significado de la palabra *juntos*. Si quien les habla lo hace desde un estrado, es por razones puramente prácticas. Cuando compartimos algo e indagamos juntos, el orador no existe, no existe la persona; lo único que importa es la cuestión que tenemos ante nosotros, no ustedes ni yo. Les ruego que penetren en este sentimiento de unidad. No podemos construir una casa solos, es imposible; necesitamos actuar unidos. Por eso es tan importante que comprendan el significado de la comunicación, que es crear juntos, comprender juntos, trabajar juntos.

Veamos entonces, ¿qué significa pensar? Para comprender el significado esencial del pensamiento, y comprender si realmente tiene la extremada importancia que se le concede, tenemos que examinarlo en libertad. El pensamiento está en la base de nuestras vidas; cualquier cosa que hacemos, o bien la razonamos, la examinamos e investigamos, o bien la llevamos a cabo de forma mecánica de acuerdo con el patrón y la tradición del ayer. Si uno se observa con atención, ¿acaso no ve que el pensamiento es la respuesta de la memoria, que es la experiencia, que es conocimiento? Si no tuviéramos conocimientos, experiencias, memoria, no existiría el pensar; uno viviría en un estado de amnesia. Luego el pensamiento es la respuesta de la memoria, y la memoria está condicionada por la cultura en la que uno ha vivido, por su educación, por la propaganda religiosa en la que se ha visto enredado; es la respuesta de la memoria con su experiencia y su conocimiento. Y es cierto que uno necesita conocimientos, que necesita tener memoria, pues sin ella no sabría llegar a casa, sin ella no seríamos capaces de hablar unos con otros; pero el pensamiento, por ser la respuesta de la memoria, nunca es libre, es siempre viejo. De modo que ¿puede el pensamiento encontrar una forma de vida que sea totalmente armoniosa y transparente, en la que no haya distorsión alguna? El pensamiento es la respuesta de lo viejo, y sin embargo lo utilizamos para hallar una forma nueva de vivir. Si somos lo bastante objetivos, racionales, cuerdos, perspicaces, decimos que a base de deliberar descubriremos la forma de vivir en armonía, pero el pensamiento es la respuesta del pasado, de nuestro condicionamiento, luego el pensamiento no puede hacer tal cosa. El pensamiento no podrá descubrirla nunca, y no obstante intentamos encontrar la solución a través de él. Sabemos que en determinadas ocasiones el pensamiento es absolutamente necesario, pero se convierte en un impedimento cuando lo utilizamos para encontrar un modo de vida que sea radicalmente distinto del pasado, de vivir sin armonía.

Y ¿qué significa esto? Cuando uno comprende la verdad de que el pensamiento, por más razonable, lógico, cuerdo y perspicaz que sea, no resolverá la cuestión, ¿cuál es el estado de su mente entonces? ¿Entienden todo esto, o sólo están escuchando unas cuantas palabras e ideas? Espero que también estén intentando ver con profundidad y pasión; si no, nunca encontrarán una forma de vivir extraordinariamente armoniosa y bella, y es necesario que uno la encuentre, en este mundo de locos.

Si uno comprende la verdad de esto, no la explicación verbal sino la verdad que hay en ello, ¿qué cualidad tiene la mente que es capaz de percibirlo? ¿Qué cualidad tiene la mente –no su mente o la mía, sino la mente– que ve la verdad de algo? No me respondan, por favor. Como pueden ver, son ustedes demasiado rápidos con las palabras y las explicaciones. No dejan que las cosas les calen hondo. No son capaces de quedarse quietos con la esencia de las cosas, sino que se lanzan inmediatamente a proferir palabras para explicar lo que sea; y ustedes saben que la explicación no es lo real. Estamos preguntando qué cualidad tiene la mente que ve la necesidad de que opere el pensamiento y, sin embargo, ve también que, haga lo que haga, el pensamiento nunca podrá proporcionar la belleza de una vida completa y plenamente armoniosa. Escuchen, esto es algo sobre lo que es dificilísimo hablar, algo dificilísimo de transmitir, porque hemos vivido toda nuestra vida basándonos en las experiencias de otros. No tenemos una percepción directa de las cosas; nos da miedo tener una percepción directa, así que cuando nos encontramos ante este reto, tendemos a escapar por medio de palabras y explicaciones. Pero uno debe dejar de lado todas las explicaciones, porque lo cierto es que no tienen ningún valor. Y bien, ¿cuál es la cualidad, cuál es la naturaleza, de la mente que ve la verdad? Vamos a dejarlo aquí por el momento, ya que son tantas las cuestiones que hemos de abordar aún. Ya volveremos sobre ello.

Todos sabemos lo que es el sufrimiento: el dolor físico y la angustia psicológica. Lo conocemos todos. Si uno es hindú, encuentra una explicación a ese sufrimiento basándolo en el *karma*, y si es cristiano, tiene también diversas formas de racionalizarlo; cada uno se las arregla para encontrarle una explicación de acuerdo con la cultura particular en la que se le ha educado. No me refiero a quien les habla, sino a ustedes, así que, por favor, presten atención, observen su propio sufrimiento. Lo que ahora preguntamos es si ese sufrimiento puede terminar definitivamente, y eso es lo que vamos a averiguar. Existe el dolor, la angustia de la soledad, la angustia del aislamiento, la angustia por no conseguir una cosa u otra, o por perder a alguien a quien uno cree que ama. Pero existe además un sufrimiento que no es personal, que es el sufrimiento de un mundo que durante milenios ha vivido

matando, destruyendo a su propia especie, un mundo donde los seres humanos se comportan como monstruos entre
sí. Y existe el sufrimiento que uno siente cuando ve cruzar el
parque a un hombre harapiento, sucio, que no conoce la felicidad, que sabe que nunca podrá ser primer ministro, que
nunca podrá disfrutar de la vida; al verlo, uno siente un sufrimiento inmenso, no por uno mismo, sino por el hecho de
que exista un hombre así en el mundo y por la sociedad que
ha generado una situación semejante.

Está además el sufrimiento, el dolor neurológico derivado de la pérdida de algo que uno siente como parte de sí. Uno
escapa; no sabe qué hacer, y las palabras, las explicaciones
y las teorías actúan como vía de escape. ¿Se han dado cuenta de esto? Por favor, obsérvenlo en sí mismos. Si mi hijo
muere, encuentro un sinfín de explicaciones, y escapo de la
realidad del dolor a través de mi miedo a la soledad. Y ¿qué
sucede entonces? Que vuelvo a quedarme dormido. El sufrimiento es una forma de reto, que nos pide que miremos lo
que nos ha ocurrido, que lo observemos. Pero nosotros, en
vez de hacerlo, nos escapamos.

Ahora bien, ¿qué sucede cuando uno permanece con el
sufrimiento sin escapar de él, sin eludirlo o verbalizarlo,
cuando permanece completamente con él sin realizar ningún
movimiento externo ni interno? ¿Lo han hecho alguna vez?
Me da la sensación de que no. ¿Se han quedado alguna vez
quietos con el sufrimiento sin oponerle resistencia, sin re-
huirlo ni identificarse con él, simplemente observando lo que
pasa? ¿Qué sucede si permanecen por entero con él, qué sucede cuando el pensamiento no se mueve en ninguna dirección, cuando no dice: «Esto no me gusta; tengo que escapar
de ello; quiero sentir placer; esto debo eludirlo». Cuando el
pensamiento no se aparta en absoluto, sino que reconoce la
estructura total de lo que es el sufrimiento, ¿qué sucede? De

ese sufrimiento nace la pasión. Originariamente, el significado de la palabra *pasión* es sufrimiento. ¿Ven la conexión entre ambos? Si uno permanece con el hecho en sí de cualquier cosa, y en especial del sufrimiento, sin dejar que el pensamiento merodee e intente darle una explicación o se identifique con ella, si permanece completamente con ella, surge entonces una extraordinaria energía; y de esa energía nace la llama de la pasión. Luego el sufrimiento es origen de pasión –que no es lo mismo que lujuria–, y uno necesita pasión para descubrir la verdad. ¿Están haciéndolo en este momento?

Por tanto, vemos que se puede poner fin al sufrimiento, lo cual no significa que uno se vuelva indiferente, insensible; el sufrimiento termina cuando uno no escapa de él, pues entonces se transforma en la llama de la pasión, y pasión es compasión. Compasión significa pasión por todo, y uno puede descubrirla sólo a través de esa llama del sufrimiento. Y entonces, con esa intensidad, con esa pasión, uno puede averiguar cuál es la cualidad de la mente que percibe la verdad de que cualquier actividad del pensamiento, que no sea la que estrictamente le corresponde, es inútil para hacer realidad una vida armoniosa. Puede averiguarlo porque en él hay pasión, intensidad, energía.

Uno entonces debe averiguar por sí mismo, también, si el miedo puede tener fin; no sólo el miedo al dolor físico, sino los miedos internos, psicológicos, que viven en uno. Las explicaciones verbales no bastan; uno ha de descubrir la verdad acerca del miedo, y ha de descubrirla solo, con pasión y, por tanto, con seriedad hasta el final, de modo que la mente quede libre de miedo. Y para ello debe empezar por preguntarse qué es el miedo: ¿es producto del pensamiento? Obviamente, lo es. Uno piensa en algo que le produjo dolor, físico o de otra clase, el año pasado o ayer; al hacerlo, el pensamiento mismo sustenta y da continuidad al miedo, proyectándolo acto seguido hacia el futuro, y uno teme entonces perder su empleo, su posición, su prestigio, su buen nombre. El pensar en el pasado y el pensar en el futuro engendran temor, luego uno se pregunta si el pensamiento puede terminar. (Soy yo quien está haciendo todo el trabajo; ¡qué lástima!)

Es fácil ver cómo el pensamiento sustenta igualmente el placer: uno piensa en la maravillosa puesta de Sol que vio la tarde pasada, en lo hermosa, delicada, excitante, sensual y sexual que era, y, al hacerlo, el pensamiento da continuidad al placer. Así pues, existen el sufrimiento, el miedo, el placer, y existe la dicha. ¿Es la dicha algo enteramente distinto del placer? No sé si lo han experimentado, pero la dicha simplemente sucede; llega de repente, sin que uno sepa por qué llega. Lo que sucede es que, de inmediato, el pensamiento se apodera de ella, piensa en ella, y de ese modo la reduce a placer, y exclama entonces: «Quisiera volver a sentir esa dicha». El pensamiento sostiene y alimenta el placer y el miedo, y el hecho mismo de eludir el sufrimiento da continuidad al sufrimiento. Entiendan que no nos referimos sólo a los miedos superficiales; estamos hablando de los miedos inconscientes, profundos, arraigados en lo más recóndito de nuestra mente, miedos de los que no nos damos cuenta, y a los que se suma el miedo supremo de la humanidad, que es el miedo a la muerte. Hablaremos de todo ello dentro de un momento e intentaremos averiguar qué ha de hacer uno para sacarlo todo a la luz, a fin de que la mente se vacíe por completo del miedo.

Pero, una vez planteadas estas cuestiones, pregunto una vez más: ¿cuál es la cualidad de la mente que capta la verdad de todo esto, la verdad de que el pensamiento perpetúa el miedo y el placer –la verdad, no la explicación–, la verdad de que eludir el miedo utilizando diversas formas de escape distorsiona la mente, que es entonces incapaz de comprender el miedo en su totalidad, de comprenderlo por completo? ¿Qué cualidad tiene esa mente? Y ¿qué cualidad tiene la mente que no busca la dicha, sino que cuando la dicha sucede, la deja ser? ¿Qué cualidad tiene la mente que se da cuenta de que, cuando el pensamiento es necesario, debe emplearse con lógica, con objetividad, con cordura, y ve también que el pensamiento, puesto que es el pasado, se convierte en un obstáculo e impide vivir de una forma no contradictoria? Cuando dicen que comprenden algo –que lo comprenden de verdad, no de una manera intelectual o verbal–, ¿cuál es la cualidad de su mente? Está vacía y silenciosa por completo, ¿no es así? Sólo es posible ver algo con claridad total cuando no hay elección. Cuando hay elección, la mente se confunde; sólo la persona confundida elige, sólo ella discrimina entre qué es esencial y qué no lo es. La persona que ve con auténtica claridad no tiene nada que elegir: mira, y la acción es obvia.

Es decir, hay una acción que se evidencia cuando la mente está vacía de toda la actividad del pensamiento –salvo la estrictamente necesaria, en aquellas ocasiones en que el pensamiento debe funcionar–. La cuestión es si esa mente tiene posibilidad de actuar, dada la realidad de nuestra vida cotidiana: ¿puede operar si uno es musulmán, sikh, hindú o budista?; ¿tiene posibilidad alguna de operar mientras exista ese condicionamiento?; ¿puede esa mente operar a través de una persona que esté programada de acuerdo con su pasado? Es obvio que no. Por tanto, si uno comprende la verdad de esto, dejará de ser hindú, musulmán, sikh o cristiano, y será algo de una cualidad completamente distinta. ¿Comprenden la verdad de lo que se está diciendo y, al verlo, dejan de ser lo que han sido hasta ahora? No como algo que deben lograr paulatinamente; les pregunto si de hecho dejan de serlo, en este mismo instante, si al verlo se vacían completamente de todas las bobadas que eso implica. Porque, si no es así, nunca descubrirán lo que es la verdad; por más que hablen sin fin sobre ella y lean todos los libros del mundo, nunca encontrarán la belleza, la vitalidad y la pasión de la verdad.

Para cambiar sustancial, radicalmente, la estructura entera de la sociedad, es necesario que cambie en nuestro interior la estructura de la psique, ya que, de lo contrario, lo que hagan en el exterior serán meras modificaciones de lo que hay ahora, que tan sólo darán continuidad al mismo patrón. Eso significa que deben formularse preguntas fundamentales, a las que nadie podrá dar respuesta salvo cada uno. No pueden depender de nadie a la hora de responder, y por consiguiente deben observar, aprender a mirar, lo cual nos lleva a una nueva pregunta: ¿es la mente capaz de estar despierta por completo, vigilante, a fin de poder percibir la verdad de cualquier cosa? Porque cuando uno perciba la verdad de algo, actuará. Sucede lo mismo que al percatarse del peligro: uno lo ve, y actúa al instante. Con la verdad ocurre igual; cuando uno capta la verdad de algo completamente, de ella nace una acción completa.

¿Les parece bien, señores, que vayamos formulando preguntas para conversar juntos sobre esto?

INTERLOCUTOR: ¿Está la mente más allá de eso?

KRISHNAMURTI: ¿Está la mente más allá de qué?

I: De la desintegración del cuerpo, del cuerpo que se desintegra.

K: ¡Dios mío! [Risa.] ¿Quiere saber qué le ocurre a la mente una vez que el cuerpo se desintegra? ¿Es eso lo que pregunta?

I: Exacto.

K: ¿Por qué separa el cuerpo de la mente? Desde un punto de vista lógico, no desde la imaginación, ¿existe algo semejante a una mente separada del cuerpo? En sentido psicosomático, ¿existe división alguna? Escuche, señor, si ha crecido en este país, en esta cultura, y se le ha educado como hindú, como musulmán o como sikh, su condicionamiento es el resultado de la sociedad en la que vive, de la sociedad que ha creado. La sociedad no es distinta, es obra de usted, puesto que sus padres, sus abuelos y todos los demás del pasado han creado la cultura en la que vive, y esa cultura le ha condicionado, forma usted parte de ella. ¿Puede entonces considerarse a sí mismo un ente separado de esa cultura? Sólo se habrá separado de ella, habrá roto con ella, cuando no pertenezca a esa cultura, ¿comprende? ¿No es así de simple? En esa misma línea, le pregunto: ¿por qué establece divisiones?

Voy a contestar a esta pregunta, y a continuación profundizaremos en ella. ¿Por qué divide el cuerpo y la mente? ¿Es porque le han hablado acerca del *atman*, del "Yo" superior, del alma? ¿Sabe a ciencia cierta algo al respecto, o se limita a repetir lo que otros han dicho? Y ¿cómo sabe que lo que otros han dicho, sean quienes sean, es verdad? ¿Cómo lo sabe? ¿Por qué lo acepta?

Esto nos lleva de nuevo a la cuestión esencial: para averiguar si la mente es algo distinto por entero del organismo, uno debe tener una mente que vea con absoluta claridad, una mente que no esté distorsionada, que no esté confundida, que no se amolde. ¿Tiene usted una mente así? Cuando uno se amolda y acepta, a continuación compara, y cuando se compara con otro, lo que hace es amoldarse; de modo que averiguar si uno puede vivir sin amoldarse es averiguar si puede vivir sin hacer ninguna comparación. Compararse con lo que uno era ayer o con lo que será mañana, o compararse con el hombre rico, con el pobre, con el santo, con su héroe o con un ideal significa medirse uno mismo tomando como patrón a una persona o una idea. Averigüe lo que significa vivir sin hacer ninguna comparación, pues entonces uno es libre, entonces la mente está libre por completo de su condicionamiento.

Sólo entonces puede uno preguntar si hay algo en la cualidad de la mente que no esté condicionado por el aspecto físico. ¿Entiende lo que se está diciendo?

I: Quiero tener claridad, señor.

K: Tendrá claridad si escucha; si escucha, podrá descubrir.

I: No todo el mundo es capaz de descubrir por sí mismo. Hay millones de interacciones. Quiero que otros averigüen la verdad, porque yo soy incapaz de hacerlo.

K: Señor, para descubrir la verdad de esta cuestión, uno no puede seguir a nadie. Filosofía significa amor a la verdad, no amor a las teorías ni a las especulaciones ni a las creencias, sino amor a la verdad, y la verdad no es suya ni mía; por eso no puede seguir a otra persona. Dese cuenta de este hecho básico: de que la verdad no se puede averiguar a través de otro, de que uno tiene que verla con sus propios ojos. Eso sí, necesita ojos para verla. Quizá se halle ante usted, en una hoja seca, pero uno la tiene que ver; opinar acerca de ella es totalmente ridículo. Sólo los tontos dan su opinión. No nos sirven de nada las opiniones; lo que nos importa es si, de hecho, la mente tiene una cualidad, o un estado o un espacio interior, que no esté afectado por el elemento físico. Ésa es la pregunta que usted ha planteado: si la mente es independiente del cuerpo, si la mente está más allá de las mezquinas limitaciones nacionalistas y religiosas. Averígüelo por sí mismo, sin tener en cuenta lo que yo digo, sin basarse en las palabras de quien le habla. Quien le habla no tiene ninguna importancia. Para averiguarlo, debe estar usted extraordinariamente despierto, alerta; debe ser consciente, sensible, ¿comprende, señor? Y ser verdaderamente sensible es ser verdaderamente inteligente; entonces, si se adentra con auténtica profundidad, verá que existe algo que el pensamiento, el pasado, no ha tocado jamás.

Mire, el pensamiento es materia; el pensamiento es la respuesta de la memoria, y la memoria reside en las propias células cerebrales: es materia. Por tanto, sólo si las células cerebrales están completamente quietas podrá averiguar la verdad. Pero decir que existe o que no existe algo no tiene ningún sentido. Para averiguarlo debe poner su vida en ello, entregarse por entero, igual que se entrega a un trabajo para ganarse la vida, al que dedica muchas horas día tras día durante cuarenta años... ¡Qué derroche tan espantoso! Cuando uno necesita inmensa energía y una gran pasión para descubrir, lo que hace es beber de la fuente de otras personas, de una fuente que está seca. Uno ha de ser luz para sí mismo, pues en ello está la libertad.

I: [Inaudible.]

K: No sé cómo expresarle esto, señor. La explicación no es aquello sobre lo que uno habla; la descripción no es aquello que uno describe. Por muy bien que usted describa cierto manjar, necesito comerlo; la descripción no basta; la descripción satisfará sólo a una mente que haya vivido de modo superficial. Si lo que quiero es comer, debo ingerir el alimento, palparlo, saborearlo; no puedo quedarme atrapado en las descripciones y las filosofías, que no forman parte de la vida, que tratan sobre la teoría, no sobre la realidad. La realidad es la vida, vivir, mi sufrimiento, el suyo; y, a menos que resolvamos eso, preguntar si existe la trasmigración del alma tiene la misma significación que preguntar si la Luna está hecha de queso. Pero lo que quiere son explicaciones, ¿se da cuenta? No pone su vida en descubrirlo; cree que dedicándole una hora al acabar el día, cuando está ya cansado, logrará comprender este extraordinario fenómeno que es vivir. Y en cuanto a mí, piensa: «Bueno, si no es capaz de responder a esta pregunta, no es un filósofo».

I: Yo no he dicho eso.

K: No, no lo ha dicho; soy yo quien lo dice, señor. No quiero ser un filósofo y dar vueltas a teorías e ideas. Tenemos que ocuparnos de la vida tal como es, comprenderla e ir más allá de ella, ¿no le parece, señor?

I: ¿Cree usted en la evolución?

K: ¿Que si creo en la evolución? Es una cuestión muy simple. Responderé a su pregunta. Ha habido una evolución desde la carreta de bueyes hasta el avión a reacción o los viajes a la Luna –también eso es evolución–, y los seres humanos probablemente hayan alcanzado su cima biológica. Ahora bien, ¿existe una evolución interior? ¿Evolucionará el "yo", se convertirá en un ser maravilloso? Bueno, antes de formular esa pregunta, uno debe averiguar lo que es el "yo"; preguntar simplemente si voy a evolucionar no significa nada. ¿Qué es el "yo"? El "yo" son los muebles que uno tiene, su casa, los libros que ha coleccionado, los recuerdos de lo que ha vivido, las memorias del placer y el dolor. El "yo" es un conjun-

to de recuerdos, ¿comprende? ¿Tiene el "yo" alguna otra clase de atributo? Usted dice que el "yo" es espiritual, que tiene
una cualidad espiritual intrínseca. ¿Cómo lo sabe? ¿Se trata
quizá de una invención del pensamiento? En ese caso, debe
indagar por qué inventa el pensamiento semejantes ideas; no
acepte nada de antemano, ni siquiera su propio sentido de
identidad, pues, para encontrar la verdad, la mente ha de estar
libre de toda identificación. Y en cuanto al "Yo" superior, no
es sino una parte del "yo" inferior; es simplemente otra invención dualista. Así pues, señor, tiene que averiguar si existe la
evolución. No estamos hablando de la evolución física, biológica, que obviamente existe, sino del ámbito psicológico,
interior, de eso que continuamente se esfuerza por llegar a ser
algo. Averigüe qué es esa ansia de devenir.

I: Señor, ¿cómo es posible que la mente inferior descubra la
inteligencia de la mente superior?

K: ¡No puedo creer que, después de una hora y cuarto, siga-
mos hablando de lo superior y lo inferior! Hemos conversado
sobre la división, sobre la fragmentación, hemos dicho que el
"Yo" superior y el "yo" inferior son un ejemplo más de esa
división; hemos hablado sobre ello durante una hora, y aun
así se levanta usted y pregunta qué es la mente superior y qué
es la mente inferior...

I: [Dice algo en sánscrito.]

K: Si ambos hablamos inglés, ¿por qué traduce las palabras
al sánscrito? Observen lo que ha hecho este caballero. Ha tra-
ducido lo que se está diciendo a su propia terminología sáns-
crita, y al hacerlo se ha quedado estancado. ¿No quiere descubrir? ¿No quiere encontrar una manera de vivir que sea

auténticamente hermosa, en la que no haya dolor ni miedo, una manera de vivir en completa armonía? Si quiere encontrarla, tiene que abandonar todos sus lemas, todo lo que otros hayan dicho; porque va a necesitar una energía extraordinaria, y la está malgastando en repetir palabras que no significan nada excepto para quienes las inventaron.

I: ¿Qué relación hay entre mi sentido de identidad, es decir, el "yo", el "ego", y la mente que comprende la verdad?

K: Son todos demasiado listos. Eso es así, no son capaces de pensar con sencillez y claridad. ¿Qué relación hay entre el "yo", el "ego", y la mente que comprende, que está vacía, que es un todo completo, que percibe la verdad? ¿Qué relación hay entre ambos? Dígame, ¿qué es el "yo", el "usted"? Cuando dice "yo", ¿qué quiere dar a entender? Responda, señor; cuando dice: «"Yo" soy político», o santo, o lo que sea, ¿qué significa eso? Significa que se identifica con ello, ¿no es así?; se identifica con su familia, con sus muebles, con sus libros, con su dinero, su posición social, su prestigio, sus recuerdos... ¿No es el "yo" todas esas cosas? Uno puede decir que el "yo" es también un ente superior, el *atman*, pero la identificación con el "Yo" superior es igualmente producto del pensamiento, ¿no lo ve? Es el pensamiento el que dice que debe haber un "yo" permanente, porque ha de haber algo en la vida que sea permanente. Y ¿existe algo que sea permanente?

Pregunta qué es el "yo" y cuál es su relación con ese maravilloso estado en el que se percibe lo que es la verdad. Ninguna en absoluto. No hay ninguna relación entre ambos; uno es resultado del conflicto, de la desdicha, el dolor, la agonía, la desesperación, la esperanza, y el otro está vacío de todo esto. ¿Comprende, señor?

3. ¿QUÉ LE IMPIDE A LA MENTE DISPONER DE ESPACIO ILIMITADO?

Creo que habíamos decidido hablar acerca de la muerte, ¿no es así? Pero antes de entrar en ese tema más bien complejo, deberíamos reflexionar sobre qué es el tiempo y examinar, a la vez, qué es el espacio, puesto que uno y otro están relacionados entre sí. Ningún problema, independientemente de lo complicado que sea, existe aislado. Todo problema está relacionado con otros problemas; luego, si tomamos uno cualquiera, lo comprendemos en su totalidad y llegamos hasta el fondo con sensatez, lógica, cordura, objetividad, podremos resolver también todos los problemas.

Cuando uno reflexiona sobre lo que está ocurriendo en este país y en el resto del mundo, sobre la terrible confusión, la decadencia, la corrupción, la división y el sufrimiento tan inmenso, ve que nos corresponde a todos cambiar, hacer posible un mundo diferente, crear una estructura social totalmente distinta, no sólo aquí, sino en el mundo entero, puesto que no estamos separados de él. A la vista del caos absoluto, de la gran confusión y desdicha reinantes, a mi entender no deberíamos examinar por separado la política, la ciencia, o la situación económica de una cultura en concreto, sino examinar el movimiento total de la vida; ya se trate de las actividades llevadas a cabo en el laboratorio, en el campo de la economía o en el llamado ámbito religioso, cada movimiento debería estudiarse como un todo. Es nuestra responsabilidad no fragmentarlo, no dividirlo, sino considerar y afrontar el movimiento total de la vida como una unidad indivisible. En ese movimiento de la vida, hay tiempo, espacio, amor y muerte, y nosotros tendemos a separar la muerte de la vida, la vida del amor, y a considerar el amor como algo aislado del tiempo; pero para comprender qué es la muerte, debemos comprender el amor y el tiempo.

Y eso es lo que vamos a hacer esta tarde. Vamos a explorar juntos –y digo *juntos* intencionadamente–, puesto que éste es *nuestro* problema, es el problema humano, y juntos debemos examinarlo, comprenderlo, conversar y reflexionar sobre él, compartirlo, lo cual significa que deben sentir la misma seriedad y pasión por descubrir que quien les habla, y no depender de él. Estudiar este problema, que es muy complejo, exige toda nuestra atención y, naturalmente, nuestra pasión; porque sin pasión no es posible comprender nada. Como decíamos la última vez que nos reunimos aquí, la pasión nace de la llama del sufrimiento; por tanto, sin comprender el significado y la profundidad del sufrimiento, uno carece de la energía, la vitalidad y la pasión necesarias para indagar y descubrir por uno mismo lo que es el amor y lo que es la muerte.

Así pues, vamos a investigar en primer lugar qué es el tiempo. Existe el tiempo que marca el reloj, pero ¿hay alguna otra clase de tiempo aparte de ése? Hablamos del tiempo como devenir gradual, como proceso que *lo que es* necesita para convertirse en *lo que debería ser*. Tradicionalmente se ha entendido que el cambio requiere tiempo, ¿no es así?, que si soy de determinada manera, necesito tiempo para cambiar progresivamente y llegar a ser algo distinto. Pero ¿existe tal cosa como el devenir psicológico, como la evolución psicológica? ¿Comprenden la pregunta? No es una pregunta que yo les planteo, sino una pregunta de ustedes que deben responderse a sí mismos; por eso vamos a explorar ahora esta cuestión tan crucial, y así poder abordar entonces el tema de la muerte, la cual forma parte del tiempo.

En el tiempo está implicado todo el proceso del pensamiento; de hecho, el pensamiento es tiempo y, como explicábamos el otro día, es el pensamiento el que engendra y sustenta el miedo. Con el fin de entender este extraordinario fenómeno al que llamamos muerte –y extraordinario ha de ser, sin duda, para que lo temamos del modo en que lo hacemos–, uno debe comprender por sí mismo lo que es el tiempo, y también por qué ha inventado el pensamiento otro tiempo además del cronológico. ¿Existe realmente un cambio psicológico progresivo, un devenir interior? Si uno admite que existe un proceso transformador secuencial, tendrá que aceptar el tiempo como medio para lograr cualquier cambio, ¿no es así? Y ¿qué es el cambio, el cambio psicológico, entonces? No estamos hablando de la evolución biológica. Como decíamos, está en marcha un tremendo proceso evolutivo, que entraña una cantidad ingente de conocimientos y que nos ha permitido llegar de la carreta de bueyes al avión de reacción; y para acumular esos conocimientos se ha necesitado tiempo. Pero, en el ámbito psicológico, ¿existe un proceso, una progresión, una continuidad de cambio, o lo único posible es una revolución psicológica en la que el tiempo no forme parte en absoluto? En el momento en que se admite el proceso gradual, se requiere tiempo, y en eso se basan todas nuestras tradiciones: la práctica, el método, el llegar y el no llegar a ser; toda esa estructura implica tiempo, con la promesa de que, al final, uno alcanzará la iluminación y comprenderá. ¿Es posible comprender algo a través del tiempo, o la comprensión es percepción instantánea, y de ella nace un cambio inmediato?

Por favor, como ya hemos dicho, estamos compartiendo esta cuestión, trabajando y examinándola juntos, pues quere-

mos descubrir si es posible romper la cadena de la continuidad, poner fin a ese movimiento dirigido a convertir *lo que es*
en *lo que debería ser*, y si, en su lugar, puede producirse una
mutación de *lo que es* en la que el tiempo no esté involucrado. Para averiguarlo, uno debe desechar por completo todos los
enfoques tradicionales, que plantean un cambio gradual a través de ciertas prácticas, a través del esfuerzo continuo, pues
todos ellos son fuente de conflicto. Les ruego que comprendan un hecho tan simple como que allá donde hay conflicto,
hay división: división entre el pensador y el pensamiento, entre el observador y aquello que éste desea alcanzar, es decir, lo observado; división que inevitablemente generará, a su
vez, ulteriores conflictos, puesto que a ella se añaden nuevos
factores, nuevas presiones y sucesos que convierten la causa
original en efecto, y hacen que ese efecto se convierta a continuación en causa. Y en todo este proceso interviene el tiempo,
¿no es así? Cuando uno acude a su *gurú* –no sé si tienen ustedes un *gurú*…, espero que no–, él le dice qué debe hacer, para
lo cual necesitará tiempo, y uno lo acepta porque es codicioso, porque busca algo y tiene la esperanza de que el tiempo le
permitirá encontrarlo; no pregunta, no investiga, no lo discu-
te con su *gurú*, sino que lo acepta simplemente, y se queda así
atrapado en el marco del tiempo, y se convierte en su esclavo.

Y bien, ¿puede la mente investigar el hecho de que el tiempo psicológico, es decir, el movimiento que escapa de *lo que
es* a *lo que debería ser*, lleva implícito el conflicto, y que, en
el momento que hay conflicto, la mente está por fuerza distorsionada, y una mente distorsionada jamás puede encontrar
la verdad? Es un hecho muy simple: para ver con nitidez, necesito tener una visión clara, libre de velos, de distorsión; y
la distorsión aparece en cuanto hay esfuerzo, y el esfuerzo
significa tiempo. Esto no es producto de la lógica; puede que
suene lógico, razonable, cuerdo, pero no es una formulación

lógica, sino la observación directa de lo que es falso, pues, en última instancia, la función del cerebro es ésa: percibir con claridad, a fin de discernir lo que no es verdadero. Cuando uno ve que el enfoque tradicional del cambio progresivo encaminado hacia una meta es en su totalidad un proceso completamente falso, su mente tiene entonces claridad. Mientras escuchan y compartimos esto, ¿han visto sus mentes con auténtica claridad que el tiempo entraña esfuerzo, es decir, contradicción entre el observador y lo observado, entre el pensador y el pensamiento, entre el pensador y la idea que se ha propuesto alcanzar? Porque, como decíamos, en cuanto se establece esa división ha de haber conflicto, exactamente igual que invita al conflicto la división entre hindúes y musulmanes. Esto está claro. La cuestión ahora es si la mente puede percibir de forma directa e instantánea la falsedad que entraña la idea del cambio gradual, si puede verla con la misma claridad con que ven ustedes este micrófono, con tal claridad que nunca vuelva a plantearse esa idea. Cuando uno ve el peligro que representa una serpiente o un animal salvaje, la percepción misma de ese peligro es acción instantánea.

Para percibir de forma directa se requiere una mente que no sea esclava del tiempo. Por favor, comprendan esto, pues, una vez entiendan este hecho, la estructura entera del pensamiento cambiará. Para percibir y comprender, el tiempo no es necesario en absoluto; lo único que se necesita es ver con claridad, y para ver con claridad uno ha de tener espacio, no sólo espacio externo, sino espacio interior, es decir, espacio en la mente. Porque cuando la mente parlotea, se llena de conocimiento (entendiendo por conocimiento, no la información técnica, obvia y necesaria, sino el pasado); cuando la mente está atestada del conocimiento de ayer, de los hechos de ayer, del dolor y de los diversos recuerdos de ayer, no hay espacio en ella, y cuando no hay espacio hay conflicto.

Uno de los factores de la violencia en el mundo es la superpoblación. En una gran ciudad donde las calles están todas abarrotadas de gente, no hay espacio. Y la gente necesita espacio. Un amigo me comentó ciertos experimentos hechos con ratas. Al colocarlas en gran número dentro de un espacio muy reducido, las ratas empezaban a luchar entre sí, la madres mataban a sus crías; reinaba una desorientación total. Y eso es lo que está sucediendo en el mundo, eso es lo que está sucediendo en todas las ciudades donde hay superpoblación y saturación. Uno de los factores, por tanto, es la falta de espacio exterior; y otro es que cuando la mente y el cerebro están repletos de innumerables recuerdos y experiencias, que son conocimiento, no queda espacio en absoluto. Y uno necesita espacio. ¿Cuál es el factor que impide a la mente disponer de espacio ilimitado?

¿Entienden todo esto? ¿Se están quedando simplemente en las palabras, o, a medida que escuchan, lo investigan de verdad porque ven que uno es el mundo y que el mundo es lo que uno es? Y puesto que una parte de lo que son es la cultura en la que han vivido, puesto que forman parte de esa cultura, para cambiar radicalmente la estructura de la sociedad tienen que cambiar ustedes. Si están confundidos, repletos de violencia, la sociedad que construyan será violenta, confusa, grotesca; si están ustedes corrompidos, crearán una sociedad corrupta.

Uno ha de contar con espacio para que el conflicto interior termine. ¿Han observado alguna vez con objetividad su mente, han visto su desasosiego: siempre parloteando, recordando? Ya conocen su ruido constante, su constante movimiento, de un pensamiento ridículo a otro pensamiento igual de ridículo; tan abarrotada y confundida... ¿Por qué es así? Les ruego que pongan su atención en la actividad de la mente, no en quien les habla; obsérvense, estén atentos a lo que ocurre en su interior, investíguenlo. ¿Por qué es así? ¿Por qué la mente no está nunca vacía, y no conoce por tanto el espacio ilimitado y la belleza de tener espacio? Cuando uno mira desde lo alto de una montaña o mira desde la llanura inmensa, ve el horizonte y el ancho cielo, su belleza, su quietud; nuestras mentes, en cambio, no tienen espacio alguno, ¿por qué? Son ustedes quienes formulan la pregunta; no soy yo quien les pide que se la formulen.

¿Saben?, el aislamiento pone límites al espacio, pues aislarse significa oponer resistencia, y allá donde hay resistencia el espacio está limitado. Cuando opongo resistencia a una nueva idea, a una nueva forma de vivir, a cualquier menosprecio de la tradición o de mis creencias, esa resistencia crea un muro, detrás del cual queda sólo un espacio muy reducido; ¿se han dado cuenta? Y esa resistencia está unida a la voluntad. La voluntad es el factor de la resistencia: «Debo hacer esto; no debería hacer aquello; esto es lo que quiero»; la voluntad forma parte de ese pensamiento que me dice que he de alcanzar una meta, que he de cambiar, que he de convertirme en lo que sea. Así pues, el causante de que no haya espacio es el proceso aislador del pensamiento identificado como "yo". ¡Comprendan esto, señores, por favor!: la actividad del pensamiento identificado como "yo" reduce el campo de acción a una parcela muy pequeña. Si se observan a sí mismos, verán que es en esa pequeña área limitada donde actúan; y dado que es un área tan pequeña, no puede sino parlotear, hacer, moverse, temblar. ¿Se dan cuenta de que cualquier actividad dirigida a oponer resistencia, que es la acción de la voluntad, forzosamente ha de limitar y aislar el espacio en el que el "yo", el ego, desarrolla su acción egocéntrica? Y esa acción genera dualidad, entre el "yo" y el "no yo", entre lo que hay al otro lado del muro de resistencia y el "yo" rodeado por ese muro. La voluntad es reafirmación, domina-

ción, ambición, es el deseo de poder, de posición y de prestigio que quiere todo ser humano; no sólo el político, sino
también cada uno de ustedes, pues, de no ser así, no elegirían
al político. Observen –pero no en sentido intelectual, verbal o
lógico– lo reducida y limitada que está la mente; vean cómo
vive encerrada en la acción de una parcela muy pequeña, y
que mientras esa parcela esté llena de limitaciones, no habrá
espacio, y por tanto será inevitable el conflicto.

De modo que –por favor, escuchen– ¿puede haber una acción en la que no exista ningún muro? El caso es que, una vez
más, tradicionalmente se les ha dado una educación basada en
la acción de la voluntad, en el «debo» y el «no debo»; y ese
«debo» y «no debo», «quiero» y «no quiero» son formas de
resistencia, ya que la acción que representan nace de la voluntad y es, por consiguiente, una acción limitada. Obsérvenlo.
Si uno tiene el hábito de fumar, en el momento en que opone resistencia, diciendo: «No voy a fumar más», aparece el
conflicto. Luego ¿puede uno dejar el hábito sin resistirse a él,
o sea, sin que intervenga en absoluto la voluntad? Lo hará si
comprende en su totalidad la naturaleza del hábito y el mecanismo que lo crea. Pero es un tema en el que no vamos a entrar
ahora, pues no es relevante para lo que estamos tratando.

Cuando existe ese espacio en el que el tiempo psicológico
no está presente en absoluto, no hay ningún conflicto, y desde ese espacio es posible actuar de un modo que nada tiene
que ver con la acción de la voluntad y la resistencia. ¡Qué se
le va a hacer si no entienden ustedes!; es asunto suyo. Miren,
debemos encontrar una nueva forma de vivir, una nueva forma de actuar; y la vieja forma, la forma tradicional, no puede conducirnos a una acción nueva, puesto que es una acción
repetitiva. Para que uno pueda encontrar un modo de actuar
distinto por completo, su mente debe tener la cualidad de ese
espacio de libertad total.

Hemos visto hasta aquí que el tiempo es pensamiento y es sufrimiento, y ahora, a partir de lo que hemos comprendido, vamos a indagar sobre lo que es la muerte. ¿O prefieren que hablemos primero sobre lo que es el amor? Porque si no saben qué es el amor, no pueden saber qué es la muerte. ¿Qué es el amor, señores? ¿Es placer? ¿Es deseo? ¿Está el amor asociado con el sexo? ¿Qué es eso a lo que llamamos amor? ¿Forma parte de él el odio? ¿Caben en él los celos, la ansiedad? ¿Puede alguien que es ambicioso, que busca poder y posición, conocer el amor? Estamos explorando esto juntos para averiguarlo. Cuando dicen que "aman" a su familia, a su esposa, a su hijo o a su hija, ¿qué significa esa palabra? Sin comprender profundamente su verdadero significado, ¿cómo puede uno descubrir el significado y la profundidad de la muerte? ¿Tiene el amor relación con el tiempo, es algo que haya de cultivarse, de lograrse mediante la práctica? ¿Creen que practicar cierta técnica, siguiendo las indicaciones de su *gurú*, les hará finalmente alcanzar el amor? ¿Es el amor resultado del pensamiento, del tiempo, es un proceso? ¿A qué se debe que los seres humanos de todo el mundo hayan concedido una importancia tan desmedida al sexo, al que llaman amor? ¿Saben cuál es la razón de que en sus propias vidas el sexo se haya convertido en algo tan insaciable y extremadamente importante? ¿Lo saben? Deben responder a esta pregunta.

Y para averiguar cuál es la razón, tienen que preguntarse por qué se ha convertido su vida cotidiana –con sus conflictos, su sufrimiento, y el dolor que diariamente nace de la absoluta falta de humanidad– en algo tan mecánico. ¿Acaso no es su vida enormemente mecánica?: cada día van al trabajo, intentan vivir de acuerdo con la tradición, establecen ciertas pautas de actuación, ciertas creencias –Dios, o no Dios, el "Yo" superior, el "yo" inferior…, todas esas bobadas–, y todo ello va convirtiéndose en un hábito que repiten incansablemente durante toda su vida. ¿Saben?, sería maravilloso que se dijeran: «Nunca repetiré nada que no haya descubierto por mí mismo». Sería maravilloso no repetir nada que uno no haya comprendido por completo; porque las palabras –ya sean las palabras de otra persona, de la *Gita*, del Corán, de la Biblia, o del libro sagrado favorito de uno– se han convertido también en un hábito, en una rutina. Hagan la prueba y vean; averigüen si es así.

Al observar, verán que su vida se ha vuelto asombrosamente mecánica. Estamos conversando, por favor, compartiendo este problema; no hay nada de lo que avergonzarse, puesto que es un hecho, tanto si les gusta como si no. Y en la vida de uno, la única libertad que uno conoce es el sexo; pero, pronto, también éste se convierte en un hábito. A todo esto es a lo que llaman amor: el amor a Dios, la devoción a su *gurú*, a su ídolo, a su héroe…, sin darse cuenta de que, en realidad, detrás de la devoción al *gurú* y al héroe, lo único que uno venera es a sí mismo. Y a todo esto le llaman amor. ¿Es eso el amor? Sólo podrán descubrir la verdad de esa belleza cuando hayan abandonado por completo todo aquello que es mecánico.

¿Qué es la muerte, ese fenómeno que hasta tal punto nos aterra? En pocas palabras, es llegar al final: he vivido, cuarenta, cincuenta, veinte u ochenta años, he acumulado una serie de bienes, cierta cantidad de dinero, he realizado determinadas actividades, agradables y desagradables, he adquirido experiencia, he cultivado la virtud, me he identificado con mi familia, y, ahora que me voy, lloro porque no sé qué va a ser de ella, y porque tengo miedo de mi propia soledad… Me refiero a ustedes, a su soledad. No lo oigan como si estuviera hablando de mi vida; ésta es su vida, y ha de terminar. Entonces quieren saber si, cuando esta vida termine, habrá algo después; quieren saber si este movimiento de la vida, que ha sido una batalla desde el momento en que nacieron hasta el momento en que se van, si esto a lo que llaman vivir –que no es vivir, en absoluto–, si esta lucha interminable a la que llaman vida, este bregar, continuará en una vida próxima. O piensan, quizá, que hay algo permanente en ustedes: el *atman*, el ego, o como quiera que lo llamen. Por favor, escuchen atentamente, pues forma parte de su tradición, no sólo en este país sino en todo el mundo, la creencia de que existe dentro de uno algo permanente que se materializará en una próxima vida. ¿Existe algo permanente?

Es el pensamiento el que ha elaborado todo esto, ¿no es así? El pensamiento dice: «Tengo miedo; estoy impaciente; amo; me aterra la posibilidad de perder mi empleo; quiero una casa más grande, más muebles, más elogios; necesito tener poder, una buena posición, prestigio». Todo eso es producto del pensamiento, ¿se dan cuenta? No lo compliquen, porque es muy simple. No ha sido creado por algo desconocido, sino que es fruto de la actividad cotidiana del pensamiento, la imagen que el pensamiento ha elaborado. Luego, ¿existe algo permanente? En el instante en que piensan que existe algo permanente, o comoquiera que les guste llamarlo, eso ya es un producto del pensamiento. Y el pensamiento no es permanente; el pensamiento es viejo, nunca es libre, ni nuevo, porque es la respuesta de la memoria. Así que no tienen más que eso: memoria, palabras, reconocimiento, asociación, identificación. Eso es cuanto tienen, y eso es cuanto son. Afróntenlo, abran los ojos. ¿Qué son ustedes? Son sus muebles, su cuenta bancaria; son sus recuerdos, sus placeres, sus heridas, sus ansiedades. Son todo eso; y, puesto que no saben cómo resolverlo, cómo liberarse de ello, deciden que debe haber algo permanente que esté más allá, que lo trascienda todo. Y al pensarlo, el pensamiento lo crea. El pensamiento produce aquello en lo que piensa; y piensa en esto.

Si existe algo real, algo que está más allá del tiempo, el tiempo nunca podrá tocarlo. Si de verdad creen en la reencarnación, si creen que en una próxima vida van a pagar por lo que están haciendo ahora, significa que es ahora cuando deben comportarse bien, ¿no es así? Deben ser honrados ahora, no mañana; deben actuar con rectitud ahora, no en una próxima vida, y eso quiere decir que deben prestar inmensa atención a lo que hacen en este momento, porque, de lo contrario, deberán pagarlo en la próxima vida. De manera que, en realidad, no creen ustedes en nada; toda su interminable charla sobre lo que ocurrirá en la próxima vida, sobre si existe algo permanente y si uno continuará siendo quien es en una próxima reencarnación, no es más que una idea, reconfortante y ridícula. Por tanto, no son personas religiosas; lo único que hacen es hablar a fin de encontrar consuelo, porque no saben cómo afrontar la muerte. ¡Vean hasta qué punto nos engañamos, en qué hipocresía vivimos a causa del miedo!

Observen la falsedad de nuestras actitudes. El pensamiento, el tiempo, dice: «En la próxima vida tendré un comportamiento impecable; seré bondadoso y cultivaré la virtud; seré menos cruel, menos violento». Todo ello es una simple y continua evasión, una idea fundamentada en el tiempo con la que uno trata de escapar de esa cosa llamada muerte, a la que teme tanto, y que significa el final de todo aquello a lo que uno ha calificado como vivir; un vivir que es mi ansiedad, mis miedos, mis muebles, mis estúpidos sobrenombres –hindú, sikh, musulmán, cristiano, o lo que sea–, palabras, y nada más que palabras que uno ha ido recopilando porque en ellas encuentra cobijo y consolación, y todo por no saber cómo afrontar la inmensidad de eso a lo que llama muerte. Pero la muerte es el fin de lo conocido, no de lo desconocido. Uno no puede temer lo desconocido, puesto que no lo conoce; es lo conocido lo que en verdad uno teme dejar atrás. Dense cuenta de esto, por favor; se trata de la vida de cada uno de ustedes, no de la vida de quien les habla; se trata de sus creencias, de sus costumbres y hábitos, de su tradición, del cúmulo de sus recuerdos, de su supuesto amor a su familia.

No aman de verdad a su familia, no aman a sus hijos; si los amaran con todo su corazón, y no con su pequeño cerebro, les darían una clase de educación distinta, no les ofrecerían lo que les ofrecen en este momento. ¿Qué están ofreciendo a la generación más joven, qué pueden ofrecerles? ¿Se han planteado alguna vez esta pregunta? ¿Qué les ofrecen, a la generación adulta, a los jóvenes de hoy? ¿Sus creencias? En cuanto ellos les observan, ven que son ustedes unos hipócritas. ¿Les ofrecen la rutina de ir a trabajar día tras día? ¿El mundo de los negocios, la política, el ejército, la moral social que practican? ¿Es eso lo que les ofrecen? Cualquier estudiante inteligente que observe esto dirá: «No me interesa».

Así pues, decíamos, lo que temen es que les llegue el fin a sus recuerdos, a sus palabras. Porque *Dios* y el *atman* no son más que palabras, acerca de cuya realidad no saben ustedes absolutamente nada, dado que lo único que hacen es repetir lo que alguien escribió en un libro, que consideran sagrado porque eso es lo que la gente les ha dicho. Si se diesen cuenta de la importancia de no volver a pronunciar una sola palabra cuyo significado no comprendan de verdad, de no repetir nada que no hayan vivido personalmente, ése sería el fin de todo lo conocido. La muerte es eso: el fin; y cuando algo toca a su fin, puede nacer algo nuevo. Pero cuando lo único que existe es la continuidad del tiempo personificada en el "yo", en mis hábitos, mis angustias y mi desesperación, a todo lo cual llamo vivir y quiero darle continuidad, entonces existe también el miedo a la muerte. No hay fórmulas; pero si la mente se da cuenta de que puede poner fin a la ansiedad, si descubre lo que significa morir cada día para que cada día sea un nuevo día, esa mente entonces se renueva por completo, es una mente intacta, vital.

De modo que en el amor no existe el tiempo. El amor no puede cultivarse. El placer sí, y eso es lo que todos hacen; y como tienen miedo de que el placer acabe, su más elevada forma de placer no es el placer sexual, sino imaginar que existe algo, "Dios", a lo que viven entregados. Para descubrir la belleza del amor y la muerte, deben morir cada día a todos sus recuerdos. Inténtenlo... O mejor dicho, no lo intenten, ¡háganlo! Tomen el recuerdo de un placer que hayan experimentado y despréndanse instantáneamente de él. Eso es lo que la muerte hará. No sirve decir: «Bueno, pero déjeme conservar unos pocos recuerdos, por favor». Si uno es capaz de morir cada día, descubrirá una gran belleza, porque de ese final nace algo nuevo, enteramente distinto. Ahora bien, no es posible dar con eso a menos que sepa lo que es vivir sin el más ligero esfuerzo.

INTERLOCUTOR: ¿Qué papel desempeñan el talento y la destreza?

KRISHNAMURTI: Si uno tiene un determinado talento, ¡cuide de él!, pues le dará la oportunidad de desarrollar el deseo de alcanzar poder, posición y prestigio. Ya lo han observado, ¿verdad? Una persona con talento, ya sea para el piano o la política, que tiene el don de la palabra o de lo que sea, lo utiliza para llegar a ser alguien. ¿No se han dado cuenta de estas cosas? Si a un violinista de renombre mundial se le despoja de su violín, no es nadie. Por tanto, si uno quiere averiguar qué es la verdad debe estar muy atento a su talento y no emplearlo de forma indebida; debe utilizar su talento con gran humildad. Y humildad significa no ascender nunca por la escalera del éxito, nunca llegar a ser "alguien" en este mundo. Cuando se cuenta con esa humildad, el talento no es un peligro.

4. ¿ES ESTÁTICA LA VERDAD
O ES ALGO VIVO?

Espero que podamos entendernos, pues la cuestión que vamos a explorar juntos requiere una indagación detallada y libertad para observar. No vamos a hablar sólo acerca de la mente religiosa, sino que vamos a conversar también sobre la realidad, la meditación y la cualidad de la mente que es capaz de percibir qué es lo verdadero. Va a ser difícil, ya que cualquier cosa que se diga, cada uno de nosotros la interpretará de acuerdo con su condicionamiento particular, con su propia cultura, especialmente teniendo en cuenta que vamos a hablar sobre religión y la cualidad de la mente religiosa, y lo más probable es que ya tengan un concepto, una definición verbal de lo que es la religión. Para averiguar de verdad, uno debe desechar por completo todo lo que la humanidad ha elaborado intelectual y emocionalmente en su intento de huir de la realidad cotidiana. Uno debe estar completamente libre de todo ello, debe rechazar terminantemente todo aquello que la humanidad ha ideado en su deseo de encontrar la realidad; y eso va a ser lo difícil. Porque no es algo que se pueda discutir en un sentido intelectual o verbal, sino que exige tener una mente muy perspicaz e inquisitiva.

La razón de indagar sobre qué es la religión y acerca de la cualidad de la mente religiosa no es sólo por descubrir el significado que tienen en sí mismas, sino por ver además la relación que guardan con nuestro vivir cotidiano; porque es una revolución psicológica total lo que se necesita para crear una cultura distinta, una forma distinta de vivir y observar. Es a causa de su relación directa con el vivir, con nuestra vida de cada día, y no a fin de enunciar una abstracción, una idea, una fórmula, por lo que estamos indagando para descubrir si es posible vivir en este mundo de un modo armonioso, sin ningún conflicto, sin la gran insensibilidad y las atrocidades que la humanidad ha generado.

¿Qué es religión? ¿Cómo es la mente que plantea esta pregunta? La religión ha desempeñado un papel muy importante en nuestras vidas; de hecho, constituye probablemente los cimientos de nuestras vidas. Tratar de provocar una mera revolución social en el mundo exterior sin haber indagado antes acerca de la estructura y naturaleza de la mente religiosa tiene muy poco sentido. Una mente seria, que de verdad quiera profundizar en la posibilidad de crear una cultura nueva, ha de experimentar una revolución *psicológica* para poder hallar una forma de vivir que sea distinta de la actual.

A la hora de comprender la cualidad de una mente religiosa, uno ha de investigar en primer lugar la cuestión de la "búsqueda espiritual". ¿Qué elementos están implicados en ese "buscar"? Por favor, como decíamos, estamos indagando sobre esto juntos, estamos compartiéndolo para tratar de comprender juntos la cuestión; y no podrán hacerlo si se limitan a escuchar a quien les habla. Compartirlo significa que deben investigar con el mismo entusiasmo, con la misma pasión e intensidad que lo está haciendo quien les habla, lo cual requiere no sólo hacer un examen verbal, sino observar también de modo no verbal esa mente que busca. En última instancia todos buscamos, pero ¿qué hay implicado en esa palabra, qué significa? ¿Qué razón de ser tiene la búsqueda, y qué es lo que tratamos de encontrar? Cuando uno busca, existen el buscador y aquello que busca, lo que quiere conseguir; está la entidad que busca, que mira, que observa y averigua, y aquello que quiere conseguir. Existe por tanto una dualidad: está, por un lado, el "yo" buscador que anhela encontrar, y, por otro, lo que quiere encontrar. Porque es casi indudable que encontrará algo; eso sí, será algo basado en su condicionamiento: si es cristiano, hallará lo que su cultura particular le haya enseñado e inculcado, y algo similar ocurrirá si es hindú o lo que sea. Eso es lo que hacemos: basándonos en nuestra cultura, en nuestro condicionamiento, en nuestros conocimientos, emprendemos la búsqueda de eso que llamamos verdad, felicidad o comoquiera que uno lo llame; lo buscamos tomando como punto de referencia nuestras experiencias, toda la información y los recuerdos que hemos acumulado, lo cual significa que es el pasado quien va a buscar algo en el futuro, y que ese pasado dictará lo que encontrará en el futuro. Pero lo que encuentre nunca será la verdad, sino algo que esté en consonancia con el pasado, que es conocimiento, que es experiencia, que pertenece a la memoria. Así pues, una mente que quiera descubrir, que quiera percibir lo que es la verdad, debe estar libre del pasado, libre de su condicionamiento. Si uno es hindú, debe desprenderse de todo condicionamiento conceptual, de toda tradición; porque, si no, lo único que encontrará será lo que la tradición ha dictado, lo que la tradición les ha ordenado que busquen.

Y estar libre de todo condicionamiento significa estar libre de toda creencia, pues las creencias están basadas en el deseo de consolación, de seguridad, en el miedo. ¿Verdad que no necesitan creer que el Sol saldrá mañana? Saben que lo hará. Sólo la mente que vive en la incertidumbre, en la confusión y que busca seguridad y consuelo necesita creer; de modo que uno ha de estar libre de toda creencia, de toda clase de conclusiones y, como es obvio, de todo tipo de ideales. A medida que escuchan, observen el hecho de que –dado

que la base de la creencia es el deseo de seguridad y certi-
dumbre, dado que la creencia es resultado del miedo– una
mente ofuscada por la creencia no tiene posibilidad alguna
de percibir qué es la verdad, por más que la busque. A medida que escuchan esto, ¿ven que es verdad? Si lo ven, el condicionamiento ha desaparecido, y sus mentes tienen ahora libertad para observar. A medida que escuchan, ¿observan sus
propias creencias, sus propias conclusiones? ¿Se dan cuenta
de que una mente en ese estado es incapaz de mirar y percibir
con claridad? Si quieren percibir con claridad, su mente debe
estar libre por completo de cualquier creencia, ya sea su Dios
o mi Dios. Al escuchar, ¿se han desprendido de todo eso en
lo que creen, o hasta tal punto están condicionados que, sin
algo en lo que creer, se sienten perdidos, atemorizados, y no
tienen más remedio que seguir aferrados a ello? Es obvio que
una mente así no es una mente religiosa.

Así pues, una mente que busca jamás encontrará la verdad; y, a la vez, todo su condicionamiento insiste en que deben buscar. ¿Puede la mente observar la verdad de que la búsqueda entraña un conflicto dualista, y de que una mente que
está en conflicto es una mente distorsionada, incapaz de ver?
Es obvio que una mente que vive aprisionada en los rituales,
en toda esa farsa que se ha creado en nombre de la religión,
no es en absoluto una mente religiosa, pues lo único que la
mueve es la búsqueda de estímulos, sensaciones, de toda clase de exaltaciones. Y en cuanto a la mente que es seria, que
de verdad investiga, que tiene pasión por descubrir, ¿puede
esa mente dejar atrás todos los rituales, todas las creencias,
todo el proceso de la búsqueda?

Pueden observar cómo las religiones organizadas han
separado a los seres humanos en hindúes, budistas, cristianos, etcétera. Ustedes que escuchan, ¿están libres de esa división? Si uno no es serio, acepta la vida tal como es en este

momento; no ve el peligro de esta forma de vivir dividida, de la desdicha, de la confusión, de la agonía, y como consecuencia actúa de manera mecánica. Uno ha de ser serio; es lo que la vida exige. Porque la vida es una batalla, es desdicha, es confusión, y, para que pueda haber un mundo diferente, uno tiene que ser enormemente serio.

En lo que llamamos "búsqueda", caemos en la trampa de los llamados *gurús*, que ofrecen sistemas, métodos que hablan sobre cómo alcanzar la iluminación, sobre cómo alcanzar algo a lo que llaman dios o como sea que lo llamen. Pero cuando uno practica un sistema, un método, ¿acaso no está implícita en esa práctica la existencia de una meta prefijada? ¿No ven que cuando a uno le dicen: «Haga todo esto y conseguirá aquello», ese "aquello" es algo que ya se conoce de antemano? Por eso hay tal cantidad de sistemas y métodos, porque se considera que la verdad, o cualquiera que sea el nombre que uno dé a "aquello", es un estado fijo que una vez alcanzado, tiene la capacidad de poner fin a todos los problemas; por eso uno sigue ciertas prácticas, ¿no es así? Hace esto para conseguir aquello. Pero está claro que siendo éste uno de sus entretenimientos favoritos, les va a resultar terriblemente difícil abandonarlo.

¿Tiene alguna lógica que un sistema pueda conducirle a uno a la realidad? Piénsenlo solamente desde el punto de vista lógico. Un sistema lleva implícito un método, una práctica, un proceso a través del cual supuestamente uno llegará a la realidad; y un proceso implica tiempo, implica cultivar mecánicamente un hábito y supone, por tanto, un conflicto constante entre *lo que es* y *lo que debería ser*; un proceso implica distorsionar la mente en lugar de comprenderla, en lugar de comprender su auténtica estructura y naturaleza, que es el pensamiento. Es decir, pensamos que a través de un proceso, a través del tiempo, alcanzaremos poco a poco algo que ya existe, que está prefijado. ¿Es la verdad algo permanente y estático que espera a que uno la capture, o es algo vivo y hacia lo que, por consiguiente, no hay ningún camino? En este caso, lo que se requiere es observación, percepción constante de todo lo que sucede dentro y fuera de uno; pues la observación no es un acto mecánico.

Uno sabe que hay diversos caminos que conducen a la estación, y que la estación está siempre en el mismo lugar –a menos, por supuesto, que haya habido un terremoto, que haya estallado una bomba o haya ocurrido cualquier otro suceso–. Así que eso es lo que ofrecen los diversos sistemas: caminos para llegar a la estación; y la gente es tan ingenua y tan codiciosa que cegada por el deseo de conseguir esa supuesta verdad, jamás se detiene a considerar seriamente si la verdad es algo estático. La mente religiosa está libre de toda práctica, de todo sistema, de todo pensamiento organizado.

Un día iba un hombre paseando por la calle y, en vez de contemplar el cielo espléndido, iba mirando al suelo según caminaba. De pronto vio algo que brillaba a lo lejos, se dirigió inmediatamente hacia allí, lo recogió y se quedó mirándolo, extático ante su extraordinaria belleza; luego se lo guardó en el bolsillo. Dos personas caminaban detrás de él, y una le preguntó a la otra: «¿Qué es lo que ha recogido ese hombre? ¿Has visto su expresión, su cara de puro éxtasis al contemplarlo?». Su amigo, que resultó ser el demonio, contestó: «Eso que ha recogido era la verdad». «¡Mal asunto para ti entonces, ¿no?!», exclamó el primero. «¡De ninguna manera! –respondió el demonio–, voy a ayudarle a organizarla.»

Y eso es precisamente lo que hemos conseguido con todos esos fabulosos agentes llamados sistemas, métodos, prácticas, con todos esos campos de concentración que han ofrecido los *gurús*. Así pues, una mente que busca la verdad –... mejor dicho, disculpen, una mente que investiga la naturaleza de la verdad– debe estar libre de toda búsqueda organizada, de toda práctica organizada, de toda indagación organizada.

Hay otra pregunta a la que debemos responder: ¿qué es la belleza? Una mente religiosa debe descubrir qué es la belleza, porque sin ella no hay amor. Por favor, estamos investigando esto juntos, y eso significa que están formulándose a sí mismos esta pregunta. ¿Qué es la belleza? Cuando perciban lo que es, sabrán lo que es el amor; belleza y amor son cualidades de la mente religiosa; la mente religiosa no puede existir sin ambos. Como saben, la mayoría de las religiones han renunciado a la belleza. Los monjes y los *sannyasis* la temen, pues la asocian con la sensualidad y el deseo, y creen que si uno está buscando –como es su caso– la realidad, o a Dios, debe rechazar todo deseo, toda percepción de lo bello; y para lograrlo, hacen votos de diversa índole. Pero ¿qué le sucede a uno cuando hace un voto? Inmediatamente se instala en su interior un eterno conflicto, que distorsiona su mente, que la vuelve neurótica e incapaz de percibir la verdad. Así pues, ¿qué es la belleza? Háganse la pregunta, hágansela con pasión por averiguarlo; no se queden simplemente ahí sentados esperando a que alguien les dé la respuesta.

¿Qué es la belleza? ¿Es algo que está en la arquitectura de un edificio, algo que se encuentra en un museo, en un libro, en un poema, algo creado por la mano o por la mente? ¿Requiere la belleza ser expresada? ¿Es necesario describirla con palabras, plasmarla en piedra o en un monumento? ¿O es la belleza algo completamente distinto? Para averiguarlo, y para averiguar por tanto qué es el amor, uno debe conocerse, comprenderse a sí mismo, aprender sobre sí mismo, no de acuerdo con determinadas pautas establecidas, con un sistema, sino simplemente aprendiendo sobre cómo es uno en realidad; conociéndose, conociendo, no a su "yo", sino lo que es ese "yo". Permítanme explicarlo.

Uno piensa que hay un "yo" permanente, sobre el que uno se dispone a aprender, ¿no es cierto? Uno da por sentado que ese "yo" permanente existe, pero ¿es así? ¿O es el "yo" algo vivo, que está en constante movimiento, en cambio constante? Estudiar ese "yo" vivo, indagar en él, aprender acerca de él, es muy distinto de aprender sobre algo estático, inamovible. Así pues, la comprensión de uno mismo ha de ser fruto de la observación, no del análisis basado en algún sistema, filosofía o teoría analítica. Porque donde existe el "yo" se establece una división entre ese "yo" y otro "yo"; y donde hay división tiene que haber conflicto, a consecuencia de lo cual no hay belleza, y por tanto no hay amor. Esto no significa que, para evitar la división, uno deba identificarse con el otro.

De manera que para investigar de verdad el significado de una mente religiosa, la mente debe percibir, debe entrar en contacto con el extraordinario estado de la belleza; y sólo verá aquello que es la belleza cuando haya abandonado por completo el sentido de "yo", pues, al abandonarlo, nace una intensidad, una pasión sin la que el amor no puede existir. El amor no es placer, deseo, lujuria; no es algo meramente asociado con el sexo. Una mente religiosa es una mente que ha comprendido la dinámica de la virtud y la disciplina.

Vamos a indagar acerca de este tema. La palabra *disciplina* significa aprender. Escuchen esto, por favor; simplemente escuchen. Porque si son capaces de escuchar por completo en lugar de batallar y discutir conmigo, de discrepar o asentir, podrán percibir la verdad de lo que se dice. Cuando reaccionan ante lo que escuchan, cuando lo comparan, lo juzgan y se oponen a ello, no comprenden nada; pero si son capaces de escuchar realmente, comprenderán la verdad que entraña, y eso les dará una percepción extraordinaria de la realidad…, y no porque quien les hable esté hipnotizándoles. La palabra *disciplina* significa aprender; no habla de amoldarse, imitar, obedecer, ni de reprimir, sino de aprender. Pero uno no puede aprender si vive acumulando. Acumular conocimientos es necesario para saber volver a casa; sin ciertos conocimientos, uno no podría hacer nada: a la hora de aprender un idioma, necesita memorizar una técnica –si uno está aprendiendo italiano, o francés, hay una acumulación de palabras, de información práctica, de discurso hablado–, y lo mismo sucede si quiere ser ingeniero, científico o lo que sea. Habitualmente, uno adquiere y acumula conocimiento, que es siempre el pasado, a fin de utilizarlo en el momento que lo necesite; cuando ese momento llega, es ese conocimiento, que es el pasado, el que actúa. Ahora bien, existe una forma de aprender totalmente distinta, que no consiste en adquirir y acumular; y esto es lo que vamos a ver ahora.

Aprender a observar no entraña adquisición ni acumulación alguna; aprender lo que es el orden no es acumular conocimientos sobre lo que el orden debería ser según mi definición particular o la de algún filósofo o santo. ¿Qué harán para aprender qué es el orden? Por favor, escuchen con atención; aprendan, no acumulen. Vivimos en el desorden, ya que es cuanto conocemos. Vivimos en la contradicción, en la confusión, en una batalla constante; eso es el desorden. ¿No es así? Así, observar el desorden, aprender acerca del desorden, es orden; y eso es disciplina. ¿Comprenden? Observen lo que es el desorden; no intenten obtener orden del desorden; observen simplemente lo que es el desorden, es decir, desechen cualquier acción positiva al respecto, y únicamente obsérvenlo.

¿Qué es el desorden? Observen su mundo interior, vean el desconcierto y la contradicción en que vivimos, constantemente intentando conseguir esto o aquello, amoldándonos, midiendo, comparando, y por tanto sin ninguna libertad. Pero cuando uno deja de tener fe en su *gurú*, cuando lo que rige sus acciones no son ya las palabras de ningún libro ni de ningún sacerdote, la autoridad desaparece de su vida (exceptuando la autoridad de la ley, que es un tema muy distinto); y al rechazar toda autoridad interior, espiritual –y uno ha de hacerlo, porque sin rechazarla no hay libertad, y, para poder investigar, la mente tiene que ser libre por completo–, la mente se encuentra entonces con su propia soledad, con su propia desesperación y confusión: ése es el desorden que hay en nosotros. Por favor, estamos aprendiendo juntos.

Ahora bien, ¿qué hace una mente que está aprendiendo acerca de la confusión? Cuando uno está confundido, quiere actuar, ¿no es así? Cuando están confundidos y no saben qué hacer, quieren *hacer* algo. No se paran a mirar la confusión, no la observan, no la estudian, no aprenden sobre ella; quieren hacer algo para salir de la confusión, y lo único que consiguen es confundirse cada vez más. Una mente que no sabe qué hacer, qué dirección seguir, que duda si hacerse comunista, socialista, activista o retirarse del mundo y dedicarse a la contemplación, es una mente confundida.

¿Por qué se produce la confusión? Atiendan, por favor. Hay confusión porque hay conformidad, porque tratamos de ajustarnos a un modelo, y eso se traduce en medida, en comparación: comparo lo que soy con lo que debería ser. En cuanto uno ve realmente la verdad de esto, ¡asunto terminado!; pero hasta entonces, debido a la educación y a las presiones y coerciones a las que se encuentra sometida, la mente se compara sin cesar con el ideal, con lo que debería ser, y éstas son razones por las que surge en ella la confusión: el comparar, el ajustarse, el obedecer.

Y ¿por qué intentamos ajustarnos, por qué comparamos, por qué obedecemos? Si uno profundiza de verdad en sí mismo, ve que ese continuo intento de cumplir con lo establecido se debe a que, desde pequeños, se nos ha enseñado a compararnos con los demás –obsérvenlo–; y compararse significa que no tiene importancia lo que uno es, sino lo que uno debería ser, lo cual origina una contradicción al hacerle a uno renegar de *lo que es* en favor de *lo que debería ser*, o sea, del héroe, de la imagen que uno, a partir de lo que realmente es, ha proyectado. En cambio, cuando no se establece comparación alguna, uno es lo que es; y *lo que es*, entonces es completamente distinto de lo que, al compararse, uno pensaba que era. Es decir, si me comparo con alguien extraordinariamente inteligente, con toda probabilidad me considere una persona torpe; pero ¿soy torpe si no me comparo con nadie? No, en ese caso soy simplemente lo que soy, sin calificativos, y entonces puedo actuar al respecto, puedo cambiar, puedo ir más allá de *lo que es*; mientras que si me comparo con otro, no puedo ir más allá de nada.

¿Por qué obedecemos? No sé si se han preguntado a sí mismos alguna vez por qué obedecen a alguien. El significado etimológico de la palabra *obedecer* es "escuchar". Cuando, día tras día, a uno se le repite que es hindú, musulmán, budista, cristiano o comunista, eso que escucha condiciona su mente, ¿no es cierto? Atiendan, por favor. En este país –y es algo que, por desgracia, está extendiéndose también a otros países– se les ha inculcado la idea de que necesitan un *gurú*. Ésa es la tradición, repetida una y otra vez; eso es lo que ustedes han sentido repetir, e instintivamente se han sumado a ello, han obedecido. Pero vean qué se han hecho a sí mismos, qué le ha sucedido a la mente. Una mente que obedece, que se conforma y compara no es una mente religiosa. Antes de seguir, razónenlo, pues si lo hacen no podrán pasar por alto la lógica de estas palabras. Quizá no les guste lo que digo –están en su derecho–, pero primero deben examinarlo.

Así pues, señores, tenemos que aprender lo que es la virtud, porque la virtud es orden. El orden no es eso que ustedes practican. No se puede practicar la humildad; cuando uno comprende la vanidad, la humildad existe espontáneamente.

Y tenemos que examinar también el tema de la meditación. ¿Cómo es la meditación de una mente religiosa? Decíamos que la mente religiosa está libre de toda creencia, que ha dejado atrás todo sistema, toda autoridad, todo tipo de práctica; y el estado de la mente que a través del razonamiento lógico ha visto con claridad y se ha liberado de todo ello forma parte de la meditación. La meditación no es algo que uno practica cinco minutos por la mañana, para luego seguir comportándose durante el resto del día como un ser humano insensible. La meditación es algo de principio a fin. Por eso no es un tema del que pueda hablarse a grandes rasgos; es una cuestión muy compleja, sobre la que vamos a aprender. Esto no significa que quien les habla vaya a instruirles sobre cómo meditar; porque en cuanto uno quiere saber "cómo" hacerlo, ésa es ya una actitud equivocada. Si me permiten sugerirlo, con el mayor de los respetos, nunca pregunten a nadie "cómo"; hay demasiada gente dispuesta a ofrecerles un método. Pero si uno ve el daño que ocasiona cualquier método, esa percepción misma es suficiente.

5. ¿QUÉ CUALIDAD POSEE LA MENTE QUE VIVE EN ESTADO DE MEDITACIÓN?

Vamos a conversar juntos sobre qué es la meditación. Resulta bastante obvio que tenemos que cambiar por completo nuestra forma de vivir, que necesitamos una revolución profunda, radical en nuestras vidas, una revolución que no se contente con modificar superficialmente la realidad social y económica, o con desestabilizar el sistema actual para sustituirlo por otro distinto. Lo que nos importa, si es que hay en nosotros un mínimo de seriedad a la hora de tratar esta cuestión, es averiguar cómo puede la mente humana, tan atrapada en su condicionamiento, experimentar una transformación radical que le permita vivir y actuar en una dimensión totalmente distinta. Llevamos muchos siglos funcionando con una parte muy limitada del cerebro, reduciendo incluso la estructura fundamental del cerebro a ese determinado canal. ¿Puede haber una mutación de las células cerebrales?

Creo que nuestro mayor problema es que respondemos a cada nuevo reto con un cerebro viejo, programado a lo largo de miles de años. La vida es un reto constante, y, cualquier reto que se nos presente lo afrontamos con el viejo cerebro, cuyas respuestas son tradicionales, mecánicas, egotistas, egocéntricas. Esto también resulta muy obvio. Así pues, para averiguar si las propias células cerebrales pueden experimentar una transformación radical, una mutación, tenemos que indagar acerca de la cualidad de una mente que es capaz de percibir sin ningún tipo de esfuerzo, sin ninguna represión, imitación ni conformidad; debemos eliminar por completo la moral tradicional –que de moral no tiene absolutamente nada– y descubrir una forma de vida totalmente nueva. Puede que la meditación sea eso: descubrir cómo hacer realidad esa transformación radical.

Como decíamos: estamos examinando esta cuestión juntos; no van a encontrar aquí una autoridad que les diga qué deben hacer, ni tampoco un sistema de meditación nuevo. Porque cuando uno practica un sistema de meditación, eso no es meditación, sino una mera repetición mecánica, completamente inútil y sin el menor sentido. Por todo el mundo, pero sobre todo en Asia, mucha gente tiene ya una idea de lo que es la meditación; a la gente se le ha dicho cómo debe meditar, lo que debe hacer. Quien les habla no ha leído ningún libro sobre este tema. Él no contaba con sistema alguno; tuvo que averiguar por sí mismo el significado de la meditación; tuvo que deshacerse de todo lo que se le había dicho, pues no ha de repetirse nada que uno no haya percibido por sí mismo, que uno no haya vivido. Si están dispuestos a no repetir nada que no hayan percibido por sí mismos, respecto a la meditación y respecto a cualquier cuestión espiritual, a no afirmar ni formular jamás nada que otros hayan dicho, entonces podemos comunicarnos y compartir esto, explorarlo juntos.

¿Pueden dejar atrás definitivamente todo lo que han oído o leído, o lo que se les ha inculcado, sobre la meditación? Porque lo cierto es que no saben nada, ¿no es así?, salvo lo que otros han explicado, salvo lo que han practicado ateniéndose a la tradición, o lo que han experimentado siguiendo las pautas de un sistema que prometía ofrecerles algo. Nada de ello, por tanto, es suyo; nada de ello es original; es una mera práctica de segunda mano y, por consiguiente, no posee ningún valor. Para descubrir qué es la verdad, para dar con ella, la mente debe estar libre por completo de la tendencia a imitar y conformarse; debe estar libre de toda clase de miedos. Porque sólo entonces puede ver, puede percibir *lo que es*.

De modo que para comprender qué es la meditación, debemos averiguar lo que la meditación no es; y esto es lo que vamos a examinar juntos, ya que al negar lo falso, uno descubre lo verdadero. Por el contrario, cuando uno acepta lo que otros han dicho –sin importar quiénes sean esos otros, y esto incluye a quien les habla–, lo único que hace es imitar, conformarse; y se conforma porque mantiene la esperanza de que a través de la conformidad, la obediencia y ciertas prácticas experimentará un estado fantástico que le otorgará una visión y extraordinarios poderes. Si son verdaderamente serios, podemos compartir nuestro examen, nuestra investigación, para hallar un estado, una cualidad de la mente que sea esencialmente libre, que no sea mecánica, que no sea repetitiva; una cualidad de completo silencio que no sea fruto de la represión, el esfuerzo ni de ninguna práctica.

Para eso, uno debe empezar por comprender lo que es, por aprender sobre el "yo", con todos sus recuerdos, ansiedades y miedos, con sus ambiciones, su corrupción, su deleite y sus placeres sexuales; sobre el "yo" que se separa a sí mismo del "usted", y el "usted" con su "yo" que se separa a sí mismo de otro. Esa comprensión no puede estar basada en ninguna filosofía ni en las pautas de ningún maestro ni psicólogo, sino únicamente en el comprenderse a uno mismo; y es imposible que uno se comprenda a sí mismo si existe cualquier tipo de condena, cualquier tipo de justificación. Para aprender sobre uno mismo, uno ha de ser capaz de percibirse tal como es, no como a uno le gustaría ser; percibirse sin intentar cambiar lo que uno es. Por consiguiente, ninguna autoridad que se empeñe en decirle a uno lo que debe hacer, o en ofrecerle una técnica de introspección, merece credibilidad alguna.

Es absolutamente imprescindible que uno comprenda lo que es, porque sin comprensión propia, uno carece de base. Cuando hablamos de comprenderse a uno mismo, no hablamos de comprender a un "yo" permanente, eso a lo que se llama el alma, el *atman*, el "superyo"; hablamos de comprender nuestra vida cotidiana: la manera en que hablamos, nuestras motivaciones, ambiciones, miedos y angustias, el deseo de poder y posición, nuestros diversos conflictos. Todo eso es el "yo"; y uno necesita comprenderlo, porque de esa comprensión nace la capacidad para actuar con rectitud. Sin esa rectitud como fundamento, la meditación no es más que una forma de autohipnosis. Así pues, comprenderse a uno mismo es absolutamente necesario…, y no porque lo diga quien les habla; basta un razonamiento lógico para ver que es así. Si existe en uno cualquier clase de contradicción, cualquier clase de miedo, cualquier forma de ambición, de envidia o de competitividad, ¿cómo puede la mente encontrar, descubrir o percibir algo que no provenga de sí misma?

Miren la razón, la lógica, cuando digo que lo primero que uno debe hacer es comprenderse a sí mismo, y no escapar de lo que es. Uno sabe que necesita conocerse. Pero esto plantea ya un problema, pues cuando uno está aprendiendo sobre sí mismo, cuando se observa y observa sus pensamientos sin controlarlos, sin reprimirlos, surge la pregunta: ¿quién es el observador? Si están indagando sobre este tema de la meditación y de cómo vivir sin sufrimiento, sin conflicto, de cómo vivir una vida plena, rica, una vida con sentido, tienen que entender ustedes esa pregunta: ¿quién es el observador que está aprendiendo?

Me observo; observo mi forma de hablar, mi forma de andar, mis gestos, mi insensibilidad, mi violencia, mi bondad...; observo la batalla entera de la existencia. Ahora bien, ¿es el observador una realidad diferente de aquello que observa? Es decir, ese observador que piensa «estoy aprendiendo sobre mí mismo», ¿es alguien que desde el exterior observa lo que está sucediendo? ¿Está el observador separado de aquello que observa, o son ambos lo mismo? ¿Es el observador, el censor, la persona que dice estar observándose a sí misma, una entidad diferente de cada cosa que observa? ¿O acaso el observador es lo observado?

A medida que observen, verán que es así, que no hay separación entre uno y otro. Por tanto, desaparece toda contradicción, todo intento de represión o de control, puesto que el observador y lo observado son uno. De nuevo, esto es simplemente razonable, lógico; no tienen por qué aceptarlo como si se tratara de la opinión de alguien, sino que pueden ver por sí mismos que es así. No hay tal cosa como un "Yo superior" que observe al "yo inferior"; el primero no es más que un fragmento del segundo; lo cual no es más que una de tantas ideas que ha inventado el ser humano. Si examinan el proceso completo, si observan de ese modo total que es el verdadero aprender, verán que el observador es lo observado, que la persona iracunda es la ira. Y esa entidad que dice que existe un alma, un *atman*, un "superyo", forma parte del pensamiento que divide.

De manera que lo importante es aprender sobre uno mismo sin que exista un censor; porque el censor es un ente separado, ¿no es cierto? Cuando existe ese censor que va diciéndole a uno lo que debe y no debe hacer, lo que está bien y lo que está mal, cómo debería y cómo no debería ser algo, uno deja de observar, pues su condicionamiento previo, su tradición, sus recuerdos anteriores interfieren en la observación. ¿Son capaces de ver este hecho tan simple? Y es necesario que aprendan sobre sí mismos, porque, de lo contrario, no tienen ninguna base para una percepción clara.

Y de aquí surge la cuestión de la disciplina. Se ha insistido mucho en que uno debe autodisciplinarse, controlarse; eso es lo que se nos ha enseñado a hacer desde pequeños, y es lo que dicen todos los libros que uno ha leído: que debemos practicar el control y la disciplina, y moldear lo que somos ateniéndonos a un patrón determinado. Ahora bien, la palabra *disciplina* significa "aprender". No significa conformarse ni obedecer, sino aprender; y el acto de aprender es en sí mismo disciplina. Si aprendo acerca de lo que soy sin que exista un observador, esa observación misma origina su propio orden. No hay duda de que el orden es necesario, pero tradicionalmente se ha interpretado que la única forma de conseguirlo es imponiendo una disciplina; y si tener orden es fundamental, el verdadero orden no puede generarse mediante ninguna acción compulsiva, ni siguiendo ningún modelo, sino que nace únicamente cuando uno ha observado lo que es el desorden. Es decir, uno vive en el desorden, lleva una vida desordenada, llena de contradicciones, torpeza, confusión, y, al aprender sobre sí mismo, uno hace que haya orden.

Por tanto, han averiguado cómo observarse, cómo observar sin el observador, entendiendo por "el observador" la entidad que condena, juzga, evalúa y rechaza. El observador es el censor, que es el pasado, y observar sin el pasado cuando miran una rosa significa mirarla sin la imagen o la palabra que uno conserva asociada a ella; pues en cuanto uno la llama "rosa", la palabra le impide observar la realidad de la flor. Observen sin la palabra.

Ahora bien, ¿qué es la meditación? ¿Qué cualidad posee la mente que se halla en estado de meditación? Vamos a compartir esto…, lo cual no significa que vayamos a meditar juntos; eso no es más que otra tontería. Antes de nada, deben comprender esta cuestión. Voy a hablar acerca de ella; de modo que, por favor, escuchen simplemente. Quizá sea algo sobre lo que nunca han pensado, así que presten toda su atención a lo que se va a decir. No juzguen, no discrepen o intenten estar de acuerdo, ni se esfuercen por comprenderlo; si ponen toda su atención en lo que se va a decir, ese mismo estado de atención completa es meditación. Vamos a adentrarnos en este tema, y les pido que tan sólo escuchen, nada más. No es que quien les habla esté tratando de hipnotizarles, ni de decirles lo que deben hacer, sino que sencillamente está poniendo de relieve ciertos hechos. No se trata de su juicio ni de su opinión personal, sino de hechos que ambos podemos descubrir aquí y ahora, no en el futuro; para ello basta con que en lugar de utilizar su emotividad, utilicen la razón, la lógica y la claridad de pensamiento.

Nos encontramos ante uno de los temas más difíciles de describir con palabras, porque es necesario comprender antes que nada la naturaleza y estructura del pensamiento. Eso forma parte de la meditación. Si uno no comprende qué es el pensamiento, entrará constantemente en conflicto con él. La verdad es que no sé por dónde empezar a hablar de esta cuestión tan compleja que vamos a investigar juntos. Tanto si lo comprenden como si no, simplemente escuchen.

El primer paso es el último paso. El primer paso es el paso de una percepción clara, y ese acto transparente de percibir con claridad es el último acto. Cuando sienten el peligro de una serpiente, esa percepción misma es acción total. Hemos dicho que el primer paso es el último paso. El primer paso es percibir: percibir lo que uno piensa, percibir su ambición, su ansiedad, su sentimiento de soledad, su desesperación, su extraordinaria tristeza; percibirlos sin ninguna justificación ni condena, sin el deseo de modificarlos; percibirlos tal como son. Cuando uno percibe algo tal como es, emana de ello una acción totalmente diferente, y esa acción es la acción final; es decir, cuando uno percibe que algo es falso, o que es verdadero, esa percepción es la acción final, que es el último paso.

Ahora escuchen esto. Percibo la falsedad que hay en seguir las instrucciones de otro –Krishna, el Buda, Cristo…, da igual quién sea–; percibo la verdad de que seguir a otro es absolutamente falso. La razón, la lógica y todo lo demás ponen de relieve lo absurdo que es seguir a otra persona. Bien, esa percepción es el paso final; una vez que he percibido, dejo esa percepción atrás, me olvido de ella, pues en el instante siguiente he de percibir con mirada totalmente nueva, y esa nueva percepción será a su vez el paso final. Porque si uno no abandona lo que ha aprendido, lo que ha percibido, se produce entonces una continuidad del proceso del pensamiento; y ese proceso y esa continuidad del pensamiento son tiempo. Cuando la mente se queda atrapada en el movimiento del tiempo, deja de ser libre.

Así pues, una de las principales cuestiones es si la mente puede liberarse del pasado: de las lamentaciones pasadas, de los placeres, recuerdos, incidentes y experiencias del pasado, de todo aquello que uno ha construido. Y el pasado es también el "yo"; de hecho, el "yo" es el pasado. El pensamiento, que no es capaz de dejar nada atrás, apresa algo que en su momento se percibió con verdadera nitidez, y le da continuidad, pues esa continuidad es su manera de perpetuarse a sí mismo. Si ayer viví una experiencia que me hizo feliz y, en lugar de ponerle fin, me la llevo conmigo, me aferro a ella y pienso en ella, el mero hecho de recordarla, de pensar en algo que pertenece al pasado, da continuidad al pasado, y de ese modo el pasado nunca termina. En cambio, si uno vive la experiencia más feliz y extraordinaria, la ve, la percibe, y le pone fin completamente en lugar de llevársela consigo, entonces no existe esa continuidad que el pensamiento ha construido en forma de pasado. Entonces cada paso es el último paso.

Por eso es tan importante profundizar en la cuestión de si el pensamiento, que da continuidad a la memoria –y la memoria es el pasado–, puede tener fin. Eso forma parte de la meditación; forma parte de la mutación total de las propias células cerebrales. Mientras exista esa continuidad del proceso del pensamiento, sólo puede haber una repetición de lo viejo; porque el pensamiento es memoria; el pensamiento es la respuesta de la memoria; el pensamiento es experiencia; el pensamiento es conocimiento.

Estamos hablando de cuestiones muy serias. Esto concierne directamente a sus vidas; no a la vida de quien les habla, sino a la vida de cada uno de ustedes, con sus batallas, sus infortunios, su inmoralidad y su sufrimiento. Por favor, presten un poco más de atención, se lo ruego. Porque es su vida, es su sufrimiento, y encontrar el modo de poner fin al sufrimiento forma parte de eso a lo que llamamos meditación; la meditación no es escapar a un mundo de visiones fantásticas.

Vemos, pues, que el pensamiento se sirve de la experiencia, de la repetición continua de ciertos recuerdos, para autoperpetuarse. El conocimiento se encuentra siempre en el pasado, y cuando uno actúa basándose en el conocimiento, está dando continuidad al pensamiento. Sin embargo, uno necesita del conocimiento en el campo tecnológico; si no utilizara el pensamiento, uno no sabría llegar a su casa, no podría realizar su trabajo. Por este motivo, ésta es una cuestión tan difícil. El conocimiento es necesario, pero uno debe ver el peligro de que la mente se quede atrapada en el movimiento perpetuo del pensamiento y no sea capaz, por tanto, de ver nada con mirada nueva. El pensamiento es siempre viejo, está siempre condicionado; no puede ser libre, puesto que el pasado es su base. De manera que la cuestión es averiguar si la actividad del pensamiento –que es absolutamente necesaria para poder desenvolvernos en ciertas ocasiones y funcionar con lógica, con cordura, pero que a la vez impide a la mente percibir aquello que es nuevo y nos impide vivir de una forma radicalmente distinta– puede terminar.

El modo tradicional de resolver esta cuestión es controlando el pensamiento, poniéndole riendas, o bien aprendiendo a concentrarse, todo lo cual es, una vez más, completamente absurdo. Porque ¿quién es el que controla? ¿Acaso no forma parte del pensamiento, ese controlador? ¿No forma parte del conocimiento que dice «Debes controlar»? A uno se le ha dicho que eso es lo que debe hacer, pero ¿hay quizá una forma de observar el pensamiento sin ejercer ningún control, sin darle continuidad, observarlo simplemente para ponerle fin? Ya que, si el pensamiento continúa, la mente nunca está en silencio, y sólo cuando la mente está en silencio absoluto tiene posibilidad de percibir, de ver. Dense cuenta de que es lógico que si mi mente parlotea, compara y juzga sin cesar, decidiendo a cada momento qué es correcto y qué no lo es, no puedo escuchar a quien me habla. Para escuchar tengo que comprender lo que la otra persona me está diciendo, debo prestarle atención; y si presto toda mi atención, esa atención misma es silencio.

Uno observa con claridad que el silencio es absolutamente necesario, no sólo en el nivel superficial, sino en el más profundo; ha de haber silencio total en la raíz misma de nuestro ser. ¿Qué se requiere para que eso suceda? Obviamente, es imposible que haya silencio mientras exista cualquier clase de control, pues éste hace surgir el conflicto entre la entidad que siente que debe controlar y aquello sobre lo que ejercerá su dominio; en ello hay división, y en la división hay conflicto. Así que ¿es posible que la mente esté en completo silencio, en completa quietud, no de una forma continuada, sino a cada instante? Ésa es la primera percepción: que la mente debe estar en silencio total; y la percepción, la verdad que hay en ello y el ver la verdad que hay en ello son el primer y último paso.

Entonces, inmediatamente, se ha de poner fin a esa percepción, pues de lo contrario uno la arrastrará consigo. Es decir, la mente debe observar; sin preferencia alguna debe darse cuenta de cada percepción, y al instante debe ponerle fin: ver, y terminar. De ese modo, la mente no vive en el pensamiento, que es la respuesta del pasado, y no da continuidad al pasado y lo proyecta en el futuro (un futuro que puede ser el minuto siguiente, el segundo siguiente).

El pensamiento es la respuesta de la memoria, que se halla en la estructura misma de las células cerebrales. Si se han observado a sí mismos, habrán visto que las células cerebrales en sí constituyen el material de la memoria, y que la memoria responde en forma de pensamiento. Por tanto, para que se produzca una mutación total de la cualidad de las células cerebrales se ha de poner fin a cada percepción, o sea, se ha de comprender, ver, actuar, y seguir adelante, de manera que la mente perciba y muera a cada momento, de manera que perciba la falsedad o la verdad de algo y siga adelante sin arrastrar el recuerdo con ella.

Ahora bien, para percibir así se requiere una vitalidad, una energía formidable, ¿comprenden? Profundizar en esta cuestión paso a paso, como hemos hecho hasta este momento, sin pasar nada por alto, exige poseer una energía extraordinaria; averigüemos, pues, cómo se origina esa energía. Se necesita energía a la hora de llevar a cabo cualquier cosa: para estar ahí sentados escuchando durante una hora –a menos, por supuesto, que al cabo de un rato se hayan quedado dormidos; pero incluso el dormir es una forma de energía–; y esa energía, que utilizamos en actividades tan diversas, puede disiparse fácilmente. Luego la cuestión es si esa energía ordinaria, cotidiana, que empleamos en ir al trabajo, en enfados y riñas o en el sexo, puede elevarse; si es posible contener la totalidad de esa energía sin ninguna distorsión.

Porque lo cierto es que disipamos nuestra energía en el conflicto: en el conflicto entre dos naciones, entre dos creencias, entre dos opiniones; en el conflicto político, religioso o familiar –entre el marido y la esposa, entre el padre y los hijos–; e intentar ver a Dios y reprimir todos nuestros instintos generan un conflicto igualmente. Todos ellos distorsionan la energía. ¿Puede uno, entonces, disponer de energía completa, sin que haya la menor distorsión? Eso es lo que vamos a averiguar, investigando sobre la distracción, la disipación de energía. Decíamos hace un momento que esa distracción, esa disipación, es resultado del conflicto: del conflicto entre el observador y lo observado, entre el ideal y el hecho, entre *lo que es* y *lo que debería ser*; y aferrarse a *lo que fue* y tratar de proyectarlo en el presente o en el futuro forma también parte del conflicto. Todas las variedades del conflicto disipan la energía. Por otro lado, aquellos a quienes en las distintas partes del mundo se considera personas religiosas –los monjes, los *sannyasis*, los *yoguis*– insisten todos en que uno debe controlarse, practicar la castidad, hacer voto de pobreza. Ya conocen su extraño juego, que en realidad se traduce ¿en qué? En conflicto interminable, en represión, en conformidad; y así, librando esa infantil y continua batalla con uno mismo, es como todos ellos piensan que alcanzarán una experiencia prodigiosa.

Cuando uno comprende la verdad, cuando percibe la verdad de que cualquier tipo de conflicto es una distorsión, esa percepción misma es el final del conflicto –en ese momento–. Entonces debe olvidarla, empezar de nuevo; no sirve querer retener lo que uno ha visto en un instante, pues hacerlo significa dar continuidad al pensamiento, que es el recuerdo de lo que uno percibió unos minutos atrás, fortaleciendo de ese modo las propias células cerebrales y estimulándolas a que continúen con su memoria del pasado, lo cual impide que haya un cambio radical en la estructura de la memoria, en la estructura de las células cerebrales mismas.

Por otra parte nos encontramos con el asunto de la búsqueda de experiencias, debido a que se nos ha inculcado que debemos experimentar sensaciones trascendentales y fantásticas. Antes de nada, uno ha de preguntarse por qué quiere experimentar algo que esté más allá de lo común. ¿Por qué quieren experimentar algo extraordinario? La razón es sencillamente que están cansados de sus experiencias cotidianas; están aburridos de su experiencia diaria del sexo, o de la falta de sexo, de la experiencia diaria de la ira, etcétera. Están hastiados de todo ello, y se dicen a sí mismos que ha de haber alguna otra clase de experiencia. Bien, esa palabra, *experiencia*, significa "pasar por": pasar por algo, y ponerle fin; no transferirlo. Pero ¿quién es el que busca experiencias? ¿No es acaso la misma entidad que está aburrida de todas esas cosas superficiales y quiere algo distinto? Esa entidad forma parte del deseo de logro, y proyecta lo que desea: si uno es hindú, musulmán, cristiano, o Dios sabe qué, su condicionamiento particular le hace querer tener la experiencia de Cristo, el Buda, Krishna, o de lo que sea. Y la conseguirá, porque debido a su condicionamiento, lo que experimente será una proyección de su pasado; su *nirvana*, su cielo, su experiencia, su futuro no son más que una extensión de su pasado insignificante y mezquino. Una mente ambiciosa, que busca experiencias, no ha comprendido en su totalidad *lo que es*, que es el "yo" y su ansia de lograr todas estas cosas; una mente que busca experiencias es esclava del tiempo, esclava del sufrimiento, pues el pensamiento es eso: tiempo y sufrimiento.

Dicho esto, ¿puede la mente estar despierta por completo sin el estímulo del reto y la experiencia? La mayoría necesitamos desafíos para no quedarnos dormidos; si no se nos cuestionara y criticara cada día, nos echaríamos a dormir. Y

pregunto: ¿puede la mente estar tan despierta que no necesite ninguna experiencia extraordinaria? Y la respuesta es que
esto sólo puede ocurrir cuando la mente ha comprendido en
su totalidad la estructura y naturaleza del pensamiento.

Los representantes de la tradición insisten en que uno
debe sentarse con la espalda erguida, en que debe respirar de
esta manera o de aquélla y mantenerse en postura supina durante veinte minutos al día. ¿Qué sentido hay en todo eso?
Uno puede sentarse en la postura adecuada, con la espalda
derecha, respirar de la forma correcta y hacer todo lo correcto durante los próximos diez mil años, y eso no le acercará
lo más mínimo a percibir la verdad, porque no se habrá comprendido a sí mismo en absoluto –la forma en que piensa, la
forma en que vive–, y no habrá terminado con su sufrimiento. ¡Y así quiere uno encontrar la iluminación! Queda claro
que uno debe abandonar todas esas ideas.

Ya han oído ustedes hablar de los *siddhis*, de esos poderes que a la gente les resultan tan seductores. Si uno es capaz de levitar, de leer el pensamiento, de hacer con el cuerpo
toda clase de contorsiones, la gente al verlo se queda fasci-
nada, y uno consigue de ese modo poderío y prestigio. Lo
cierto es que todos esos poderes son como velas encendidas
bajo el Sol; alumbran igual que la luz de una vela cuando brilla un Sol radiante. Si una persona quiere comprender la verdad, esos poderes no significan absolutamente nada; poseen
un valor terapéutico, físico, y nada más.

¿Puede la mente, condicionada desde hace tantos siglos,
liberarse por completo del pasado sin seguir ningún sistema,
sin actuar con compulsión o desde la comparación? ¿Puede
vaciarse por completo para ver con claridad, y luego poner
fin a eso que ve con claridad para que su vacío se renueve a
cada instante, para que a cada instante se renueve su inocencia? Una mente inocente es una mente que no puede ser he-

rida. La palabra *inocencia* proviene de un vocablo latino que significa eso: "incapaz de ser herido". La mayoría de nosotros nos sentimos heridos; consciente o inconscientemente se nos ha dañado desde que éramos niños, y cargamos con toda una serie de recuerdos que hemos acumulado en torno a esas heridas: nuestros remordimientos, añoranzas, nuestra dolorosa soledad y nuestros miedos forman parte de esa sensación de haber sido lastimados. ¿Cómo puede uno vaciarse de todo ese dolor sin que intervenga el tiempo, sin la idea de que poco a poco uno irá dejando atrás el daño que se le ha infligido? Así es imposible acabar con el dolor; uno se muere antes de haber logrado ponerle fin.

¿Les interesa todo esto? Esto es meditación, y mucho más: averiguar si la mente puede vaciarse por completo, no sólo en el nivel superficial sino hasta lo más profundo de su ser, hasta sus mismas raíces; porque, si no, uno vive en una cárcel, vive en la cárcel del proceso de causa y efecto en este mundo cambiante.

Así es que deben preguntarse a sí mismos si sus mentes pueden vaciarse de todo su pasado y retener a la vez el conocimiento técnico, industrial, científico, burocrático y lingüístico, necesarios para seguir funcionando. El acto en sí de vaciarse sucede en la mente de forma espontánea y sencilla –sin necesidad de hacer nada por conseguirlo– cuando uno se comprende a sí mismo, cuando uno comprende lo que es. Y uno es memoria, es una serie de recuerdos, pensamientos y experiencias. Mírenlo, obsérvenlo; y, al observarlo, dense cuenta de que en esa observación no hay dualidad, de que no existen el observador y lo observado. Entonces, cuando vean eso, verán también que sus mentes pueden estar vacías por completo, atentas; y desde esa atención, uno puede actuar de un modo total, sin fragmentación alguna. Todo esto forma parte de la meditación. La meditación no es sentarse en un rincón cinco minutos al día y entrar en un ridículo conflicto interno, ni forzar la respiración, ni contorsionar la cabeza. ¡Todo eso es tan infantil! Es exactamente igual que la luz de una vela bajo el Sol.

Se trata de que comprendan la fragmentación que hay en ustedes, no el modo de integrar los fragmentos; de que comprendan cómo surge esa fragmentación y vean sus contradicciones, no de que intenten unificarlas. No pueden hacerlo. Unificarlas significa que existe una dualidad, que hay alguien que intenta realizar esa integración. Cuando uno verdaderamente se comprende hasta lo más hondo y aprende sobre sí mismo, es capaz de comprender el significado del tiempo, de ese tiempo que nos esclaviza, que nos coarta, que es fuente de sufrimiento.

Si uno ha llegado hasta ahí en su comprensión –no verbalmente, ni en un sentido de medida, profundidad o altura–, si uno ha comprendido con plenitud, entonces descubrirá por sí mismo una dimensión que no puede describirse, para la que no hay palabras; una dimensión que no se puede alcanzar por medio del sacrificio, que no se encuentra en ningún libro, que ningún *gurú* podrá experimentar jamás. El *gurú* quiere enseñarle a uno acerca de ella y de cómo alcanzarla, pero cuando dice que ha tenido la experiencia de esa dimensión y sabe lo que es, ni lo uno ni lo otro es cierto. Aquel que dice saber no sabe. Por tanto, la mente ha de estar libre de la palabra, de la imagen, del pasado. Y ése es el primer y el último paso.

6. ¿ES POSIBLE VIVIR EN ESTE MUNDO MARAVILLOSO CON AMOR, CON BELLEZA, CON LA VERDAD?

Son tantos y tan complejos los problemas que afectan nuestras vidas que, para comprenderlos, uno tiene que hacer un viaje alrededor de la Tierra, observar las diversas culturas objetiva, racionalmente, con cordura y reflexionar sobre los innumerables conflictos y la situación actual del mundo. Tenemos que ver lo que está pasando, verlo de verdad, no teórica ni verbalmente; tenemos que ver las cosas tal como son, no a través de la mirada del hindú, el budista, musulmán, cristiano, comunista o maoísta radical; tenemos que ser capaces de observar los hechos con auténtica lucidez, no los ideales, no lo que pensamos que debería estar ocurriendo, sino lo que está ocurriendo en realidad. Tenemos que abandonar todas nuestras conclusiones y teorías y ver de verdad, con nuestro propio sentido de la vista, lo que está sucediendo en el mundo.

Hay enemistad, conflicto, injusticia, interminables guerras nacionales y lingüísticas, divisiones religiosas; hay violencia por doquier, y un sufrimiento inmenso. Por otro lado, es un hecho evidente que las religiones han dividido a la humanidad en hindúes con sus creencias, cristianos con sus doctrinas, musulmanes con su fe, budistas, etcétera. Las religiones –que no son sino creencias organizadas y propaganda– con sus rituales, sus libros sagrados, sus maestros y salvadores han separado a la gente y sembrado la fragmentación en la mente humana. Luego está la división de nacionalidades: los indios enfrentados a los paquistaníes; los rusos, los alemanes, los americanos, los vietnamitas... Y existen, además: la rebelión de los jóvenes contra el orden establecido, una aterradora injusticia social, pobreza, brutalidad y horrores inexpresables.

Cuando uno observa todo esto racionalmente, sin prejuicios, sin llegar a ninguna conclusión, ve con claridad que son los propios seres humanos quienes han creado esta sociedad monstruosa, decadente y corrupta. Esto es también un hecho: ustedes son el mundo, y el mundo es lo que son ustedes. Ustedes son la sociedad; la cultura en la que han nacido y en la que se les ha educado, esa cultura, esa sociedad es el resultado de sus esfuerzos, su codicia, su crueldad, su violencia. Por tanto, ustedes son el mundo, son la comunidad, la sociedad, la cultura; dense cuenta, por favor, de que la corrupción, el desorden, la insensibilidad, las brutalidades y la total indiferencia son su responsabilidad; cada uno es responsable. Son ustedes quienes han construido a través del tiempo esta estructura social con sus divisiones; son ustedes quienes han elaborado las religiones, los credos, los innumerables y ridículos dioses, y son quienes han edificado esta sociedad. Así pues, no es un enunciado teórico que el mundo es lo que son ustedes, y ustedes son el mundo; no son meras palabras, sino un hecho real. Deben darse profunda cuenta de esto, deben sentirlo con el corazón, no con sus pequeñas mentes insensibles y mezquinas; porque es un hecho, no es una teoría ni una idea. La explicación de un hecho no es el hecho; la descripción de una realidad no es la realidad. En este caso, es un hecho absoluto que ustedes son la comunidad, son la sociedad; que las religiones que separan, que dividen, que han causado tanta desdicha a la humanidad en todo el mundo son su obra.

Es necesario que haya una revolución, extensa, radical, no sólo en el exterior, sino en uno mismo. A menos que uno cambie, a menos que uno deje definitivamente de ser hindú, budista o cristiano, comunista o lo que fuere, el provocar una mera reforma superficial, el cambiar unos pocos patrones aquí o allá, no va a traer paz al mundo. Y es su responsabilidad; pues a menos que haya una revolución interior, una revolución psicológica en ustedes, en su forma de vivir, de pensar, un sus corruptas actividades cotidianas, no hay ninguna posibilidad de que se produzca un profundo y verdadero cambio social.

Ya ven lo que está ocurriendo. Reina la violencia, a pesar de que las religiones han prescrito no matar, no ir a la guerra, no dañar al prójimo; a pesar de que han pregonado que uno ha de ser bondadoso, generoso, comprensivo, que ha de abrir su corazón a los demás. Y lo mismo sucede con los libros, luego los libros tampoco sirven de nada. Lo relevante es lo que ustedes son. Porque el hecho es que el mundo es lo que ustedes son, no como teoría sino como realidad; el hecho es que la comunidad, la sociedad, la cultura en la que se les ha educado, las ha construido el ser humano a través de los siglos. Y uno es el resultado de todo eso. Así pues, para que se produzca un cambio en la estructura externa de nuestro corrupto orden social, uno debe cambiar completamente su mundo interior. Éste es un hecho lógico, un hecho que puede observarse. En cambio, a menudo se considera que la violencia es un medio para cambiar la sociedad; en apariencia, la violencia es capaz de provocar un cambio fulminante, y por eso en ciertos lugares del mundo la gente la justifica. Sin embargo, si uno observa con lógica, con sensatez, ve que quizá la violencia produzca un cambio en la superficie del orden social, pero una revolución en el plano físico desemboca invariablemente en dictadura, en burocracia, o en un caos que acaba siendo a su vez origen de tiranía. Y éste es un hecho observable también.

Si una persona se da cuenta de todos estos hechos, no desde el punto de vista de sus particulares prejuicios o preferencias, ni desde la perspectiva de sus conocimientos de historia, sino que de verdad sienta, observe y vea la inmensa confusión y el sufrimiento –y si esa persona es seria, como espero que usted lo sea–, entonces sólo hay una solución, y es que uno, como ser humano, uno que es resultado del tiempo y resultado de su entorno, cambie profunda, radicalmente.

La cuestión, entonces, es si esa revolución interior, esa mutación psicológica, puede suceder, no en un futuro lejano, sino suceder realmente. Eso es lo que vamos a investigar, con el fin de ver si existe la posibilidad de un cambio total de la propia estructura del cerebro. Y, para ello, uno debe compartir la investigación; debemos indagar juntos. Comunicarse significa pensar juntos, compartir; no asentir o discrepar juntos, sino pensar, observar, aprender, comprender juntos. Ustedes y quien les habla tienen que emprender juntos este viaje; porque la comunicación significa que ustedes y quien les habla tienen algo en común, y van a examinarlo, compartirlo y comprenderlo. Eso quiere decir que nuestra comunicación no es sólo verbal, aunque por supuesto el entendimiento verbal sea necesario; pero comunicarse significa sobre todo compartir, y es imposible compartir nada si uno permanece aferrado a sus prejuicios, creencias, dogmas y conclusiones.

Así que vamos a emprender juntos este viaje de indagación acerca de un problema de la existencia enormemente complejo: vamos a indagar juntos sobre la relación humana; vamos a examinar juntos la extensa cuestión de la violencia; a comprender juntos el miedo, el placer; a investigar si es posible poner fin al sufrimiento; a investigar qué significa amar, qué significa morir, y la belleza y la verdad de la meditación, la cualidad de una mente de verdad religiosa... Porque no es una mente religiosa aquella que ha leído todos los libros sagrados; no es una mente religiosa la mente abarrotada de la autoridad derivada de la experiencia de otros, llena de información sobre lo que otros han dicho. No es una mente religiosa la que se aferra a sus creencias, dogmas y conclusiones; la que juega con los rituales. Todo esto vamos a indagarlo juntos. Y vamos a indagar acerca de qué es la verdad, su belleza, su cualidad, y lo que significa tener una mente en completo silencio, puesto que sólo una mente silenciosa, una mente en calma, y no una mente atormentada, percibe la verdad.

Vamos a examinar juntos todo esto, y, por consiguiente, deben tener paciencia y deben saber escuchar. No sabemos escuchar; éste es uno de nuestros mayores problemas. Una parte de la investigación que vamos a emprender consiste en escuchar juntos; pero no serán capaces de escuchar si constantemente comparan lo que se dice con lo que ya saben, o si intentan decidir si están de acuerdo o no con lo que escuchan. Si se limitan a escuchar las palabras sin relacionarlas con el hecho de lo que ustedes son, si escuchan a través de sus conclusiones, esperanzas y temores, de su angustia, su agonía, entonces no están escuchando. Ahora bien, si somos capaces de escuchar juntos, podremos resolver de una vez todos nuestros problemas. Una mente que es capaz de escuchar, no sólo lo que dice quien les habla, sino de escuchar sus propias murmuraciones, reacciones y respuestas, podrá compartir, y entonces caminaremos juntos.

Lo que intentamos es comprender el inmenso y complejo problema humano, no cómo cambiar el gobierno, cómo alimentar de inmediato a los pobres, o cómo detener rápidamente la espantosa insensibilidad y la corrupción; queremos ver el problema completo, no un problema determinado y fragmentario. Porque la vida no es tan sólo ir al trabajo durante cuarenta años –como hacen, no sé bien por qué–, sino comprenderse a sí mismos, comprender a su esposa, a su marido, a su familia; comprender eso que llamamos sexo y que ha adquirido una importancia tan extraordinaria; comprender el conflicto humano, dentro y fuera de uno; comprender juntos si existe alguna posibilidad de vivir en paz en este mundo, no retirándose de él, ni haciéndose monje o *sannyasi*, sino de vivir en este maravilloso mundo, que es nuestro, con amor, con belleza, con la verdad.

Para averiguar todo esto, uno debe ser capaz de escuchar, no con el intelecto sino con el corazón. Escuchen a fin de comprender, intentar averiguar; porque deben aprender por sí mismos, y no de lo que dicen otros. Ningún libro –ni la *Gita* ni las *Upanishads*– puede enseñarles sobre sí mismos; ningún profesor, ningún filósofo ni psicólogo puede enseñarles salvo lo que cada uno de ellos piensa sobre lo que son ustedes, o lo que piensa que deberían ser, es decir, sólo pueden ofrecerles sus opiniones y conclusiones, o sus percepciones, que no son las de ustedes. Durante siglos y siglos han aceptado la autoridad de los demás: de los *gurús*, de la tradición, de lo que otros han dicho; por eso están tan faltos de energía, tan faltos de sensibilidad, tan embotados; por eso son personas de segunda mano. Se ríen, pero esa risa es indicio de que no comprenden el significado de lo que se está diciendo; es como el joven que, tras años de universidad, se licencia, encuentra un trabajo y se asienta en su posición segura por siempre jamás. Por eso la autoridad les ha destruido, por eso les han destruido las religiones. Dense cuenta de eso, por favor.

Ahora juntos, con atención (y si tenemos tiempo, en detalle), vamos a observar en qué nos hemos convertido realmente, no lo que deberíamos ser, puesto que no hay ningún ideal, ninguna meta, ningún propósito, sino solamente *lo que es*; y si tienen una meta, un propósito, un fin, es porque están eludiendo, o porque no ven, lo que está ocurriendo en realidad. Por favor, escuchen esto. Si tienen un ideal de lo que deberían ser o llegar a ser y de cómo debería ser todo, lo que hacen es crear un conflicto entre lo que son y lo que deberían ser... Y eso es una total pérdida de tiempo, que conduce además a la hipocresía. Aquellos que tengan ideales y propósitos se convertirán en unos hipócritas; se pasarán la vida pensando o diciendo una cosa y haciendo otra distinta, y hablando interminablemente sobre ideales. Los ideales no existen para aquel a quien le importa la verdad, pues la verdad se halla en *lo que es* y en ir más allá de ello. De modo que han de comprender *lo que es*, o sea, lo que uno es, no lo que deberían llegar a ser, no cómo poner fin a sus aflicciones. Ya hablaremos de eso después, pero primero erradiquen por completo de sus mentes, si es que pueden, esta actitud dualista de *lo que uno es* y *lo que debería ser*, porque ésa es la gran trampa en la que viven; ésa es precisamente la esencia del conflicto: la idea de que existe una división entre el observador y lo observado.

Por tanto, ¿qué somos?, ¿qué es uno? No según lo que explica algún libro, alguna autoridad o algún psicólogo; pues si observan lo que son influidos por aquello que ellos dicen, si repiten lo que ellos dicen, no están aprendiendo, no están observándose a sí mismos. Cuando uno se observa a sí mismo, cuando se da cuenta de sí mismo, ve que en todo el mundo la humanidad está atrapada en el dolor y el miedo. Son principios básicos. Tanto física como psicológicamente, y tanto en el mundo externo como en nuestro interior, nos mueve la búsqueda de placer. Si uno observa, ve que nuestras religiones, nuestra estructura y moralidad social están basadas en el placer. La moral que rige sus vidas es codicia, envidia, odio, ambición agresividad, competitividad. Obsérvense a sí mismos. No se limiten a escuchar una serie de palabras; obsérvenlo. El hecho es que la moral actual es todo eso, y no lo que creen que la moral debería ser; el hecho es que la estructura y moral social de las que forman parte son totalmente inmorales. ¿No es cierto? ¿No son inmorales? Son codiciosos, envidiosos, ambiciosos…, y muy de vez en cuando sienten un destello de eso que llaman amor.

Por tanto, uno debe comprender estas dos cuestiones: el miedo y el placer. Y comprenderlas requiere ser libre para mirar, para observar lo que representa el placer, hacia dónde nos ha conducido, qué hay implicado en él, y cómo ha sido la causa de la tremenda división entre el observador y lo observado, de la división en religiones, en nacionalidades… Toda la fragmentación religiosa, económica y social tiene su origen en el placer.

Asimismo, uno debe comprender, no verbal ni teóricamente sino de hecho y hasta el fondo, la compleja cuestión del miedo. Porque una mente atemorizada no tiene posibilidad alguna de percibir qué es la verdad; esa mente vive a oscuras. ¿No han advertido que cuando temen a su vecino, al gobierno, a su esposa, a su marido o al policía, la mente se vuelve torpe, se sume en la confusión, es incapaz de razonar? Como decíamos, para comprender el miedo y el placer uno ha de observarlos en sí mismo, no como teoría, sino viéndolos operar dentro de uno.

Vamos a investigar juntos sobre estos dos temas, pues en ellos se basan todas nuestras acciones; ya sean acciones evidentes, ocultas, conscientes o inconscientes, los motivos que hay tras ellas están basados en estos dos principios fundamentales: el placer y el miedo. Cuando uno dice que busca la verdad, lo que busca es instaurar de modo permanente eso a lo que llama placer; observen sus vidas y lo verán. Y cuando la mente se vuelve temerosa, cuando vive con miedo, divide a las personas, las trastorna, las hace violentas; por más que se disciplinen sin tregua, si viven con miedo serán fuente de distorsión, corrupción, perversidad, violencia. Por favor, véanlo en sí mismos. Deben hacerlo si es que son ustedes mínimamente serios –y espero, por su propio bien, que lo sean–. Porque la casa está en llamas. No su casita particular; está en llamas el mundo entero, en el que hay destrucción, asesinatos, caos…, y aunque quizá uno tenga una pequeña vida que en apariencia se sostiene, con su cuenta bancaria y sus miles de teorías, la casa se está quemando. Cualquier persona que sea verdadera y profundamente seria debe comprender estos dos principios, y por eso vamos a indagar acerca de lo que son cada uno de ellos; no con el propósito de eludir, rehuir, reprimir o superar el miedo, sino de comprenderlo, y no a fin de prolongar o expandir el placer, sino de comprender el placer. Y para comprenderlos, es necesario que sean sensibles, delicados, que sus mentes sean capaces de observar sin extraer conclusiones; porque una mente que ha llegado a una conclusión no puede funcionar con cordura.

Aprendan de sí mismos observándose, observando estos dos factores de la existencia humana: temor y placer. ¿Qué es el placer, y qué es el miedo? ¿Por qué ha adquirido tan desmesurada importancia el placer? Su forma de expresarse es muy diversa y sutil: la vanidad, el prestigio, la fama, el éxito, el conocimiento y la erudición se encuentran todos a lo largo del sendero del placer; por mucho que uno haga visitas al templo y escuche el tañido de todas las campanas del templo, lo que en realidad venera es el placer y el dinero. Y una persona que de verdad sea intensa y profundamente seria, ha de comprender esto, y ha de comprender el miedo.

El miedo no tiene una existencia aislada; existe en relación con algo: con la opinión pública, con lo que la gente

pueda decir. O existe el miedo a la muerte, el miedo a lo desconocido, y también el miedo a lo conocido, a la inseguri-
dad, a perder el empleo, a que la esposa pueda actuar contra los intereses de uno, a que el marido pueda cometer una
estupidez. Y el miedo engendra violencia. ¿No lo han observado en aquellos países a los que empieza a afectarles la superpoblación, a los que cada año llegan millones y millones
de personas, lo cual hace que naturalmente aumente el miedo: al desempleo, a la escasez de alimentos, a la pobreza sin
solución, a la corrupción del gobierno? A la vista de semejante panorama, uno no puede, como mínimo, más que sentir temor, no sólo pensando en su propia seguridad, sino en la
seguridad de la generación siguiente, de sus hijos e hijas. Y
está el miedo a la muerte. ¿No viven con miedo a una cosa u
otra? Experimentaron un dolor físico hace una semana, y no
quieren que el dolor se repita; alguien les ha ofendido, y temen que pueda repetirse esa ofensa. El miedo es germen de
violencia; por tanto, a menos que de verdad estén libres del
miedo, inevitablemente crearán caos en el mundo. Y no se
puede reprimir el miedo con un ideal, con el ideal de la valentía, por ejemplo. Vean lo que ocurre: sienten miedo, y creen
que si ejercitan la valentía pueden librarse de él, lo cual significa eludir *lo que es*, con la esperanza de que, obrando con
valentía, se desharán del miedo. Si tienen un ideal, ese ideal
les impedirá comprender *lo que es*.

Es importante que comprendan profundamente que, como
seres humanos, son violentos, agresivos. Es un hecho. Es un
hecho que somos violentos y tenemos el ideal de la no violencia. Y ¿qué supone eso? Supone que mientras persiguen
el ideal, van sembrando las semillas de la violencia; aseguran que hacen lo posible por dejar de ser violentos y que un
día alcanzarán un estado en que la violencia no exista, y se
convierten así en unos hipócritas. Todos los ideales son en

esencia pura hipocresía, ¿lo entienden? Es difícil de digerir, pero no sólo han de observarlo. De manera que no es el ideal de la valentía lo que nos interesa, ni cómo librarse del miedo o cómo reprimirlo; queremos comprender qué es, pues en cuanto uno comprende algo se libera de ello. Y la libertad no llega a base de perseguir ideales; la libertad y su belleza llegan cuando uno comprende las cosas tal como son, cuando uno realmente comprende su confusión, su insensibilidad, su brutalidad. De esa observación, del darse cuenta con verdadera atención, con afecto, emana la belleza de la libertad.

Vamos a observar, y a aprender. Observen su propio miedo. Quizá en este momento, aquí sentados, no sean capaces de percibirlo, pues sólo se dan cuenta de él cuando se manifiesta; así que tal vez podríamos relacionarlo, por ejemplo, a algo como el apego. Están apegados a sus familias, a sus puestos de trabajo, a sus opiniones y conclusiones, a lo que piensan, ¿no es cierto? Observen ahora eso a lo que están apegados –quizá sea su esposa, sus hijos, esa invención suya a la que han llamado dioses, el *karma* o la reencarnación–; observen simplemente que están apegados. Bien. Cuando uno está apegado a algo, tiene el deseo de dominarlo, de retenerlo, de poseerlo, ya se trate de la esposa, el marido, los hijos, de una opinión o de un juicio; y cuando uno domina algo y se aferra a ello, ¿qué sucede en su mente? Hay una constante incertidumbre en cuanto a su permanencia, ¿no es así? Allí donde hay apego, ha de haber incertidumbre ante la posibilidad de que ese apego muera, o de que la persona a la que uno está apegado se interese por alguien que no sea uno, y a causa de lo cual surgen los celos. Es decir, donde hay apego ha de haber miedo. Y al ver uno que está apegado, se propone desapegarse e intenta conseguir el desapego; se pregunta entonces cómo hacerlo, y esto se convierte en un nuevo problema. A continuación la gente le dirá a uno lo que debe y no debe hacer, le sugerirá que medite, que se desapegue poco a poco, que se haga monje, santo, que se vuelva un idiota sagrado. Mientras que si uno comprendiera, si observara todo lo que hay implicado en el apego, vería que su origen es el miedo. Pero en vez de comprender el miedo, uno prefiere practicar el desapego, que es una táctica mortífera; pues, al hacerlo, uno se vuelve insensible, indiferente, se resiste, se retrae, deja de observar la belleza de un árbol, del cielo o de una hermosa puesta de Sol, porque todo ello significa apegarse. De ese modo, gracias a la filosofía del desapego uno se convierte en un ser humano horrible. Así pues, vean por sí mismos que donde existe el apego, ha de existir el miedo.

Ahora vamos a tratar de comprender qué es el miedo, de comprenderlo más allá de las palabras, lo cual significa que deben mirar su miedo y aprender acerca de él. ¿Qué es el miedo? Me refiero al hecho, no a cuál es su causa. Uno tiene miedo de la muerte; tomemos esto como ejemplo. ¿Qué es ese miedo de que súbitamente a uno le llegue el fin, de verse de pronto separado de sus amarras, separado de su familia, de su conocimiento, de su posición, su prestigio, de sus endiabladas casas y coches? ¿Cuál es la causa del miedo? ¿Cuál es su proceso? Por favor, investiguen con quien les habla sobre el comportamiento del miedo. Usted sufrió un dolor físico hace una semana, o hace un año; piensa en él, y conserva la esperanza de que no vuelva a presentarse. ¿No es así? El pensar en ese incidente pasado que fue causa de dolor le lleva a uno a desear que no se produzca otra vez, ni ahora ni en el futuro; es decir, al recordar algo que fue doloroso, el pensamiento tiene miedo de que vuelva a suceder. ¿No es así? De modo que el pensamiento es responsable de dar continuidad al miedo. ¿Me siguen? O pongamos que he cometido un error; sucedió ayer, o hace dos semanas, y tengo miedo de que usted lo descubra. No quiero que usted sepa nada, y tengo miedo de que pueda llegar a enterarse; así es que el pensamiento, mientras da vueltas a algo que hizo y que no quiere que salga a la luz, lo oculta y teme que pueda descubrirse. Tenemos, por tanto, un incidente físico que fue causa de dolor, y un suceso psicológico que no debe revelarse, del que nadie debe saber, y que no debe volver a ocurrir; y en ambos casos, el pensamiento, al recordar el dolor o al recordar el error cometido, da continuidad al miedo. ¿Lo ven con claridad? Ahora, por favor, obsérvenlo en sí mismos; no cómo poner fin al miedo, sino qué es lo que le da continuidad.

El dolor que experimenté la semana pasada se quedó allí, se ha terminado; sin embargo, mi mente piensa en él y tiene miedo. Si el pensamiento no interfiere, el dolor puede acabar de inmediato: ocurrió hace dos semanas y ya no existe; pero el cerebro, que es una grabadora, lo ha registrado, y ese recuerdo que forma parte de la estructura del cerebro, el pensar en aquel dolor, provoca el miedo a que pueda repetirse. Ahora bien, quien les habla no ha leído ningún libro, ni de religión ni de psicología ni de biología ni de ningún otro tema. Y al decir esto no lo hace por vanidad, sino para mostrarles que pueden aprenderlo todo acerca de sí mismos sin necesidad de leer ningún libro; porque en uno se encuentra la humanidad entera, en uno está enterrada toda la historia, no las fechas de reyes y guerras, sino el proceso histórico del desarrollo humano. Luego cuando hablamos del cerebro, no se trata de la instrucción de un profesor sobre las células cerebrales, sino de algo que pueden observar en sí mismos, y que por tanto es auténtico, es real. Y en ello hay una gran belleza, hay independencia, libertad.

O sea que el pensamiento, que es la respuesta del recuerdo de un incidente físico o psicológico, queda grabado en las células del cerebro, que retienen ese recuerdo y advierten que se ha de vigilar, se ha de ir con cuidado para que el dolor no se repita. El pensamiento no quiere que vuelva el dolor, y por consiguiente engendra el miedo.

Y ¿qué es el placer? Por favor, intenten comprender esto, porque es algo extremadamente sencillo una vez que se entiende. A la mente intelectual, complicada, que quiere encontrar algo complejo, le pasa inadvertido por su pura sencillez. ¿Qué es el placer? Uno ve un hermoso árbol o una preciosa puesta de Sol; ve un estanque iluminado por la luz del atardecer, o por la primera luz de la mañana; contempla su belleza, su quietud, la extraordinaria profundidad del juego de luces y sombras. Simplemente sucede. Y al ser testigo de ello, uno exclama: «¡Es maravilloso!». Las células cerebrales lo han registrado, y el pensamiento añade: «Ha sido tan hermoso, tan encantador… ¡Cómo me gustaría volver a tener esta experiencia mañana!», y así da continuidad a esa puesta de Sol que quiere ver repetida. O uno experimentó ayer placer sexual –no sean tímidos, obsérvenlo–; ese placer ha quedado registrado, y el pensamiento lo rememora, piensa en él, rumia el asunto, y se dice que ha de volver a repetirlo. Así pues, el pensamiento engendra miedo, y el pensamiento da continuidad al placer –no se trata de desapegarse del placer o de no tener placer–. Es una forma mezquina de mirar la vida el buscar la ausencia de deseo como un camino hacia la verdad, pues entonces uno vive con una mente atormentada, que lucha contra sus instintos, sus exigencias y sus añoranzas; el tormento hace a esa mente retorcida, y una mente retorcida no tiene posibilidad alguna de percibir qué es la verdad.

De modo que ahora ven que el pensamiento alimenta el miedo, dándole continuidad, y sustenta y prolonga el placer. Es un hecho muy simple. Entonces uno pregunta:¿qué función desempeña el pensamiento? El pensamiento engendra miedo y sustenta el placer, en lo cual invariablemente hay dolor, pues el placer y el dolor son las dos caras de la misma moneda; y la división creada entre el placer y el dolor es la función del pensamiento, es el pensamiento quien los divide, al perseguir a uno y eludir al otro.

Y sabiendo que el miedo y el placer son dos caras de la misma moneda, tenemos que preguntarnos cuál es la función del pensamiento. Es imposible librarse del placer, puesto que en el momento que uno ve algo hermoso, el placer aparece. Uno percibe la belleza de un niño, de una mujer, de una línea que cruza el cielo, del vuelo de un ave, de un pensamiento delicado, sutil, y en todo ello hay un inmenso deleite, una dicha. La dicha no es placer; pero una vez que se ha experimentado, el pensamiento la reduce a placer al querer repetirla.

¿Cuál es, entonces, la función del pensamiento? ¿Qué es pensar? No del modo en que están acostumbrados a hacerlo, ajustándose a un patrón de pensamiento, a una autoridad, sino *pensar*. Indudablemente, pensar es la respuesta de la experiencia colectiva, que es conocimiento, ¿no es así? Si no tuvieran conocimientos, no podrían pensar. Si no tuvieran conocimiento de su nombre, de su casa, de su idioma, no podrían hablar, vivirían en un estado de amnesia. Pensar es, por consiguiente, la respuesta de la memoria colectiva, lo mismo en el ser humano individual que en los seres humanos como colectivo. Todo pensamiento es una respuesta de la memoria, de la tradición, del conocimiento acumulado, de la memoria colectiva.

¿Cuál es, por tanto, la función del pensar o del pensamiento? Uno necesita tener conocimientos científicos o psicológicos; ésa es la experiencia acumulada de la humanidad, la experiencia acumulada de la ciencia, la experiencia acumulada en cuanto al empleo de las palabras, cómo tocar el piano, etcétera. Uno ha de tener un conocimiento cuerdo, racional, completo, pues sin él no puede desenvolverse. Pero uno ve también lo que el pensamiento ha hecho: uno ha acumulado las experiencias de ayer a modo de conocimiento, y quiere que esas experiencias se repitan; y como existe la posibilidad de que no sea así, nace el dolor. De modo que el pensamiento es necesario en un sentido, y el pensamiento es también causa de miedo y sufrimiento. Quizá no estén acostumbrados a esto, a pensar con claridad por sí mismos, en lugar de basarse en la opinión de los demás; a observar por sí mismos la belleza de un árbol, a observar el lucero del alba, la inocencia de un niño, a observar a su esposa, y la belleza o la fealdad de su esposa, o a observar la belleza o la fealdad de su marido. Lo que ayer experimentaron al contemplar la puesta de Sol, fue algo nuevo, puro, un momento lleno de dicha, algo increíble; pero aquella luz, aquella textura, aquella sensación ha quedado grabada, se ha convertido en conocimiento, y es ya una experiencia vieja. Así que la voz de lo viejo dice: «Necesito experimentarlo de nuevo»; y si la nueva experiencia llega, se interpretará entonces asociada a la búsqueda de placer.

De modo que el conocimiento es la respuesta de la memoria, de esa memoria que es conocimiento acumulado, que es experiencia; y si bien el conocimiento técnico es necesario, debemos ver asimismo que el conocimiento de ayer no sólo engendra placer y miedo, sino que da continuidad al placer y el miedo. Es decir, por un lado el pensamiento ha de funcionar con lógica, con cordura, con objetividad y eficacia en el ámbito tecnológico, y, por otro, vemos el peligro que representa el pensamiento. Entonces de aquí surge una pregunta: ¿cuál es la entidad que alberga, que mantiene al pensamiento?

Entiendan, por favor, que esto no es una terapia de masas; estamos examinando estos hechos desde la realidad individual de cada ser humano. Preguntábamos qué es lo que mantiene a la memoria en esa posición central y desde ella actúa. ¿Se han dado cuenta de que hay un observador y aquello que se observa? El observador es el censor, es el conocimiento que uno ha acumulado como cristiano, hindú, budista, comunista o lo que sea; y ese observador, el pensamiento, es el centro, es el ego, el "yo", que a continuación inventa un superego, el *atman*, pero que sigue siendo parte del pensamiento, inventada por alguien. Si se observan a sí mismos, verán que existe el observador, el censor y aquello que miran, lo cual es lo observado; es decir, hay una dualidad entre ambos, entre el "yo" y el "usted", entre nosotros los hindúes y ellos, los musulmanes. Obsérvenlo, porque esa división entre el observador y lo observado es la causa de todos los conflictos. Ya le llamen el "Yo superior", *atman* o *brahman*, no es sino una división, exactamente igual a la división entre las naciones, a la división política, a la división de competencias, a la división entre ustedes y su esposa o su marido; y la división forzosamente genera conflicto. De manera que existe el hecho del observador y lo observado, y el observador es quien sustenta toda la memoria de la que nace el pensamiento. Eso significa que el pensamiento nunca es nuevo, nunca es libre. Puede pensar en la libertad o inventarla, pero jamás será libre.

Así pues, ¿cómo observar sin el observador, que es el pasado, que es el concepto, la imagen? Vamos a exponerlo con sencillez y brevedad. Uno tiene una imagen de su esposa, o de su marido, ¿no es cierto?... Por supuesto que la tiene. A lo largo del tiempo uno ha ido elaborando una imagen, con las intimidaciones, los reproches, el placer recibido y el placer negado; y al cabo de cuarenta años o de diez, de dos días, de un día o de un minuto, uno tiene esa imagen sólida de su esposa, de su marido, de su novio o de su novia. El hacedor de la imagen es el observador. Y ahora preguntamos si pueden observar un árbol, observar a su esposa o a su marido sin que el observador se interponga.

Para averiguarlo, deben encontrar primero el mecanismo creador de imágenes. ¿Qué es lo que las crea? Si lo comprenden, nunca crearán una imagen, y podrán por tanto observar sin el observador. No importa si están atentos o no a lo que se dice; es un disfrute, al menos para mí, hablar de esto y sentir su belleza. Si uno aborda esta cuestión con una mente despierta, despejada, lo que descubre cada vez es totalmente nuevo. La pregunta es si el hacedor de la imagen, el mecanismo creador de imágenes puede terminar. Les mostraré que es así.

En primer lugar deben investigar sobre lo que es el darse cuenta: darse cuenta de los árboles, de su vecino, de la forma que tiene una habitación, de los colores; darse cuenta de lo que sucede fuera y dentro de uno, y darse cuenta sin preferencias, sin elección, sin parcialidad; simplemente darse cuenta. Pues cuando uno se da cuenta, en el momento en que se pronuncia el insulto o el halago, el mecanismo de grabación no opera. Es decir, si me insulta, y en ese instante hay en mí un darse cuenta total, el insulto no queda grabado, y eso significa que no siento ganas de pegarle, de devolverle el insulto, pues lo único que hay es un darse cuenta del insulto o el halago en pasividad, y no se produce, por tanto, registro alguno, ni se construye ninguna imagen. La próxima vez que alguien le insulte o le halague, dese cuenta totalmente en ese instante, y verá que la vieja estructura del cerebro se queda quieta, no opera de inmediato. Entre el insulto y la grabación existe un intervalo, y si uno se da cuenta, no llega a producirse la grabación.

Por favor, véanlo la próxima vez que miren un árbol. Obsérvenlo simplemente, contemplen su belleza, la curvatura de sus ramas, la fuerza que transmite su tronco, la delicadeza de una hoja, su forma. Mírenlo sin la imagen –y la imagen es cualquier conocimiento anterior al instante preciso de ver ese árbol–; mírenlo sin el observador. Miren a su esposa o a su marido como si la vieran o lo vieran por primera vez, es decir, sin la imagen; porque en ese ver existe relación verdadera, y no una relación entre dos imágenes. Una mente que es capaz de observar con esa transparencia es capaz de observar qué es la verdad.

7. ¿CÓMO MIRA SU PROPIA VIDA?

Me da la impresión de que una de las dificultades más grandes con que nos encontramos, sobre todo en aquellos lugares donde la tradición representa un auténtico peso, es tener que emplear la mente y el corazón para descubrir cómo vivir de una forma sustancialmente distinta. ¿No les parece importante que demos un cambio radical a nuestras vidas? No hablo de cambiarlas siguiendo un plan o una ideología particular, o tomando como modelo una u otra utopía y amoldando nuestras vidas a ella, sino de que al observar lo que es el mundo, su extraordinaria violencia y brutalidad y el inmenso sufrimiento en el que está sumido, resulta obvio que es responsabilidad de cada uno de nosotros el cambiar nuestras vidas, nuestra manera de pensar, nuestro comportamiento y las actitudes e impulsos que nos mueven. Vamos a conversar juntos sobre lo que es en realidad la vida, sobre lo que es el amor y sobre el significado de la muerte; y si podemos, averiguaremos cada uno de nosotros, por sí mismo, lo que es una vida religiosa y si es posible llevar una vida religiosa en el mundo moderno. Hablaremos también del tiempo, el espacio y la meditación.

Son muchos los temas que vamos a tratar, y lo más probable es que, desgraciadamente, la mayoría de ustedes cuenten ya con muchos conocimientos sobre estos temas; conocimientos que otras personas les han transmitido, o que les han impuesto sus libros, sus *gurús*, sus sistemas y su cultura. Lo cierto es que no saben ustedes nada, pues todo eso es una mera repetición de lo que otros han dicho, ya se trate de los más preclaros maestros o de su *gurú* particular. Para comprender la vida cotidiana no necesitamos a ningún *gurú*, ninguna autoridad, ningún libro ni maestro; lo único que tenemos que hacer es observar, darnos cuenta de lo que hacemos, de lo que pensamos, de cuáles son nuestras motivaciones, y de si es posible cambiar totalmente las actitudes y creencias humanas, cambiar nuestra forma de vivir enloquecida.

Luego hemos de analizar, en primer lugar, cuál es la realidad de nuestra vida cotidiana; porque si no la comprendemos, si no intentamos poner orden en ella sino que nos limitamos a ocuparnos a diario en un quehacer u otro, o escapamos de ella afiliándonos a una ideología, o nos sentimos simple y superficialmente satisfechos con las cosas tal como están, entonces nuestra vida no tiene ningún fundamento, no tenemos ninguna base para pensar o actuar con rectitud, de un modo verdadero. Sin orden, uno vive en la confusión. Sin comprender el orden, que es virtud, la moralidad entera se vuelve superficial; se convierte en una serie de meros preceptos influidos por el entorno, por la cultura en que uno vive, que no es moral en absoluto. Por tanto, uno debe averiguar por sí mismo qué es el orden y si el orden es un patrón, un modelo diseñado por el ser humano, resultado de las distintas formas de compulsión, conformidad, imitación, o si es algo vivo y, por consiguiente, jamás podrá reducirse a un patrón establecido al que amoldarse.

Y a fin de comprender el desorden debemos examinar nuestra vida tal como es. ¿Qué es nuestro vivir cotidiano? Si son capaces de mirarla, de observarla, respóndanse: ¿qué es realmente su vida diaria? Es obvio que hay una confusión enorme, hay conformismo, contradicción, que las personas viven enfrentadas entre sí –en el mundo de los negocios uno está dispuesto a cortarle el cuello a su contrario–; política, social y moralmente reina la confusión, y cuando uno mira su propia vida ve que desde el instante que nace hasta que muere, no es sino una cadena de conflictos. La vida se ha convertido en un campo de batalla; obsérvenlo, por favor. No se trata de que estén de acuerdo con quien les habla, ni de que discrepen de lo que dice; simplemente observen, vean cómo es su vivir cotidiano. Y cuando uno de verdad observa, ineludiblemente ve lo que está sucediendo: la desesperación, la soledad y la infelicidad en las que vivimos, atrapados en el conflicto, en la competitividad; la agresividad, la brutalidad, la violencia. Así es en realidad nuestra vida diaria; y a eso le llamamos vivir; y como somos incapaces de comprender nada, de resolverlo, ni de trascenderlo, escapamos llenando nuestras mentes con la ideología de algún filósofo, maestro o sabiduría de la antigüedad; y creemos que escapando de la realidad lo hemos solucionado todo. Por eso la filosofía, los ideales y todas las demás vías de escape nunca han resuelto ninguno de nuestros problemas; somos exactamente lo mismo que éramos hace cinco mil años o más: torpes, repetitivos, seres amargados, iracundos, violentos, agresivos, agraciados ocasionalmente con un destello de belleza, de felicidad, y temerosos en todo momento de eso a lo que llamamos muerte.

En sus vidas cotidianas no hay belleza. Sus maestros religiosos y sus libros les han recalcado que deben vivir sin deseo, que no deben mirar a una mujer, porque podrían sentirse tentados y, para encontrar a Dios, deben ser célibes. Pero nuestra vida cotidiana se muestra contraria a todas las sentencias de los maestros. Lo cierto es que somos lo que somos: seres humanos mezquinos, insignificantes, estrechos de miras, atemorizados; y sin cambiar eso, por más que uno busque la verdad o hable con arrojo y erudición, o por más que uno interprete los innumerables libros sagrados, nada de eso posee ningún valor. Más les valdría tirar todos los libros sagrados y empezar de cero, porque ningún libro con sus intérpretes, con sus maestros y *gurús*, les ha aportado claridad alguna; su autoridad, su disciplina coercitiva y sus sanciones no tienen ningún sentido. Así que mejor harían desechándolos todos y aprendiendo de sí mismos, pues en eso reside la verdad, y no en la "verdad" de otro.

¿Es posible, entonces, cambiar nuestra vida? En sus vidas reinan el desorden y la fragmentación: en el trabajo son una cosa, en el templo, otra (si es que siguen acudiendo al templo), en la familia, otra completamente distinta, y ante alguien con autoridad, se convierten en seres humanos timoratos, alterados, aduladores. ¿Podemos cambiar todo eso? Porque sin cambiar nuestra vida diaria, preguntar qué es la verdad o preguntar si hay o no hay Dios no significa nada. Somos seres humanos fragmentados, hechos pedazos; y sólo cuando uno es una entidad íntegra, completa, tiene posibilidad de descubrir algo que es intemporal.

Debemos empezar por mirar nuestras vidas. Ahora bien, ¿cómo miran su propia vida? Ésta es una cuestión enormemente compleja; y una cuestión compleja de la existencia se ha de abordar con gran sencillez, no con todas las teorías, opiniones y juicios que tienen y que hasta el momento no les han servido para nada. Ninguna de sus conclusiones religiosas presenta el más mínimo sentido; deben ser capaces de mirar la vida que viven cada día, y de verla exactamente como es.

Lo difícil es *observar*. ¿Qué significa esa palabra? No se trata solamente de la percepción sensorial de la vista; uno ve una buganvilla con esa percepción sensorial; después observa su color. Uno ya tiene una imagen previa de ella, un nombre que asignarle; tiene sus preferencias: la planta le gusta o no le gusta. Eso significa que uno la ve a través de la imagen que tiene y, por tanto, en realidad no la ve; quien ve es más la mente que los ojos, ¿entienden? Por favor, comprendan este hecho tan simple. Los seres humanos están destruyendo la naturaleza, con la contaminación y tantas otras cosas que están sucediendo en este mundo terrible; pero nosotros miramos la naturaleza con una mirada que ha acumulado conocimientos acerca de ella, y por consiguiente a través de una imagen. A los seres humanos los miramos también a través de nuestras conclusiones, opiniones, juicios y valores; es decir, los hemos divido y los clasificamos en hindúes, musulmanes, católicos, protestantes, comunistas, etcétera. Y cuando uno se observa a sí mismo, cuando observa su vida, lo hace a través de la imagen que tiene, de las conclusiones a las que ha llegado; se juzga dictaminando lo que es bueno y lo que es malo, lo que debería y no debería ser. Dense cuenta de que lo ven todo a través de las imágenes y conclusiones que se han formado, y eso significa que en realidad no saben mirar la vida.

Para mirar la vida, tal como es, debemos observar con libertad; no se puede mirar la vida como hindú, como burócrata, como padre de familia, o ¡como Dios sabe qué! Deben mirarla con libertad; y eso es lo difícil. Están acostumbrados a percibir su vida –el desvarío, la angustia, el sufrimiento, la lucha constante– con ojos y oídos que quieren cambiar lo que perciben, transformarlo en algo más hermoso, y eso les impide entrar en relación directa con lo que ven. ¿Comprenden lo que se les está diciendo? No la explicación que está dando quien les habla; les pregunto si de verdad están observando su vida y si de verdad están observando su forma de mirarla. ¿La miran a través de una imagen, de una conclusión, lo cual significa que no entran en contacto directo con ella? Cuando uno mira la vida de su existencia diaria –no la vida teórica, no la vida abstracta en la que «todos los seres humanos somos

uno, todo es amor» y esa sarta de tonterías, sino cuando uno
la observa–, ve que la mira a través del conocimiento pasado; la mira a través de la tradición, de la acumulación de experiencia humana, y eso le impide a uno mirar de verdad. Es
un hecho que se ha de reconocer: para observar la vida realmente deben mirarla con una mirada nueva, es decir, mirarla sin ninguna censura, sin ningún ideal, sin ningún deseo de
reprimirla o cambiarla; tan sólo observarla.

¿Están haciéndolo en este momento? ¿Están utilizando a
quien les habla como espejo para ver su propia vida? ¿Ven el
hecho de que mirar desde una conclusión les impide mirar la
vida directamente, estar en contacto con ella? ¿Están haciéndolo? Si no lo hacen ahora, tampoco lo harán después. Si no
lo están haciendo, no se molesten en escuchar. Miren el cielo, miren el árbol y la belleza de la luz, miren las nubes, sus
curvas, su delicadeza. Si miran sin ninguna imagen, habrán
comprendido su vida.

Cuando se miran a sí mismos con los ojos del observador y miran su vida como lo observado, se crea una división
entre ambos. ¿No es un hecho muy simple que si miran su
vida como un observador separado de la vida, hay una separación entre ambos? Ahora bien, esa división es la esencia de todos los conflictos, la esencia de la lucha, el dolor, el
miedo, la desesperación. Cuando hay división entre los seres humanos –división de nacionalidades, división religiosa
y social–, el conflicto es inevitable. Ésta es la ley; racional y
lógicamente es así. Y la división exteriorizada, con su consiguiente conflicto, es la misma división interior entre el observador y lo observado.

Si no comprenden esto, no pueden avanzar mucho más,
porque una mente que está en conflicto no tiene posibilidad
alguna, ni ahora ni nunca, de comprender qué es la verdad.
Una mente que está en conflicto es una mente atormentada, es

una mente distorsionada, retorcida; y ¿cómo puede una mente en esas condiciones ser libre para observar el cielo, el árbol, la belleza de un niño, de una mujer hermosa, de un hombre, y la belleza de una intensa sensibilidad y de todo lo que esa sensibilidad implica? Sin comprender este principio básico, no como ideal sino como hecho, inevitablemente entrarán en conflicto, igual que habrá conflicto mientras exista el observador y lo observado; y cuando hay conflicto dentro de uno mismo, uno proyecta ese conflicto hacia el exterior. Esto es algo que la mayoría somos capaces de reconocer; pero no sabemos cómo observar sin el observador, cómo disolver ese conflicto, de modo que recurrimos a toda una serie de escapes, de líderes e ideales, a todas esas insensateces.

Vamos a averiguar ahora, cada uno de nosotros por sí mismo –no a través de quien les habla–, si es posible poner fin a esa división entre el observador y lo observado. Por favor, entiendan que esto es muy importante si queremos de verdad seguir avanzando, porque vamos a investigar qué es el amor, qué es la muerte, qué es la belleza de la verdad, la meditación y qué significa una mente en completa quietud. Para comprender lo más elevado, uno debe acabar con el conflicto, y el conflicto existirá mientras exista esa división.

Así pues, ¿quién es ese observador que se ha separado de lo observado? Escuchen, esto no es una filosofía, un punto de vista intelectual abierto a debate, que pueda negarse, corroborarse o rebatirse; esto es algo que deben ver por sí mismos, y que por consiguiente es suyo, no de quien les habla. Uno ve que cuando está furioso, en el momento de la ira no hay observador. No hay observador en el momento de experimentar cualquier cosa. Obsérvenlo, por favor. Cuando contemplan la puesta de Sol, y esa puesta es algo inmenso, en ese instante no hay un observador que diga: «Estoy observando la puesta de Sol»; el observador entra en escena un segundo después. Cuando uno es presa de la ira, no hay una entidad que observe, una entidad que experimente; lo único que hay es ese estado de ira. Es un segundo después cuando el observador aparece y piensa que no debería haberse encolerizado, o intenta justificar la explosión de ira. Es en el segundo siguiente, no en el instante de la ira, donde comienza la división.

Y ¿cómo ocurre esto? En el momento de experimentar algo, el observador está totalmente ausente. ¿Cómo es que un segundo después cobra presencia? La pregunta es de ustedes, no de quien les habla; formúlensela a sí mismos y encontrarán la respuesta. Tienen que aplicarse, porque se trata de su vida; si se limitan a decir «Bueno, he aprendido un poco escuchando lo que dice este hombre», lo cierto es que no han aprendido absolutamente nada; lo único que han hecho es recoger algunas palabras, que unidas unas con otras se convierten en una idea. Eso es precisamente el pensamiento organizado: una idea; y no estamos tratando con ideas, no estamos postulando una "nueva filosofía". Filosofía significa amor a la verdad en el vivir diario, no la verdad inventada por una mente filosófica.

Así es que ¿cómo nace ese observador? Cuando uno mira una flor, en el momento de observarla de cerca el observador no existe; no hay sino el mirar. Entonces uno nombra la flor; a continuación piensa cómo le gustaría tenerla en su jardín, o en su casa, y de ese modo ha empezado ya a elaborar una imagen de ella. Por tanto, el creador de la imagen es el observador. Véanlo en sí mismos, por favor. Es decir, tanto la imagen como el creador de la imagen son el observador, y el observador es el pasado. El "yo" es el conocimiento que he acumulado, el conocimiento del dolor, el sufrimiento, la agonía, la desesperación, la soledad, los celos, la ansiedad tremenda que uno siente. Todo eso es el "yo", que es el conocimiento acumulado del observador, que es el pasado. Por eso, cuando observan la flor, son los ojos del pasado, los ojos del observador, los que la miran; y como no saben mirar sin él, provocan el conflicto.

Nuestra pregunta entonces es si pueden mirar, no sólo la flor, sino a su esposa, mirar la agonía, la desesperación y el sufrimiento sin nombrarlos, sin decirse a sí mismos que deberían hacer algo al respecto, trascenderlos o reprimirlos; si pueden simplemente mirar, sin que intervenga el observador. Por favor, háganlo en este momento, mientras hablamos. Es decir, tomen la envidia, por ejemplo, que es algo común a la mayoría de la gente. Conocen bien la envidia, ¿no es cierto?; es un sentimiento con el que están familiarizados. La envidia es comparación, es la medición que hace el pensamiento cuando compara lo que son ustedes con lo que *deberían ser*, o con lo que quieren llegar a ser. Ahora simplemente miren. Supongamos que sienten envidia de su vecino, porque su coche es mejor, porque su casa es más grande; esa envidia que les asalta nace en el momento en que se comparan con él. ¿Pueden mirar el sentimiento sin calificarlo de bueno o malo, sin nombrarlo, sin decir que sienten envidia? Mírenlo sin la imagen, entonces irán más allá de la envidia. En lugar de batallar con la envidia, de intentar reprimirla, de juzgar que es admisible o inadmisible ser envidioso, en lugar de toda esa lucha, observen su envidia sin nombrarla; porque el acto de nombrarla es el movimiento del recuerdo pasado que la justifica o la condena. Si son capaces de mirarla sin ponerle nombre, verán que van más allá de ella.

En el momento en que uno sabe que es posible ir más allá de *lo que es*, rebosa de energía. Quien no sabe cómo hacerlo, tampoco sabe cómo afrontar *lo que es*, y por tanto tiene miedo y escapa; el sentimiento de imposibilidad provoca que esa persona pierda la energía. Si uno tiene un problema y sabe que es capaz de resolverlo, cuenta con la energía necesaria; si alguien tiene mil problemas y no sabe qué hacer con ellos, la energía se disipa. De la misma manera, miren su insignificante, superficial y ridícula vida llena de violencia. Todas éstas son palabras que describen lo que realmente sucede en ella; la violencia no sólo en torno al sexo, sino al poder, la posición, el prestigio. Y mírenla con ojos que no introduzcan inmediatamente toda una serie de imágenes. Ésta es su vida.

Y miren esta vida suya en la que existe eso que llaman amor. ¿Qué es el amor? No estamos discutiendo teorías sobre lo que el amor debería ser; estamos observando eso a lo que llamamos amor. No sé qué aman ustedes; tengo la duda de si hay algo que amen de verdad. ¿Saben lo que significa amar? ¿Es placer el amor? ¿Es amar sentir celos? ¿Puede amar una persona ambiciosa…, por más que se acueste con su esposa y engendre una serie de hijos? El que lucha en el mundo de la política o en el mundo de los negocios para llegar a ser alguien importante, o el que en el ámbito de la religión intenta reprimir sus deseos para llegar a santo, se mueve por ambición, con agresividad, con deseo; ¿puede un ser humano competitivo amar? Todos son competitivos, ¿no es cierto? Quieren un empleo mejor, una posición mejor, una casa mejor, ideas más nobles, imágenes de sí mismos más perfectas. ¿Es eso amor? ¿Pueden amar si se comportan como tiranos, si intentan dominar a su esposa, a su marido o a sus hijos? ¿Existe alguna posibilidad de amar cuando uno busca el poder?

De manera que cuando negamos lo que no es amor, entonces hay amor. Tiene que negar todo lo que no es amor: la ambición, la competición, la agresividad, la violencia, tanto si es hablada, en acción o en el pensamiento. Es decir, cuando niega lo que no es amor, entonces conocerá lo que es el amor. El amor es algo muy intenso, lo sentirá muy adentro; porque el amor no es placer, y por eso uno debe comprender el placer y no sólo amar a alguien.

Al ver lo que es su vida, en la que no hay ni amor ni belleza ni libertad, deberían llorar. Ya ven lo estéril que es su vida; y esa vida estéril es el resultado de su cultura, de sus libros sagrados, que les dicen que no deben mirar el cielo porque en él hay belleza, y esa belleza podrían transferirla luego a una mujer; esos libros sagrados que dicen que para ser una persona religiosa, uno debe retirarse del mundo, renunciar al mundo, y que dicen que el mundo es una ilusión, que uno debe por tanto escapar de él... Y sus vidas demuestran que eso es lo que están haciendo.

Si son capaces de observar su vida, descubrirán por sí mismos lo que es el amor; y hay una gran pasión en ello. No amor, sino pasión. La palabra *pasión* significa etimológicamente "sufrimiento". ¿Saben lo que significa sufrir? No hablamos, ni de escapar del sufrimiento, ni de qué hacer con él, sino de sufrir, de sentir en lo más hondo un intenso dolor. Cuando uno no hace nada para escapar de ese sufrimiento, de ese dolor nace una gran pasión, que es compasión.

Y debemos averiguar también qué es la muerte; no en el último momento, no cuando uno está enfermo, inconsciente, agonizante, cuando es incapaz de observar con claridad. La vejez, la enfermedad y la muerte nos llegarán a todos; así pues, descubran qué es la muerte mientras todavía son jóvenes, ahora que poseen vigor y energía. La vejez es algo natural; es natural que el organismo se desgaste. Aunque también es cierto que puede durar más dependiendo de cómo viva uno. Si la vida de uno es un campo de batalla desde el momento en que nace hasta que muere, su cuerpo se deteriora con mayor rapidez, pues la tensión emocional debilita el corazón. Éste es un hecho comprobado. Ahora bien, para descubrir el significado y la inmensidad de la muerte mientras uno está todavía activo, no puede haber miedo. La mayoría de nosotros tenemos miedo a la muerte, miedo a dejar todo aquello que hemos conocido: nuestra familia, los conocimientos que hemos acumulado, nuestros libros, nuestro trabajo, los objetos que hemos reunido; y debido a que no se sabe lo que sucede cuando uno muere, la mente, es decir el pensamiento, imagina que ha de haber alguna otra clase de vida, y que la vida individual de una u otra manera debe continuar.

En esta idea se basa la estructura entera de las creencias. Ustedes hablan de reencarnación, pero ¿se han parado alguna vez a reflexionar sobre qué es lo que va a reencarnarse en la próxima vida? ¿Qué es lo que renacerá en esa vida futura? Su inmensa acumulación de conocimientos, ¿no es así? Todos sus pensamientos, sus actividades, toda su bondad o su maldad, las atrocidades que han cometido. Porque creen que lo que hagan en este momento afectará a la vida siguiente... Ésa es la esperanza que albergan, ¿verdad? Y si realmente lo creen, entonces lo que importa es lo que hacen *ahora*, qué conducta tienen *ahora*, ya que en su próxima vida van a pagar por ello. Esto, en el caso de que crean de verdad en el *karma*. Si es así y están atrapados en la red de esta creencia, deben prestar atención a su vida actual: a lo que hacen, a lo que piensan, a la manera en que tratan a los demás. El problema es que no lo creen hasta tal punto; su creencia es sólo un escape en el que encuentran consuelo, es sólo una palabra que no significa nada.

Descubran lo que significa morir; no físicamente, pues la muerte física es sencillamente inevitable, sino lo que es morir a todo lo que uno conoce, morir a su familia, a sus apegos, a todo lo que ha recopilado, a los placeres y los miedos conocidos. Mueran a todo eso cada minuto y verán lo que significa morir; mueran a fin de que la mente se renueve, y sea por tanto una mente inocente; a fin de que una nueva encarnación se produzca, no en la vida siguiente, sino al día siguiente. Es mucho más importante encarnarse al día siguiente que en el futuro, de modo que la cualidad de la mente tenga una asombrosa inocencia; pues una mente inocente es una mente que no puede ser herida. ¿Comprenden la belleza que hay en eso? Una mente que jamás podrá ser herida es una mente inocente. Por consiguiente, una mente que ha sido herida debe morir a sus heridas cada día, para poder así despertarse la mañana siguiente siendo una mente transparente, inmaculada, una mente nueva, sin cicatrices. Ésa es la forma de vivir. No es una teoría; es algo que ha de hacerse.

Esa mente no conoce el esfuerzo. Hemos comprendido cómo el esfuerzo aparece en el momento que hay conflicto, en el momento que existen el observador y lo observado; y de esa comprensión nace el orden, pues el orden nace de la comprensión de lo que es el desorden. Sus vidas transcurren en el desorden, pero cuando uno lo comprende –no intelectualmente, sino cuando lo comprende de verdad– sobreviene el orden; y ese orden es virtud, es rectitud, es algo vivo. La persona vanidosa trata de ser humilde; ¿se dan cuenta de esa contradicción? Si soy vanidoso y he intentado cultivar la humildad, en ese intento hay conflicto, mientras que si afronto el hecho de que soy vanidoso, y lo comprendo, y voy más allá de ello, nace una humildad que no es resultado de ninguna tentativa de ser humilde. Por eso es tan importante que uno se comprenda totalmente a sí mismo; pues sólo entonces puede haber un orden que nada tiene que ver con el hábito, ni con practicar y cultivar ninguna virtud. La virtud brota como una flor de bondad cuando uno se da cuenta del desorden que es su vida. De ese desorden nace el orden.

Entonces puede uno empezar a investigar qué es lo que la humanidad ha buscado durante siglos y siglos, preguntando sin cesar, intentando descubrirlo; es imposible que uno lo comprenda o dé con ello si no fundamenta la investigación en su vida cotidiana. Sólo entonces puede uno preguntar qué es la meditación; no cómo meditar o qué pasos, sistemas o métodos seguir a la hora de meditar, pues todos los métodos y sistemas hacen a la mente mecánica. Si sigo un sistema particular, por más cuidadosamente que lo haya elaborado el más ilustre, depurado e inteligente de los *gurús* que uno pueda imaginar, ese sistema, ese método, volverá mecánica a la mente; y una mente mecánica es la mente más muerta de todas. De modo que eso es lo que intentan conseguir cuando preguntan cómo meditar. Al cabo de un año de practicar cualquier método, tendrán una mente embotada, estúpida, una mente capaz de escaparse, de hipnotizarse a sí misma, y eso no es meditación. La meditación es lo más extraordinario y maravilloso que existe. Veremos lo que la meditación no es, y sabrán entonces qué es la meditación. A través de la negación, de ver lo que no es, uno descubre la afirmación; si uno, en cambio, va en busca de lo positivo, esa búsqueda le conduce a un callejón sin salida.

Decimos que la meditación no es la práctica de un sistema. Como ya saben, hay gente que se sienta y practica el tomar consciencia de su cuerpo, de sus movimientos, de los dedos de sus pies; gente que practica sin fin. Una máquina también es capaz de hacer eso; pero ningún sistema puede revelar la belleza y la profundidad de eso tan maravilloso llamado meditación. La meditación no es concentración. Cuando uno se concentra, o intenta concentrarse, en esa concentración existen el observador y lo observado; está la entidad que dice: «Debo concentrarme, debo hacer un esfuerzo por concentrarme», y de ese modo la concentración se convierte en un conflicto. Y cuando uno realmente aprende a concentrarse, como si fuera un colegial, esa concentración se convierte en un proceso de exclusión que levanta un muro en torno al pensamiento, lo cual no es sino otro movimiento del pensar. La concentración no es meditación. La meditación no es rehuir la comprensión de lo que uno verdaderamente es. Lo importante es conocerse por completo a uno mismo; no conocer el "Yo superior", el *atman* y todas esas tonterías, que son meras invenciones. Lo real es el hecho, no la invención.

Ahora bien, una mente que a través de la negación ha comprendido que no son válidos ningún sistema, método ni concentración, se vuelve espontáneamente muy silenciosa. En este estado no hay ningún observador que haya conseguido un supuesto silencio. En este silencio la mente se vacía de todo su pasado. A menos que uno haga esto en su vida cotidiana, no comprenderá la maravilla, la sutileza, la belleza y excelencia que entraña. No se limiten a repetir lo que dice quien les habla, pues si lo hacen se convierte en propaganda, y la propaganda es mentira.

Así es que cuando la mente está en orden por completo, en orden matemático, y ese orden ha sobrevenido de forma natural a través de la comprensión del desorden de la propia vida diaria, la mente se halla en un estado de completa quietud; y en esa quietud el espacio es inmenso. No es el silencio que llega cuando termina el ruido; es el silencio de una mente que ha comprendido en su totalidad el problema de la existencia, el amor, la muerte, el vivir, la belleza del cielo, los árboles y los seres humanos. Todas las religiones les han enseñado a renunciar a la belleza, y por eso destruyen ustedes los árboles, la naturaleza. Cuando hayan comprendido esto, sabrán lo que sucede en ese silencio. Es imposible de describir; si alguien lo describe es porque no sabe lo que es. Cada uno debe descubrirlo.

Pueden plantear preguntas, no sólo a quien les habla, sino a sí mismos, lo cual es mucho más importante. Pregúntense por qué tienen creencias, por qué siguen y aceptan la auto-

ridad, por qué son seres humanos corruptos, iracundos, celosos, despiadados, violentos. Pregúntenselo y averigüen la
respuesta; y para encontrar la respuesta no pueden preguntar a otro. Tienen que ser independientes, tienen que estar
completamente solos –solos, no aislados–, porque estando
solos sabrán lo que es vivir con pureza. Por eso deben hacerse preguntas sin fin; y a medida que lo hagan, aprendan a no
intentar encontrar una respuesta, sino a preguntar y observar.
Pregunten y observen. Y al preguntar háganlo con cuidado,
con afecto; pregúntense con amor, no se castiguen a sí mismos con preguntas.

INTERLOCUTOR: Cuando afirma que aquel que dice saber no
sabe, ¿a qué se refiere? Cuando uno afirma que sabe, ¿significa eso necesariamente que no se conoce a sí mismo?

KRISHNAMURTI: Veámoslo. Hemos dicho que aquel que afirma saber no sabe; al escuchar esa afirmación se pregunta qué
quiere decir o qué significa eso. Por tanto, debemos averiguar
qué significa *saber*, *conocer*; ¿qué hay implicado en esas palabras? Cuando dice usted que conoce a su esposa, ¿qué trata
de decir? ¿La conoce de verdad, o conoce la imagen que tiene de ella? La imagen que tiene es el pasado; por tanto, conocer es saber algo que ya no existe, algo que fue y ha con-
cluido, algo que ya experimentó. ¿Comprende? Cuando dice
que sabe, está mirando el presente con el conocimiento del
pasado.

Cuando digo que quiero conocerme, comprenderme a mí
mismo, he de tener en cuenta que ese "mí mismo" está vivo;
no es algo estático; vive en un cambio constante: añade, qui-
ta, incorpora, elimina. Un día quiero experimentar alegría,
experimentar placer; al día siguiente tengo miedo. Dentro de
mí se suceden sentimientos de todo tipo, y sobre eso quiero

aprender. Si de entrada estoy convencido de que ya sé lo que soy, no aprenderé nada, ¿no le parece? Debo acercarme a mí mismo como si estuviera aprendiendo sobre mi realidad por vez primera. Me miro, y descubro que soy feo, extraordinariamente sensible, o lo que sea; si al mirar interpreto lo que estoy mirando, se convierte en conocimiento, y a través de ese conocimiento me miraré un segundo después, lo cual significa que lo que vea no será transparente, nuevo, puesto que lo miraré con los ojos de lo conocido. Así es que para conocerme a mí mismo he de poner fin a lo que descubro de mí cada vez que me miro, pues sólo de esa manera puedo aprender y lo que aprendo en cada momento es siempre nuevo.

Por eso, aquel que dice que sabe no sabe. Decir que uno ha experimentado lo que es Dios y que sabe lo que es estar iluminado es igual que decir que uno sabe cómo llegar a la estación porque está siempre en el mismo sitio. Hay muchos caminos que conducen a la "estación" y hay muchos *gurús* para indicar cada camino, y todos ellos dicen: «Yo sé; yo he experimentado». Y ¿qué significa eso? Han conocido algo y se aferran a lo que han experimentado, que es algo muerto. No hay caminos que conduzcan a la verdad, porque la verdad está viva, no es algo fijo, estático, muerto. Lo mismo que uno. ¿Somos una entidad estática? Para bien o para mal, ¿no cambia usted cada día? Por tanto, uno nunca puede decir: «Yo sé»; decirlo es una completa estupidez. Cuando digo que sé, lo hago buscando alguna clase de consuelo, de seguridad.

Estén atentos; no se preocupen ahora de sus preguntas, porque si comprenden perfectamente esta pregunta habrán comprendido muchísimas cosas. Desconfíen de cualquiera que les diga que les conducirá a la iluminación, de cualquiera que les cuente que si siguen ciertos pasos alcanzarán lo que buscan. Aléjense de esa clase de personas; son gente que está muerta, que vive en el pasado, aferrada a cosas de las que no sabe nada. La claridad, la verdad, es un estado intemporal, y uno no puede llegar a él a través del tiempo; y el conocimiento es tiempo. De modo que, como decíamos, mueran cada día a todo el conocimiento que tengan, y despierten con mente nueva cada mañana. Esa mente nunca dirá que sabe, porque es una mente que florece a cada instante, una mente siempre nueva.

I: Según dice, no debemos leer el *Ramayana*, el *Mahabharata* o cualquiera de los grandes poemas épicos. ¿Qué hay de malo en ellos? ¿Por qué siente tanta animadversión hacia nuestros grandes santos? [Risas.]

K: Para empezar, no conozco a sus grandes santos, ni quiero conocerlos; no veo por qué debería conocerlos. Quiero aprender sobre mí mismo, no sobre ellos. Probablemente ellos estén también condicionados por la cultura, la sociedad y la religión en las que crecieron. En la India no se acepta que un santo cristiano sea un santo; los santos que ustedes veneran están condicionados por la cultura en la que vivieron. No es que uno se muestre hostil hacia ellos; uno establece los hechos simplemente. Sus santos son seres humanos atormentados, sometidos a su disciplina, que practican el desapego, viven con ferviente devoción a Dios –a lo que quiera que signifique esa palabra–, a sus propias visiones e ideas, a su propia cultura que les ha hecho creer en Dios. De haber nacido en la Rusia comunista, no creerían en Dios. Entonces no tendrían santos; todos serían marxistas, y se convertirían en grandes burócratas… ¡Quién sabe!, puede que ellos en un futuro sean los grandes santos. [Risas.]

Escuche, señor, yo no leo el *Mahabharata* ni el *Ramayana* ni la *Gita*, ni ninguno de sus libros sagrados; ¿por qué los lee usted? ¿Los lee como obras literarias, por la belleza de su lenguaje, o los lee como si se tratara de lo más extraordinariamente sagrado, y cree que, por el hecho de leerlos, alcanzará el *nirvana*, el cielo o lo que quiera que sea? ¿Los lee como literatura de evasión?

I: [Inaudible.]

K: Sí, señor. El caballero dice que Mahatma Gandhi y los hombres más ilustres han leído la *Gita* y todo lo demás. No sé qué razón tiene para considerarlos ilustres por el hecho de que leyeran la *Gita*. Los llama usted así porque encajan en su modelo, ¿no cree? Encajan, de acuerdo con los dictados de su cultura.

I: No. ¡Es por su amor a la humanidad!

K: De acuerdo; por su amor a la humanidad. ¿Quiere decir que amaban a la humanidad y por eso los ama usted? ¿Significa eso que ama usted a la humanidad? No, señor, sea sincero al hablar de estas cosas. [Risas.] Escuche, si quiere convertir esta reunión en un entretenimiento y en un mero debate sobre la sociedad, quien les habla se retirará. La cuestión es por qué lee esos libros. Si leyera el libro que hay en usted, vería que ese libro es mucho más importante que ningún otro; porque su libro, el libro que uno es, contiene a la humanidad entera: todas las agonías por las que la humanidad ha pasado, la desdicha, el amor, el dolor, la alegría, el sufrimiento y la ansiedad. Existe ese libro en usted, y pierde el tiempo leyendo el libro de otra persona. A eso le llama amor a la humanidad, y habla de ciertos personajes ilustres, pero simplemente porque concuerdan con el modelo de su propia cultura.

I: ¿Por qué razón ha sido el sexo motivo de quejas en este mundo pese al hecho de ser la más extraordinaria energía del ser humano?

K: De acuerdo, vamos a verlo. ¿Se han dado cuenta de que en todo el mundo, y por tanto también en sus propias vidas, el sexo ha adquirido una importancia desmedida? ¿Lo han advertido? De pronto se han quedado extrañamente silenciosos. Para hablar del *Ramayana* y de la *Gita*, tienen una energía desbordante, pero en cuanto se menciona su vida cotidiana, todo su entusiasmo decae. ¿Por qué se ha convertido el sexo, el acto sexual, el placer, en algo tan colosal en la vida de todo el mundo? En Occidente, nadie tiene reparos en admitirlo; en la India en cambio todos lo ocultan, se avergüenzan de ello, agachan la cabeza cuando se habla de sexo. Deberían ver sus caras. ¡Es tan obvio! [Risas.] Se sienten atemorizados, nerviosos, abochornados, culpables, se ruborizan, lo cual es indicio de que se ha convertido en algo tremendamente importante en sus vidas. ¿Por qué? Les mostraré el porqué. No acepten lo que digo ni discrepen, obsérvenlo.

Desde el punto de vista intelectual, carecen de energía, porque se dedican a repetir lo que otros han dicho. Son prisioneros de las teorías, las especulaciones y, como consecuencia, no tienen la menor capacidad para razonar, para observar con una mente sana y lógica. Van a escuelas donde se limitan a memorizar hechos, a repetirlos, y sus mentes se han vuelto mecánicas. Desde el ámbito intelectual, no se dan cuenta de nada, pues sus mentes no tienen agudeza ni claridad. Por eso su energía intelectual es casi nula, porque son como máquinas. ¿No es cierto? Afronten que es así; obsérvenlo. El hecho de que alguien pregunte qué hay de malo en leer el *Mahabharata* o la *Gita* demuestra el tipo de mente que tienen: una mente mecánica, que repite lo que otros han dicho. Y su vida, la de ir al trabajo día tras día durante cuarenta años es una vida mecánica; tanto si uno ocupa el puesto de primer ministro, como el de simple político, *gurú*, o el que ocupen ustedes, es una vida de automatismo. ¿No creen que es así?

Todo su comportamiento, marcado por los hábitos, se ha vuelto tan mecánico y repetitivo que uno no tiene la menor libertad intelectual. Libertad significa energía, vitalidad, intensidad. Cuando uno es capaz de ver íntegramente la estructura del pensamiento e ir más allá, eso le da a uno extraordinaria energía. Pero eso no lo aceptan, porque aceptan la autoridad; no sólo la autoridad de los profesores, sino de sus líderes espirituales, que no son espirituales si están dispuestos a ser sus líderes. De manera que intelectualmente no son libres. Y emocionalmente son sentimentales, ciegos devotos de un dios o una persona, lo cual no puede darles ninguna energía, puesto que tienen miedo. La energía sobreviene sólo cuando uno se entrega por entero, cuando existe una total ausencia del "yo".

Y eso es lo que sucede en la relación sexual. Durante un segundo todo termina, desaparece, y uno vive el placer de ese instante. A continuación, el pensamiento se apodera de él, crea imágenes, y quiere que ese instante se repita incansablemente. Por eso el sexo se convierte en el factor más importante de sus vidas, puesto que no tienen nada más. No tienen capacidad cerebral; son seres humanos confundidos, sombríos, infelices. No son apasionados; no tienen la pasión necesaria para ser intelectualmente independientes, para ver con claridad y ser fieles a lo que ven. Viven con miedo, y ¿qué les queda? El sexo. Al mismo tiempo, todas sus religiones les dicen que deben renunciar al sexo, y esto les genera un conflicto. Un pobre neurótico les dice que, para encontrar a Dios, deben evitar toda relación sexual, y ustedes –obsesionados con el sexo, por un lado, y, por otro, intentando reprimir sus deseos sexuales– viven en una batalla permanente consigo mismos; y cuanto más batallan, más importante se vuelve el sexo.

Así pues, vean su vida como es en realidad. No tienen amor, sino placer, y, cuando sienten placer, tienen miedo de perderlo; de modo que nunca son libres, por muchos volúmenes que escriban acerca de la libertad. Y cuando comprendan todo esto, no intelectualmente sino en su vida diaria, verán a lo que han reducido la humanidad gracias a su religión, a sus *mahabharatas*, sus *gitas* y sus *gurús*; verán que se han reducido a sí mismos a insignificantes entidades mecánicas, mezquinas e infelices que viven sumidas en la desesperación y el tormento. ¡Y con esa mente quieren captar el inmenso e intemporal espacio de la verdad!

8. ¿ES POSIBLE UNA REVOLUCIÓN INTERIOR Y, POR TANTO, EXTERIOR?

Antes de nada, me gustaría decirles lo importante que es descubrir por uno mismo lo que significa aprender, porque aparentemente todos ustedes han venido aquí a aprender lo que otro les explica. Para descubrirlo, es obvio que uno ha de escuchar, y ésta es una de las cosas más difíciles de hacer. Es todo un arte, ya que la mayoría hemos llegado a nuestras propias conclusiones, tenemos nuestras opiniones y puntos de vista, nuestras dogmáticas creencias y razones, nuestra pequeña experiencia particular, nuestro conocimiento, todo lo cual, como es evidente, nos impide escuchar de verdad al otro; todas esas opiniones y juicios entran en tropel e imposibilitan el acto de escuchar.

¿Son capaces de escuchar sin que intervenga ninguna conclusión, ninguna comparación ni juicio, de escuchar simplemente –como uno escucharía una pieza de música– algo que de verdad sienten que aman? Porque entonces uno escucha no sólo con la mente, con el intelecto, sino también con el corazón; no con sentimentalismo (lo cual es espantoso) o con emotividad, sino con afecto, objetividad, cordura; uno escucha con atención, a fin de averiguar la verdad. Saben lo que piensan; cuentan con sus experiencias, sus conclusiones, su conocimiento; les pido que, al menos mientras estén aquí, lo dejen todo a un lado. Les va a resultar difícil, porque habitualmente basan su vida en fórmulas y palabras, en suposiciones especulativas; pero cuando uno intenta investigar con verdadera seriedad y por completo la cuestión de la existencia, es obvio que debe dejar a un lado cualquier proyección de sus pequeñas particularidades, de su temperamento, de sus conclusiones e ideas, pues está claro que, si no lo hace, no podrá investigar, no podremos aprender juntos. Y eso es lo que vamos a hacer aquí: aprender juntos; porque, después de todo, la palabra *comunicación* significa tener algo en común sobre lo que podemos cooperar, sobre lo cual podemos reflexionar juntos; algo que juntos podemos compartir y comprender, a partir de lo cual podremos crear. Eso es lo que realmente significa la comunicación: tener algo en común que poder explorar y comprender juntos. No se trata de que les explique algo mientras ustedes se limitan a escuchar, sino de que comprendamos juntos lo que es la verdad, lo que es vivir, y el inmenso problema de nuestras actividades cotidianas. Vamos a indagar acerca de todo ello.

Investigar realmente, aprender juntos, lleva implícito que no existe ninguna autoridad. Quien les habla está sentado sobre una plataforma, pero no tiene autoridad alguna; se sienta donde lo hace por meras cuestiones prácticas, pero eso no le confiere autoridad de ningún tipo. Por favor, deben entender con total claridad que estamos explorando y aprendiendo juntos; y "juntos" significa indudablemente que debe haber seriedad por ambas partes, que debemos estar en el mismo nivel, participar con la misma intensidad, con la misma pasión, ya que, de no ser así, no nos entenderemos. Si uno está profundamente interesado en una cuestión y su interlocutor no lo está, no hay ninguna comunicación entre ellos; quizá haya un entendimiento verbal, pero una explicación verbal nunca es el hecho en sí, es decir, la descripción no es aquello que se describe. Y como vamos a descubrir juntos, tenemos que ser serios, porque no hemos venido aquí a entretenernos;

esto no es algo que pueda investigarse entablando un debate y enfrentando una opinión a otra. Las opiniones no tienen ningún valor. Lo que tiene valor, lo que importa, es observar realmente *lo que es*, no sólo en el exterior sino dentro de uno; ver lo que sucede. Por tanto, no hay cabida para interpretaciones ni conclusiones; sólo hay lugar para la observación. Y lo que vamos a observar es lo que, interior y exteriormente, de verdad está sucediendo en el mundo.

Cuando uno percibe realmente *lo que es*, entonces puede hacer algo al respecto; ahora bien, si observa *lo que es* a través de una serie de conclusiones, opiniones, juicios y fórmulas, nunca comprenderá *lo que es*. Esto está claro, ¿no? Si observan el mundo como hindúes, musulmanes o cristianos, es obvio que no podrán verlo con claridad. Y, juntos, tenemos que ver muy claramente, con objetividad, con cordura; pues si somos capaces de hacerlo, eso en sí mismo es una forma de disciplina. No estamos empleando aquí la palabra *disciplina* en su sentido ortodoxo. El significado etimológico de esta palabra es "aprender"; no conformarse, no controlar ni reprimir, sino aprender, y ver con mucha claridad lo que sucede dentro de uno y en el exterior, ver que ambos forman un movimiento unitario, que no son dos movimientos separados; verlo como un todo, sin ninguna división.

¿Qué está sucediendo realmente en el mundo? ¿Qué es lo que de verdad está pasando? No nos interesa una interpretación o una explicación, ni su causa, sino lo que está ocurriendo de verdad. Si un loco decidiera organizar los asuntos del mundo, no podría hacerlo peor; éste es un hecho simple y obvio. Hay desintegración en el plano sociológico, económico y cultural. Los políticos no son capaces de resolver los problemas, sino todo lo contrario: los incrementan. Los países están divididos; existe, por un lado, la próspera sociedad de consumo y, por otro, los llamados países subdesarrollados. Hay pobreza, guerra, conflictos de todo tipo. No existe la moral social; lo que se considera moral social es una inmoralidad. Las organizaciones religiosas sin excepción, con sus creencias, sus rituales y sus dogmas están separando a la gente, como fácilmente se puede apreciar. Si usted es hindú y yo soy musulmán, por fuerza hemos de estar enfrentados; quizá nos toleremos uno a otro durante unos días, pero en el fondo estamos fundamentalmente en bandos contrarios. Y donde hay división, tiene que haber conflicto, no sólo en el exterior, sino también dentro de cada uno. No es difícil ver con exactitud lo que está sucediendo en el mundo: el extraordinario progreso tecnológico, los cambios sociales, la permisividad y otros hechos parecidos; y en nuestro interior, somos un cúmulo de contradicciones.

Por favor, como les decía, obsérvense; estén atentos a sí mismos, no sólo a las palabras de quien les habla. Escuchen lo que dice quien les habla simplemente como un medio para observarse; obsérvense como si estuvieran mirándose en un espejo. Observen lo que realmente está sucediendo y no lo que les gustaría que sucediera. Lo que ven es que hay una gran confusión, ¿no es cierto?; ven que hay contradicción, conflicto, un sufrimiento inmenso, y que persiguen el placer, tanto intelectual como sensual. Eso es lo que está sucediendo de verdad: el sufrimiento, la confusión, el conflicto, salpicado de fugaces momentos de alegría.

Nuestro problema, entonces, es si todo esto puede cambiar radicalmente. ¿Es posible una revolución interior y, por tanto, exterior? Porque está claro que no podemos continuar con nuestros viejos hábitos, nuestras viejas tradiciones, nuestra vieja manera de pensar. La estructura misma de nuestro pensamiento debe transformarse; las propias células cerebrales deben experimentar una transformación para que pueda haber orden, no sólo dentro de nosotros, sino también en el exterior. Esto es lo que vamos a compartir, ustedes y quien les habla; sobre esto vamos a aprender juntos.

La mente ha llegado a ser lo que es a través del tiempo. Las células cerebrales, que han evolucionado siglo tras siglo durante milenios, han adquirido un enorme volumen de conocimiento y experiencia, han recopilado gran cantidad de conocimientos científicos, objetivos. Y esas mismas células cerebrales, que son resultado del tiempo, han producido también este mundo monstruoso, este mundo de guerra, injusticia, pobreza, espantosa desdicha y división racial, social y religiosa. Todo esto es producto del intelecto, del pensamiento; así pues, cualquier reconstrucción que el pensamiento intente llevar a cabo sigue dentro del mismo campo. No sé si lo ven.

El pensamiento ha establecido una división entre las personas, por razones económicas, sociales, culturales, lingüísticas o ideológicas. No es algo complicado de ver; en realidad, es bastante simple, y precisamente por su simplicidad, es fácil pasarlo por alto. Pero si observan, verán con claridad que el intelecto, con sus astutos razonamientos tanto objetivos como no objetivos, ha provocado esta situación, este estado, en nuestro interior y fuera de nosotros. Uno está aprisionado, por su forma de pensar y por la forma en que otros piensan –por su forma de pensar como hindú, como musulmán, como cristiano, comunista o Dios sabe qué más–; está condicionado por su pasado, y su pensamiento su mueve dentro de esos raíles. Y cuando uno ve la confusión en que se encuentra –confusión que él mismo ha creado–, es también el pensamiento el que trata de encontrar una salida. No es que esto lo diga quien les habla; es algo que han descubierto por sí mismos.

¿Están escuchando con pasión por descubrir? Porque es necesario que cambiemos; no podemos continuar así, viviendo con pereza, contentándonos con cosas insignificantes, aceptando ciertas doctrinas como si fueran la verdad, creyendo en algo sobre lo que no sabemos nada en absoluto, siguiendo a otros –a los diversos *gurús*, al frente de sus campos de concentración– con la esperanza de que nos conduzcan hacia la luz. Todo esto es demasiado serio.

Y el pensamiento ha creado todo esto; el pensamiento que es la respuesta de la memoria. Si no tuvieran memoria, no podrían pensar. La memoria es conocimiento, experiencia acumulada; luego el pensamiento, obviamente, es la respuesta del pasado. ¡Y ésas son las herramientas con las que intentamos resolver los inmensos y complejos problemas de la relación humana! ¿Estamos viendo esto juntos? Sólo aquel que es serio vive de verdad; sólo aquel que es serio puede comprender por completo el significado de todo esto, no alguien que, para distraerse, se interesa durante unos días y después lo abandona. Estamos hablando de cambiar nuestra vida diaria, no de sustituir una creencia por otra; y, para ello, debemos invalidar todo lo que el pensamiento ha construido, porque, de lo contrario, es imposible que encontremos una dimensión nueva. ¿Estamos caminando juntos? Por favor, no se limiten a asentir; la cuestión no es que asientan o discrepen, sino que perciban, que vean lo que de verdad está pasando.

Así pues, el pensamiento ha originado las distintas culturas: hindú, musulmana, comunista…, todas ellas. Es él, por ser la respuesta de la memoria, por ser conocimiento, el que ha traído semejante confusión, miseria y dolor al mundo. ¿Es posible que las células cerebrales, que contienen la memoria, experimenten ellas mismas una mutación radical? El conocimiento es necesario para poder desenvolvernos en el mundo, para escribir una carta, hablar un idioma, entendernos unos a otros; el conocimiento científico y tecnológico es imprescindible para que podamos funcionar. Evidentemente, si uno quiere comunicarse en italiano debe aprender italiano; debe estudiar el significado de los sustantivos, de los verbos, y aprender a construir frases; debe almacenar conocimientos de italiano, que son, una vez más, producto del pensamiento al cultivar la memoria del idioma y después hablarlo.

Es decir, uno ve que el pensamiento ha creado divisiones entre las personas a causa de sus absurdos dogmas religiosos, de sus nacionalismos y de sus diferencias lingüísticas y culturales; ve que ha creado división entre cada uno de ustedes y los demás seres humanos: entre el marido y la esposa, entre el padre y sus hijos. Y a la vez, ese pensamiento divisivo ha producido un increíble conocimiento tecnológico que uno necesita en su vida. ¿Comprenden el problema? El pensamiento ha provocado una inmensa confusión, desdicha y guerras, y a él se debe también un conocimiento valioso y extraordinario. Así pues, existe una contradicción en el propio modo de funcionar del pensamiento, que crea separaciones, tanto en el ámbito psicológico como en el mundo externo; y ese extraordinario conocimiento que ha recopilado, lo utiliza para mantener la separación entre las personas.

La cuestión es si, pese a tener que funcionar inevitablemente dentro del campo de lo conocido, el pensamiento puede dejar de crear separación; básica, fundamental y realmente, ésa es la cuestión. El pensamiento es viejo porque es la memoria del ayer, y nunca es libre, dado que sólo puede funcionar dentro del campo del conocimiento. El pensamiento es la respuesta de la memoria, y esa memoria está contenida en la estructura misma de las células cerebrales. ¿Existe, por tanto, una percepción –no un camino, un sistema ni un método, pues todos ellos son absurdos y no llevan a ninguna parte– en la que el hecho mismo de ver sea actuar?

¿Seguimos juntos? No se apresuren a decir que sí; eso es demasiado infantil. Miren, el problema es que no están acostumbrados a investigar, ni a observarse a sí mismos; están acostumbrados a leer lo que otra gente dice y a repetirlo. Sería maravilloso que nunca dijeran ni una sola palabra que no fuera fruto de sus propios descubrimientos. No decir nada que no sepan por sí mismos significa independizarse de todos sus *gurús*, de sus libros sagrados, sus teorías, y de todo lo que los filósofos han dicho; por supuesto, tendrán que conservar sus libros científicos, tecnológicos, pero eso es todo. Si nunca dicen nada que no comprendan, que no hayan descubierto por sí mismos, verán que toda la actividad de su mente experimenta un tremendo cambio. En la actualidad somos seres humanos de segunda o décimotercera mano; y lo que estamos intentando descubrir es una forma de vida que sea verdaderamente intemporal.

El pensamiento es tiempo, y el tiempo es un proceso de aglutinación y producción. Desplazarse de un lugar a otro requiere tiempo, porque se ha de recorrer un espacio; y ésa es la base del pensamiento, que ve la vida como un proceso, como un desplazamiento de un punto a otro. La cuestión en este momento es si hay una forma de vida en la que el tiempo no exista en absoluto, salvo en sentido cronológico. Porque lo que de verdad nos importa es el cambio, la revolución, la mutación total de la propia estructura de las células del cerebro, ya que sin esa transformación no será posible crear una cultura nueva, una forma de vida nueva, y vivir en una dimensión totalmente distinta. Preguntamos, por tanto... *cómo* no es la palabra adecuada; preguntamos si existe un acto de percepción en que el pensamiento no intervenga, excepto en sentido técnico.

Miren, uno hasta ahora ha vivido reproduciendo el mismo viejo patrón, recluido en un rincón de este vasto campo que es la vida. Y en ese rincón todo está dividido; el rincón en sí es origen de división, ¿comprenden? Ése es el estado en el que vivimos. Para verlo, uno no necesita leer libros o periódicos, ni escuchar lo que alguien diga; es un hecho evidente. Y ante él, uno pregunta: ¿puede esto cambiar de modo radical? Cuando pensamos en cualquier cambio, lo asociamos siempre con el tiempo, y decimos, por ejemplo: «Mañana seré distinto». Vivimos atrapados en el verbo *ser*: «He sido, soy y seré». La palabra *ser* es tiempo. Y si uno es serio, si medita, si indaga profundamente, ve que el tiempo no parece ser capaz de provocar un cambio radical. Mañana seré lo que he sido hoy; habrá ligeras modificaciones, pero el movimiento será esencialmente el mismo que en el pasado. En ese proceso enmarcado en el tiempo, no hay mutación, no hay transformación. ¿Puede haber una mutación de la que nazca una forma de vivir diferente, una cultura diferente, una creación totalmente distinta? ¿Puede haber percepción y acción simultáneas, y no una percepción seguida de una acción posterior, que es como funciona el pensamiento?

Veo el sufrimiento que hay en mí –ese "mí" es cada uno de ustedes–; veo la inmensa confusión, ambición, ira, crueldad y violencia. Todo lo que el ser humano ha creado existe en mí, existe en ustedes: los placeres sexuales e ideológicos, los miedos, la angustia, el impulso competitivo, la agresividad. Eso es lo que son, lo que somos; ustedes lo saben. ¿Puede todo eso cambiar instantáneamente? Solemos imaginar que es posible hacer que todo eso cambie de forma radical a través de un proceso de tiempo, y uno se dice que evolucionará poco a poco, que paulatinamente se liberará de la ira. Pero es evidente que el tiempo no cambia nada; quizá modifique las cosas, pero no es capaz de provocar un cambio radical. Porque en cuanto uno se percibe a sí mismo tal como es, acto seguido piensa que debería ser de otra manera; y entre la percepción de *lo que es* y el pensamiento de *lo que debería ser*, media un intervalo, que es espacio, que es tiempo; y cuando uno intenta avanzar desde *lo que es* hasta *lo que debería ser*, intervienen factores imprevistos que hacen que *lo que debería ser* nunca llegue.

Si soy violento, al verlo me digo que debería ser pacífico. "Ser pacífico" conlleva tiempo, ¿no es así? «Seré pacífico al cabo de una semana» significa que, entre este momento y la semana que viene, seguiré sembrando las semillas de la violencia; es decir, no he dejado de ser violento. Y lo que preguntamos ahora es si existe una percepción en la que no intervenga el tiempo y que sea, por tanto, acción instantánea. ¿Existe una percepción de la violencia que ponga fin a la violencia, no dentro de una semana, sino en este instante? Quiero ver si la violencia puede finalizar de inmediato y no gradualmente, porque cuando digo "gradualmente", ese fin no llegará jamás. ¿Comprenden esto?

¿Es posible, entonces, percibir de forma que la percepción sea acción? ¿Qué nos impide percibir de esa manera en que la percepción es acción inmediata? Cuando uno ve una serpiente, actúa al instante; no se le pasa por la cabeza decir que actuará dentro de una semana. La respuesta es inmediata porque hay peligro. Ahora bien, ¿qué impide a la mente, al cerebro, experimentar esta acción instantánea de la percepción?

Hablemos de ello un poco. ¿Qué creen que lo impide? ¿Por qué no se dan cuenta de que el tiempo es una barrera? El tiempo no puede darnos libertad, puesto que el tiempo es pensamiento, ¿comprenden? La acción del tiempo consiste en reunir y alinear cosas en sentido horizontal o vertical, luego está claro que el tiempo no puede originar una nueva percepción de la vida en una dimensión diferente. ¿Qué nos impide percibir totalmente? ¿Por qué no ven las cosas con claridad y actúan al instante? ¿Ven que la división psicológica que le hace a uno considerarse hindú, parsi, comunista, socialista, budista o musulmán crea un tremendo conflicto? Lo ven, ¿no? Y ¿cómo lo ven, verbalmente, o como un peligro real? ¿Ven que mientras se consideren hindúes o comunistas, ese mismo hecho provocará división y conflicto? Con el intelecto reconozco el hecho y digo que sí, que es cierto; pero ahí me quedo, y de ello no nace la acción: no dejo definitivamente de ser hindú y me desprendo de toda esa tradición, ese condicionamiento y esa cultura. Nada de esto cesa porque escucho las palabras con el intelecto, sin percibir de verdad el peligro.

    ¿Por qué no lo perciben del mismo modo que perciben ese otro peligro que les hace actuar al instante? ¿Por qué? Saben lo que está sucediendo en el mundo: el hombre de color vive enfrentado al blanco, el comunista al capitalista, el obrero al patrón, el católico al protestante, pese a adorar los dos al que llaman Jesucristo; hay división lingüística, nacional y cultural; hay conflicto, y de él nace la guerra, tanto dentro como fuera de uno. La persona que es realmente seria quiere descubrir una forma de vida que esté libre de conflicto, en la que el conflicto haya desaparecido radicalmente de lo más profundo de su ser. Y esa persona tiene que averiguar por sí misma, no intelectual y verbalmente, sino averiguar de verdad si existe una acción que no esté sometida al tiempo.

    Así pues, cuando estoy investigando, no me crean, pues si lo hacen se convertirán en estúpidos discípulos. Investigar juntos significa que estamos compartiendo la investigación. Cuando investigo y lo expongo, no se queden atrapados en las palabras y en las explicaciones, porque la explicación no es el hecho. Si tienen hambre y les hablo sobre la deliciosa comida que he preparado, eso no les saciará; han de compartirla conmigo, han de comérsela.

    Empezaremos con un criterio muy objetivo. ¿Son capaces de ver cualquier cosa sin ninguna imagen, ver un árbol sin el conocimiento que poseen acerca de él, sin que el pensamiento interfiera y separe al observador de lo observado, diciendo: «Es un mango»? ¿Son capaces de observar simplemente? ¿Lo han hecho alguna vez? ¿Han mirado alguna vez sin ninguna verbalización, es decir, sin ningún proceso de pensamiento? ¿Son capaces de observar un árbol, de observar a su vecino, a su esposa, a su novio o a su novia sin una imagen? No pueden, ¿verdad? ¿Son capaces de observar así a su esposa (lo cual es un poco más difícil que observar un árbol)?

Observar un árbol sin la imagen, sin la palabra, sin el pensamiento, es relativamente fácil; y cuando uno lo hace, cuando lo observa sin que el mecanismo entero del pensamiento se ponga en marcha, entonces el espacio que existe entre uno y el árbol, que es tiempo, desaparece. Esto no significa que uno se convierta en el árbol o que se identifique con él, sino que ve el árbol por completo, y no de modo parcial; entonces existe únicamente el árbol, sin el observador. ¿Comprenden lo que les digo? Si no lo han experimentado nunca, háganlo; no intenten hacerlo, háganlo de verdad. Es decir, observen al ave, la flor, la nube, la luz que se refleja en el agua, las hojas del árbol sacudidas por el viento; obsérvenlas sin ninguna imagen. Al hacerlo, verán que la relación es totalmente distinta de la que hasta ahora conocían, que era la relación entre el observador y lo observado, pues ahora el observador ha desaparecido por completo. Dejemos eso por el momento.

Observen ahora a su esposa o a su amigo sin la imagen. ¿Saben lo difícil que es? Uno ha vivido con su esposa, y a lo largo del tiempo ha ido construyendo una imagen de ella, con impresiones de la vida sexual que han compartido, de las veces que ella le ha regañado, de las que uno la ha intimidado a ella... Ya conocen el tipo de incidentes que suceden en la vida familiar. Con el tiempo poseo una imagen de mi esposa y ella posee una imagen de mí, y nos miramos uno a otro a través de esas imágenes, ¿no es esto lo que ocurre? ¡Por una vez, sean sinceros! ¿Por qué les da tanto miedo? Lo cierto es que tienen una imagen; y esa imagen separa a las personas, esa imagen divide. Si mi esposa y yo tenemos nuestras imágenes respectivas, esas imágenes obviamente nos separan.

Y bien, ¿es posible que la imagen de hindú, musulmán, comunista o socialista que uno ha elaborado acerca de sí mismo, y la imagen que uno ha elaborado acerca de otro terminen definitivamente? Si esa imagen desaparece, la clase de relación que se establece es completamente distinta. La imagen es el pasado, es la memoria; y la memoria es la serie de huellas que, a lo largo de los años, han quedado grabadas en las células cerebrales y constituyen su condicionamiento. Y pregunto: ¿puede esa imagen terminar, no con el paso del tiempo sino gradualmente, al instante? Para responder a esta pregunta, uno tiene que averiguar en qué consiste el mecanismo creador de la imagen.

¿Están investigándolo, o se limitan a intentar aprender de quien les habla? No aprendan de él, pues no tiene nada que enseñarles; absolutamente nada, porque él no acepta las posiciones de profesor y discípulo. De ellas nace la autoridad, y donde hay autoridad hay división: está por un lado el que sabe, y por otro el que no sabe. De modo que no aprenden de mí, de quien les habla; aprenden al observarse a sí mismos, al estar atentos, pues de ese modo serán libres y podrán aprender. Porque, para aprender, es imprescindible que haya libertad; si uno se limita a seguir y aceptar la autoridad, ya sea la de cualquier otra persona o la de quien les habla –y especialmente la de quien les habla–, entonces está perdido… Como lo están ustedes en este momento.

Aprendan al observarse. Cada uno está observando que tiene una imagen de los demás, y una imagen de sí mismo como hindú, budista, comunista, cristiano, protestante, *hippy* o lo que sea. Al ver esa imagen, dígase a sí mismo: «Sé cómo se ha

formado esta imagen; es producto de la educación que he recibido como cristiano, hindú o budista. Estoy condicionado, y
por eso la imagen permanece. Y esa imagen divide a las personas, porque donde hay división hay conflicto interno y externo». Así pues, cada uno aprende de su propia observación. La
pregunta entonces es: «¿Puede esa imagen terminar definitivamente?», y, al hacerla, está preguntando también acerca del
mecanismo creador de la imagen. Estamos aprendiendo juntos para averiguar qué es ese mecanismo; por tanto, no están
aprendiendo de quien les habla, aprenden de sí mismos. Así
que se preguntan –la pregunta no la hago yo– si es posible que
la imagen tenga fin; un fin que no dependa del tiempo, puesto que el tiempo, que es pensamiento, es el que ha formado la
imagen al decir: «Esta persona me ha insultado, me ha critica-
do; tengo que ser más fuerte que ella». Esas imágenes las ha
construido el pensamiento.

   ¿Cuál es el mecanismo que construye la imagen? Obsérvenlo, no intenten traducirlo a palabras y actuar a partir de
ellas. Observen lo que dice quien les habla; escúchenlo, y
observen en sí mismos la acción de observar, de percibir.
Obsérvenlo simplemente. Si me dice que soy un insensato,
la palabra *insensato*, con un concepto asociado a ella, está
asentada en la memoria, en las células cerebrales, es decir,
en el viejo cerebro; y, al oírla, ese viejo cerebro contesta:
«Usted también», que es la respuesta de la memoria. Ahora
bien, esa maquinaria entra en funcionamiento si, en el instante en que la esposa hace un reproche a su marido, no hay
atención; si la hay, el mecanismo no se pone en marcha: si
me dice que soy un idiota, y si en ese instante estoy atento
y me doy plena cuenta, la maquinaria no tiene combustible
para funcionar. ¿Entienden lo que se les está diciendo?

   Cuando no hay atención, la maquinaria está funcionando;
en el instante que hay atención, ya puede decirme lo que quie-

ra la maquinaria no funciona. Véanlo por sí mismos. Si cuando se consideran a sí mismos hindúes y cumplen todos los preceptos del hinduismo están completamente atentos, verán lo que eso en realidad significa y conlleva: división, conflicto, lucha, separación. Para que esa percepción suceda, debe haber atención total. Entonces, al verlo, la maquinaria entera del hinduismo, que es el condicionamiento, en ese mismo instante toca a su fin. ¿Comprenden? ¿Han aprendido que es así observándose a sí mismos?

La pregunta que se nos plantea ahora es cómo puede la mente mantener ese estado de atención constante. ¿Entienden? ¿Es ésa la pregunta que se están formulando? Miren, en el instante de atención todo el condicionamiento desaparece; la formación de imágenes termina por completo. Ahora bien, en cuanto uno deja de estar atento, todo vuelve a empezar: que uno es hindú, musulmán, cristiano, comunista y todas esas bobadas. De modo que la siguiente pregunta es si esta atención puede mantenerse, lo cual significa: ¿puede haber atención continua? Por favor, escuchen con interés. ¿Puede esa atención continuar constantemente, es decir, puede esta atención perdurar? En ello está implicado el tiempo, ¿no es así? Véanlo. Por tanto, la pregunta es inadecuada. Cuando preguntan si esa atención puede continuar, durar, mantenerse sin interrupción, y cuál es el método, el sistema para mantenerla, están introduciendo el tiempo; y el tiempo es inatención. ¿Comprenden? El tiempo es inatención. Cuando están completamente atentos, no existe el tiempo.

Y cuando en esa atención han percibido y actuado, olviden la percepción; se ha terminado. No quieran prolongarla, llevársela consigo. Lo que ocurre es que en el momento de atención, en que han visto y actuado, en que ha habido una percepción-acción, el pensamiento entra y dice: «¡Qué increíble! ¡Cómo me gustaría estar así de atento todo el tiempo! ¡Ésta es la verdadera forma de actuar, sin tanto conflicto!»; y lo que quiere el pensamiento entonces es cultivar la atención. Pero cultivar cualquier cosa requiere tiempo, ¿verdad?; de modo que la atención no puede cultivarse. Así pues, perciban, actúen, y pónganle fin en ese momento; olvídenlo; empiecen de nuevo, para que la mente, las células cerebrales se renueven cada vez, en lugar de cargar con la percepción anterior.

La mente entonces es siempre joven, siempre nueva e inocente, al no arrastrar consigo el peso del ayer. La mayoría de nosotros estamos heridos, lisiados, atormentados; tenemos cicatrices en el cerebro, e intentamos abrirnos paso a través de esas cicatrices en busca de un estado mental en el que no haya dolor. Una mente inocente es una mente que nunca arrastra el daño consigo y lo traslada al día siguiente. Es una mente que no rememora, y que no tiene necesidad de perdonar.

9. ¿QUÉ ES EL AMOR?
¿QUÉ ES LA MUERTE?

Creo que deberíamos examinar la importancia de que los seres humanos se transformen a sí mismos, en este momento en que nuestro entorno, la sociedad y la cultura son tan corruptos y se están desintegrando. Vemos que es necesario cambiar el medio en el que vivimos, entendiendo por medio la sociedad, la religión, la cultura, etcétera. ¿Puede un individuo, un ser humano solo, cambiar por completo la estructura social, la comunidad y el mundo que le rodea? Se preguntarán qué importancia puede tener que un individuo, un ser humano, se transforme, cuando a su alrededor reinan el caos, la miseria, la confusión y la locura –no creo que sea desacertado usar estas palabras–. A mi entender, no es la pregunta adecuada. Ese ser humano es el resultado de la cultura en la que vive; él ha construido la cultura, la sociedad, el medio, luego al transformarse el ser humano que es, está transformando el medio, puesto que él es el mundo, y el mundo que lo rodea es él. No hay división entre él y el mundo.

Creo que debemos entender con claridad desde el principio que no existe separación entre el individuo y la comunidad. La palabra *individuo* significa una "entidad que es en sí misma indivisible", que no se puede dividir; por eso, no es una palabra que pueda aplicarse a la mayoría de los seres humanos, que son divisibles, que están fragmentados, como consecuencia, en parte, de la sociedad y la cultura en las que viven.

Me parece fundamental que comprendamos que los seres humanos, tal como somos en este momento, somos producto del medio en el que vivimos –creo que esto está claro– y que, por tanto, el ser humano es el mundo, y el mundo es el ser humano. Como idea, en un sentido lógico, intelectual, racional, tal vez aceptemos que es así; pero eso es todo, puesto que aparentemente somos incapaces de actuar de verdad.

Si les parece, vamos a hablar sobre el conflicto que hay en el ser humano, y por consiguiente en el mundo; de su conflicto interior y de su conflictiva relación con el mundo en el que vive. Viendo el conflicto que existe entre los distintos factores responsables de la fragmentación –cada fragmento enfrentado a otros fragmentos de los que está constituida la persona–, nos preguntamos si la mente humana puede estar libre por completo de conflicto. Porque sólo entonces es posible saber qué significa amar; y entonces quizá seamos también capaces de comprender plenamente el auténtico significado de la muerte y lo que es vivir.

Así que, antes es necesario que nos demos cuenta de las repercusiones del conflicto en la mente humana. Por favor, como decíamos el otro día, estamos compartiendo este problema; es nuestro problema, y por eso ustedes y quien les habla vamos a averiguar juntos si la mente puede poner fin a su conflicto. Decir que compartimos este problema significa que participan en la investigación, no simplemente que escuchan una serie de ideas o palabras, sino que participan de verdad, que exploramos e investigamos juntos. Lo que vamos a tratar aquí debería despertar en ustedes un profundo interés, porque es su problema. Si sienten que el problema no les concierne, es que están seriamente desnaturalizados; es como estar viendo que la casa arde y quedarse mirando sin hacer nada.

Los seres humanos del mundo entero vivimos en conflicto, en lucha con nosotros mismos, con los demás seres humanos, con la sociedad y el entorno del que formamos parte; y hasta que cada uno de nosotros no se dé cuenta de ello y averigüe si el conflicto puede terminar totalmente, no podrá vivir en paz, ni consigo mismo ni con el mundo. Sólo la mente que está en paz –no la mente dormida, que llama paz a un estado de autohipnosis, sino la mente que vive una paz verdadera– puede descubrir qué es la verdad, qué significa morir y la profundidad e inmensidad del amor.

No sé si se dan cuenta de que en su interior están fragmentados, divididos; esto es un hecho. Uno es un gran empresario y un simple padre de familia, y vive entre los dos opuestos; uno es artista y, a la vez, como ser humano es codicioso, envidioso, ambicioso de poder, posición, prestigio, fama; uno es investigador científico, y es también un vulgar ser humano más bien mezquino. Como seres humanos estamos fragmentados, hechos pedazos; y a menos que veamos y pongamos fin al conflicto entre las diversas dualidades en las que vivimos –entre Dios o el alma y el hombre, entre la inmoralidad y la virtud, entre el amor y el odio–, no seremos capaces de percibir. Sólo una mente que no está atormentada, distorsionada, una mente que ve con claridad y en la que no hay ni el menor rastro de conflicto, es capaz de percibir la verdad y es capaz de vivir.

¿Dónde se halla la raíz de este conflicto diversificado que reina, no sólo dentro de uno, sino también en la sociedad, en la que provocamos las guerras y exigimos paz, en la que existen los puntos de vista del político y los del santo? ¿Está en nuestro medio ambiente, en la educación que hemos recibido, en la cultura en la que vivimos? ¿Es culpa de nuestro medio el que los seres humanos vivamos en una batalla constante –de día, y también de noche mientras dormimos– desde el momento que nacemos hasta el momento de nuestra muerte? Darse cuenta de eso intelectualmente es darse cuenta sólo de ciertas ideas y palabras, y eso no tiene ningún valor; pero si uno de verdad percibe que está fragmentado, dividido, si de verdad siente la contradicción que hay, debe preguntarse por qué viven los seres humanos –ustedes– en esa contradicción. Son ustedes quienes han creado el medio, la sociedad en la que viven, las religiones y los dioses que aceptan en sus vidas. Sus dioses son sus propias proyecciones, o las de sus abuelos; y ustedes forman parte de eso. De modo que son los responsables del conflicto, del entorno, de la sociedad, de todos los disparates de la religión, de las creencias, los dogmas, los rituales, de la absoluta inmadurez que yace en la base de todo ello. Si se dan cuenta, intensa y apasionadamente, de que uno es el mundo, y el mundo es uno, díganme ¿por qué existe en su interior este conflicto?

No sé si se han formulado esta pregunta alguna vez; si es así, ¿cuál es la respuesta? ¿Intentan recordar lo que ha dicho al respecto alguna autoridad? ¿Es eso lo que hacen cuando se les pregunta por qué hay conflicto en ustedes: seres humanos responsables de toda la estructura de la sociedad en la que viven y de la que forman parte? Si alguien responde a esta pregunta, será una mera descripción, una explicación; y la explicación y la descripción no son aquello que se explica o se describe. Por tanto, deben desechar totalmente cualquier autoridad; tienen que averiguar por sí mismos, y no basándose en lo que dicen otros, por qué viven en conflicto. Si intentan averiguarlo siguiendo los pasos de otro, la respuesta que encuentren será válida para esa persona, no para uno mismo.

Vamos a averiguar juntos por qué vive en conflicto el ser humano, y si ese conflicto puede terminar –no en unos aspectos o en otros, sino totalmente–; no hablamos de que uno viva en paz en su casa pero en guerra con su vecino. Y para ave-

riguarlo, necesitamos energía, ¿no es cierto? Se necesita mu-
chísima energía a la hora de averiguar uno mismo la razón
de que la humanidad, cada uno de nosotros, viva en conflicto. Cuando indagan en esta cuestión, ustedes emplean el intelecto como instrumento de análisis, ¿me equivoco?, y con
él esperan encontrar la causa. Pero el intelecto es parcial, es
un fragmento de la totalidad. Quieren averiguar la causa de
una cuestión tan colosal como el conflicto humano haciendo
uso del intelecto porque es el único instrumento de que dis-
ponen. Ahora bien, queda claro que si indagan con el intelecto, la respuesta que encontraran será parcial, ¿verdad?, por
tanto no es el instrumento adecuado. Así que descártenlo y
encuentren un instrumento distinto. Hasta ahora hemos em-
pleado el intelecto como medio analítico para descubrir por
qué sufre el ser humano, por qué lucha, pero el intelecto es un
fragmento del ser total. El ser humano no es sólo intelecto: es
también un organismo nervioso, tiene emociones, una compleja estructura, y, si tomamos una parte y a través de ella intentamos encontrar la causa, nuestra comprensión será siempre parcial, o sea, incompleta.

Para entender que es así, necesitan energía, ¿no es cierto? Y el problema es que también nuestra energía está fragmentada. Cada fragmento que hay en nosotros posee su energía propia: el odio tiene su energía particular, y el intentar
controlar esa energía es, asimismo, energía. Somos nosotros
quienes hemos dividido la energía en fragmentos; sin embargo, la energía humana, la energía cósmica, cualquier tipo
de energía es un movimiento unitario, y es ésa la energía a
la que uno debe acceder con el fin de poder comprender la
estructura y naturaleza del conflicto, y lo que significa poner fin al conflicto. Van a necesitar una energía muy intensa,
y no una energía fragmentada; pues la energía fragmentada
dirá: «Tengo que liberarme del conflicto o, si no, reprimir-

lo». ¿Quién es el "yo" que dice eso? Es una parte de la energía que habla sobre otra parte de la energía; y entre una y otra hay conflicto.

Preguntamos cuál es la razón del conflicto, y uno puede observar fácilmente que se halla en la división entre el observador y lo observado. Existe un observador, y cuando observan el árbol lo hacen siendo ese observador, que observa con todo su conocimiento, con su condicionamiento pasado, que mira el árbol como algo separado de él. ¿Están siguiendo lo que se les dice?

Escuchen nada más; no intenten saber si están o no están de acuerdo. No han profundizado nunca en esta cuestión, de modo que, primero, deben averiguar qué dice al respecto quien les habla; y mientras lo escuchan, obsérvense. Limitarse a escucharlo no sirve de nada; utilicen lo que dice para observarse a sí mismos. Y si lo hacen, verán que siempre están el observador y lo observado, y que el observador les dice lo que deben y no deben hacer, emitiendo juicios basados en sus valores; el observador es el auténtico censor, siempre vigilante, que rechaza, que controla, que se separa a sí mismo de aquello que observa.

Si se observan a sí mismos con atención cuando se sienten furiosos, celosos o actúan con egoísmo –como les sucede a la mayoría de las personas–, se darán cuenta de que el observador dice: «Estoy celoso» o «estoy enfadado»; y el nombrar su reacción, a la que llama celos, o ira, le separa de ella. ¿Comprenden? ¿Pueden mirar el árbol sin nombrarlo, sin la interferencia del pensamiento, que es la respuesta de la memoria? ¿Pueden observarlo simplemente? Cuando miran el árbol a través de la imagen que tienen de él, en realidad no lo están mirando; y, de la misma manera, cuando tienen ustedes una imagen de su esposa, de su marido o de su amigo, no miran al amigo, sino la imagen que tienen, y por tanto hay dua-

lidad. Así pues, esta división entre el observador y lo observado es la esencia misma del conflicto.

Cuando estoy furioso, en el momento de la ira no hay
observador. Sigan esto, por favor; voy a examinarlo paso a
paso. Síganlo observándose a sí mismos, y no las palabras de
quien les habla, ya que entonces están ustedes fuera, no dentro. Observen en sí mismos qué sucede. Cuando están furiosos, en el instante de experimentar la ira u otro sentimiento
cualquiera, no hay observador; es un segundo después cuando el observador entra y dice: «Estaba furioso», separándose
así del sentimiento al que llama "ira". Lo nombra para refor-
zar la memoria, que es el censor, y que añade: «No deberías
enfurecerte; sé amable; no devuelvas el golpe; pon la otra
mejilla». La respuesta de la memoria en forma de pensamiento se convierte en el observador, y surge así la división entre
el observador y lo observado. Cuando éste dice: «Me siento
furioso; celoso; siento envidia», empieza el conflicto, pues el
observador quiere reprimir la envidia, o intensificarla y de-
leitarse en ello. De modo que donde existen el observador y
lo observado, está la raíz del conflicto.

¿Es posible observar la ira sin el observador? Ésta es la
siguiente pregunta. Estamos programados para sumarnos
al conflicto que estalla cuando hay un observador separado
de aquello que observa. Estamos acostumbrados a ello; es
nuestro condicionamiento; es el resultado de nuestra cultura,
pero funcionar por hábito es un derroche de energía. Cuando
respondemos compulsivamente, es decir, cuando el observador responde de inmediato a una emoción o reacción, la
respuesta es siempre vieja; es el viejo cerebro el que responde. Por eso preguntamos si es posible observar sin el observador. Ahora bien, para poner fin a cualquier hábito o costumbre sin ningún conflicto, se necesita energía. Y decimos que
aunque en el momento de la ira no hay un observador, en

cuanto éste entra un segundo después, su respuesta es la respuesta de la costumbre, del hábito, y que esa respuesta constante del viejo cerebro es una pérdida de energía; cuando uno necesita energía total para poder observar sin el observador. ¿Lo están haciendo mientras escuchan? ¿Estamos compartiendo lo que se dice?

Planteemos la cuestión de manera diferente. ¿Qué es nuestra vida? Me refiero a nuestra vida diaria, no a la vida como idea, no a la vida que les gustaría llevar, o la vida que esperan tener en un futuro, sino *lo que es,* de hecho, cada día. ¿Qué es su vida? Una batalla, ¿verdad?, con ocasionales destellos de placer, sexual o derivado de otras formas de sensualidad. Nuestra vida es una batalla constante; ¿puede esa batalla terminar? Porque lo que somos nosotros es lo que hacemos del mundo. Así pues, para poner fin a esa batalla uno debe mirar la dimensión completa de la existencia, no una parte de ella, sino su totalidad; y su totalidad significa el sufrimiento, el dolor físico, las ofensas, los miedos, las esperanzas, ansiedades y ambiciones, los remordimientos, esta existencia competitiva, agresiva, su brutalidad. Es necesario verla por entero, no por partes. Pero estamos acostumbrados a ver partes de ella, no a tomar la extensión entera y mirarla. Tal como somos en este momento, no tenemos capacidad para observar el campo entero de la vida como un todo, porque la hemos dividido en la vida de los negocios, la vida familiar, la vida religiosa… Ya conocen ustedes las innumerables divisiones, y cada una de ellas tiene su propio movimiento de energía, lo cual supone que cada uno de los fragmentos está enfrentado a otro; y estas energías fragmentadas consumen nuestra energía por completo.

Bien, ¿es posible mirar el campo entero de esta compleja existencia, el aspecto económico, el social, el familiar, el personal, el comunitario, todos ellos como un todo, y percibirla en su totalidad? Para percibirla en su totalidad, se necesita una mente que no esté fragmentada. La cuestión, por tanto, es si una mente que está fragmentada puede deshacerse de todos sus fragmentos y tener una percepción que sea total. Está claro que no puedo ver la totalidad de esta compleja existencia a través de un pequeño agujero al que llamo intelecto, puesto que el intelecto es una parte, y no se puede usar la parte para comprender el todo; éste es un hecho simple y lógico. Se necesita una clase de percepción diferente, y esa cualidad de percepción sólo existe cuando el observador está ausente. Cuando sean capaces de mirar el árbol sin la imagen, de mirar a su esposa o a su marido sin ninguna imagen en absoluto, podrán mirar a cualquiera sin imagen alguna.

Las imágenes son la razón del conflicto, y esas imágenes son obra del observador, que es el pasado, que es la tradición, el ser condicionado, el censor. Si ven la verdad, no la secuencia lógica del hecho, no la idea, sino la realidad de que el conflicto existirá mientras el observador exista, empezarán a observar sin el observador, y verán la totalidad de la existencia. Una mente que ve esto cuenta con una energía extraordinaria, porque entonces la energía ya no se disipa.

Disipamos la energía al intentar controlar nuestras vidas. ¿Han hablado alguna vez con alguien que haya hecho voto de castidad o pobreza? Es increíble el tormento que hay en la vida de esa persona, y todo porque tiene la imagen de que la verdad, o lo que quiera que sea ese algo sublime, puede encontrarse solamente si uno es célibe, pues de lo contrario malgasta su energía a través del sexo. Es cierto que uno ha de estar rebosante de energía para descubrir la realidad, pero esa persona vive en lucha constante consigo misma, ya que su imagen de que debe ser célibe crea una división entre él y *lo que es* realmente. Si uno puede observar verdaderamente *lo que es* sin el censor, se produce una transformación de *lo que es*. Se lo mostraré.

Soy violento –al parecer es un factor humano normal, el ser violento–. En el momento de la violencia, no hay observador, pero unos segundos más tarde el observador cobra presencia y juzga esa acción. Tiene una imagen, un ideal, de la no violencia que le impide observar la violencia, y que le lleva a decir: «Seré un poco menos violento cada día, y finalmente alcanzaré un estado libre de violencia ». Por tanto, ¿qué hay implicado en ese hecho tan simple? Es decir, hoy soy violento y un día ya no lo seré. ¿Qué hay implicado en ello? En primer lugar, están el observador y lo observado; en segundo lugar, mientras la persona intenta alcanzar el estado de no violencia, sigue sembrando las semillas de la violencia; y, por último, está el factor del tiempo que transcurrirá antes de erradicar la violencia definitivamente, o sea, el espacio entre la violencia y la no violencia, y en ese espacio intervendrán otros factores que impedirán que esa persona se libere de la violencia. Es algo que uno ve a menudo; aquellos que hablan sin parar de la no violencia son en realidad personas violentas en extremo, pues hacen ver constantemente que un día, al fin, se habrán liberado de la violencia por completo, y entretanto siguen siendo violentas. Así pues, el factor es la violencia; la violencia es *lo que es*. Pero sólo puedo observarlo –es decir, sólo existe esa observación– cuando la mente no persigue el ideal de la no violencia; entonces puede observar realmente *lo que es*.

¿Cómo observan ustedes *lo que es*? ¿Lo observan con su mente condicionada, que dice: «No debo ser violento», con la imagen que tienen acerca de la violencia, o hay en una observación sin la palabra, sin la imagen? Observar sin la imagen requiere una tremenda energía; pero al observar así, uno no derrocha energía intentando reprimir la violencia o transformarla, o persiguiendo el ideal de la no violencia, acciones que son todas ellas un derroche de energía absoluto.

Y ahora, de la misma manera, examinemos el tema de eso a lo que llamamos amor. Es decir, hemos investigado lo que consideramos que es vivir: una aventura mezquina, una batalla; y al investigar hemos visto –no intelectualmente sino como hecho– que es posible vivir libres de conflicto. Ahora vamos a indagar profundamente en esta cuestión de lo que es el amor, así que olviden sus opiniones o las opiniones y conclusiones de otros. ¿Qué es el amor? ¿Qué es realmente? ¿Es placer? ¿Es deseo? ¿Es sexo? ¿Es posesión, celos, dominación, dependencia? ¿Es eso? Si dependo de alguien, estoy apresado en el miedo, ¿comprenden? Si dependo de mi esposa porque me da placer, sexual o de otro tipo, si dependo de ella porque me ofrece consuelo, compañía, esa dependencia engendra temor, engendra celos, odio, antagonismo, afán de poseer, deseo de dominar. ¿Es eso el amor? Háganse a sí mismos la pregunta; investíguenlo; averígüenlo.

Y… ¿es amor el placer asociado con el sexo? ¿Por qué se ha vuelto el sexo tan extraordinariamente importante en la vida? ¿Por qué hemos hecho del sexo, en el mundo moderno y también en el antiguo, un asunto tan colosal? ¿Por qué se ha dicho que no es posible descubrir la realidad, alcanzar la iluminación si uno tiene una vida sexual activa? Averigüémoslo.

En primer lugar deben investigar qué es el placer. Ven un hermoso árbol, una nube delicada, el rostro encantador de un niño, el bello porte de un hombre o de una mujer. Lo ven, y ¿qué sucede? Ven la luz de la Luna reflejada en el agua, centelleante, llena de belleza; la perciben y, entonces, al instante siguiente de esa extraordinaria experiencia, aparece el pensamiento que dice: «¡Qué maravilla!, quiero volver a experimentar esto mañana». Ese pensamiento es la respuesta de la memoria; la experiencia de ver la luz de la Luna reflejada en el agua y de sentir su belleza ha quedado grabada, y el pensamiento decide que quiere repetirla. En el momento de la percepción de la luz sobre el agua, no había nada; no había ni placer ni deseo de que se repitiera al día siguiente; había una percepción absoluta de la belleza. Es después cuando el pensamiento interviene y dice: «Vamos a repetirlo; mañana al atardecer regresaremos nuevamente y volveremos a mirar el agua». Eso es el placer: la repetición de un hecho que el pensamiento ha reducido a placer para darle continuidad e intensificar el disfrute. Es importante que comprendan esto, por favor.

La semana pasada uno tuvo un dolor físico, un terrible dolor de muelas, y teme que pueda repetirse mañana o la semana próxima, lo cual es la acción del pensamiento. El pensamiento sustenta lo mismo el placer que el miedo. Es él quien ha construido toda esa estructura del placer en torno al amor, y por eso todos los edictos y sanciones de la religión organizada establecen que uno debe controlarse y reprimirse, no mirar a una mujer jamás. Eso es lo que sucede. Ésa es la batalla, y en ella uno pierde aún más energía.

Así pues, ¿qué es el amor? ¿Es placer? ¿Es miedo? El miedo es envidia, celos; es violencia. Cuando uno posee a su esposa –"mi esposa"–, ¿no es violencia eso? ¿Es eso amor? Y como antes preguntábamos, ¿por qué hemos convertido el sexo en algo tan extraordinario, que imperiosamente necesitamos o repudiamos? ¿Han pensado en ello alguna vez? ¿Han observado por qué ha adquirido tan extrema importancia en sus propias vidas? Vamos a investigarlo.

¿Se han dado cuenta de lo increíblemente mecánica que es su vida? Es una repetición constante. Durante cuarenta años van al trabajo un día tras otro. Cuando citan de sus libros sagrados, cuando ejecutan sus rituales y se autodenominan hindúes, musulmanes, cristianos o comunistas, no es más que un hábito, un comportamiento mecánico, una rutina, una repetición. Cuando se califican a sí mismos de burócratas, políticos, sociólogos o lo que sea, se identifican con lo que es un puro hábito, con un conocimiento que mecánicamente han incorporado a sus vidas y que ahora pueden repetir hasta la saciedad. ¿No es mecánica su vida? ¿Quieren decir que no habían reparado en ello? ¿Qué les queda, entonces? Su vida, lo que piensan y sus modos de actuar son todos mecánicos, repetitivos. Una sola cosa no es repetitiva –aunque, por supuesto, pueden convertirlo en repetitivo–, y es el sexo; luego, comprensiblemente, se convierte en una vía de escape de la forma mecánica en la que viven. Profundicen en ello.

Y así es como han hecho del amor una práctica mecánica y placentera. ¿Es eso amor? Miren, para averiguar lo que es tienen que rechazar completamente lo que no es; porque, al hacerlo, uno comprende qué es el placer y qué es el miedo. Lo comprende, no es que a partir de ese instante renuncie definitivamente al placer, lo cual es una absoluta simpleza; es como aquel que decide que no debe sentir ningún deseo. Eso es lo que se les ha enseñado a hacer; su tradición les ha contado que el deseo es malo y que deben trascenderlo, y han aceptado que sea así. Escuchen, cuando uno mira un árbol, su sombra, el movimiento de una hoja, mirarlo es puro deleite; ¿qué puede haber de malo en ello? El haber renunciado a la belleza ha hecho sus vidas completamente mecánicas. Nunca miran un árbol; al contrario, los talan. Nunca miran el cielo, las nubes, la belleza de la Tierra, porque en el fondo de sus mentes tienen la idea de que para ser una persona verdaderamente religiosa, jamás deben contemplar nada hermoso, pues podría evocar el recuerdo de una mujer. ¡Es tan vergonzoso, tan pueril! Y a eso lo llaman religión; ésa creen que es la manera en que van a encontrar a Dios. ¡Es tan infantil! Para encontrar a Dios se torturan la mente. Piensen en ello. Para encontrar la realidad necesitan tener una mente libre, no una mente torturada; tiene que haber amor, no un sentimiento plagado de celos y temores. No saben lo que significa amar, no saben nada de su belleza, porque no saben lo que es vivir una vida bella, una vida sin conflicto; conocen sólo lo que es una vida coartada por el compromiso con una cosa u otra, y por tanto llena de separaciones..., como la que han establecido entre el vivir y el morir.

Sitúan la muerte muy lejos de ustedes, pero saben de sobra que va a llegar cualquier día, y por eso inventan teorías como la de la reencarnación. ¿Hay una vida futura? Si de verdad creen en la reencarnación, si realmente creen que su nacimiento en una próxima vida estará en consonancia con lo que hagan en ésta, entonces esta vida importa mucho más que la vida siguiente, y eso significa que lo que hacen *ahora*, el modo en que se comportan *ahora*, es de suma importancia. Pero no creen realmente en la reencarnación; esa palabra no significa nada para ustedes; es una simple teoría que de momento les reconforta, y por eso deciden que debe ser cierta. Si en el fondo de sus corazones creyeran de verdad en ella, sentirían entonces que cada minuto del día importa, que cada acción tiene trascendencia; verían que el momento de la rectitud es *éste*, no su próxima vida, pero tienen innumerables teorías absurdas sobre la muerte, y nunca la han mirado cara a cara.

De modo que vamos a ver si podemos averiguar cuál es la naturaleza de la muerte mientras uno vive, mientras estamos llenos de vitalidad, de energía, no cuando estemos enfermos, inconscientes, con nuestras facultades mermadas, transidos de dolor. Ése no es el momento de averiguar qué es la muerte; el momento es mientras uno es capaz de andar, de mirar, de observar, de darse cuenta del mundo que le rodea y de su mundo interior, cuando ha comprendido lo que es vivir y lo que significa amar, ya sea amar un árbol, a un perro, a una mujer, o el hermoso cielo vespertino.

Así pues, ¿qué es la muerte? Mucha gente ya mayor se plantea esta pregunta porque ve que su hora se acerca, y tiene miedo a morir. La respuesta que dan las antiguas generaciones no es más que una teoría sobre la muerte; no tienen otra cosa que ofrecer, ni basándose en su tradición ni en su realidad. ¿Qué les han dado en el aspecto cultural, social y económico? ¿Qué les han ofrecido? Únicamente una estructura social corrupta, en la que reina la injusticia, una estructura que engendra el nacionalismo y las guerras; una moral que cualquier joven inteligente, sensible y despierto rechaza, comprensiblemente, de plano. La vieja generación, tan temerosa de la muerte, no tiene nada que ofrecerles, salvo un montón de palabras y su miedo. Luego no acepten nada que otro les diga sobre la muerte; averigüemos juntos su significado.

¿Qué significa morir? No cuando uno es anciano, cuando está deteriorado y enfermo o sufre un accidente, sino ahora que estamos aquí sentados, conscientes, capaces de escuchar y de darnos cuenta con una mente seria de verdad. Con esa seriedad con la que indagamos qué es el amor y qué es vivir, ahora preguntamos qué es la muerte. No tenemos miedo, porque no sabemos lo que significa morir. Sabemos únicamente lo que significa poner fin a algo; lo que significa morir, no. Sabemos lo que es poner fin a lo que uno sabe, al conocimiento que ha acumulado, a las ofensas que ha recibido, a sus esperanzas, a su familia, a su esposa, a sus hijos (a quienes creen que aman, aunque en realidad no es así, pues si de verdad amaran ustedes a sus hijos el mundo sería un lugar muy diferente).

Y bien, ¿qué significa morir? No el fin de lo conocido, que tanto tememos. Porque eso es lo que nos da miedo: el fin de lo que conocemos, no la muerte, de la que no sabe-

mos nada. Lo que realmente temen es que termine definitivamente lo que conocen. Y ¿qué es lo que conocen? Por favor, juntos analicemos esto un poco más. Lo conocido son
sus recuerdos, su repertorio de preocupaciones, sus muebles, su casa, las angustias y ofensas acumuladas, sus conflictos y su sufrimiento; a eso se aferran, y claman: «¡Por favor, no quiero morir!». ¿No es eso lo que les da miedo? Les
da miedo desprenderse de todo lo que conocen, no la muerte.
Escuchen, si se desprenden de lo conocido, si se sueltan de la
experiencia vivida en un momento concreto, de los placeres,
de los recuerdos almacenados, de los reproches y la ansiedad,
si mueren a ellos por completo de tal modo que su mente sea
una mente inmaculada, nueva, sabrán lo que significa morir.
Si en lugar de arrastrar consigo todos los recuerdos, las experiencias, desagradables o placenteras, ponen fin cada día a
cualquier clase de acumulación, sabrán lo que significa morir de forma tan absoluta que, al día siguiente, sus mentes serán jóvenes, inocentes, se habrán renovado y estarán llenas
de energía. Sin esto, sin amor, sin comprender la belleza de
morir así, ya pueden hacer ustedes lo que quieran; jamás se
acercarán a aquello que es innombrable.

10. ¿QUÉ SIGNIFICA UNA MENTE SILENCIOSA?

Al igual que hemos hablado de tantas otras cuestiones, como el miedo, el placer y la terminación del sufrimiento, creo que deberíamos conversar ahora sobre la meditación. Por supuesto, es una palabra cargada de connotaciones, sobre todo en Oriente, donde existen toda clase de ideas acerca de qué es la meditación y qué sistemas, métodos, prácticas y disciplinas se han de seguir. Creo que deberíamos examinar su significado, puesto que forma parte de la vida. Como la muerte, el amor y el sentido de la belleza, la meditación no es una cuestión parcial, sino que tal vez cubre la dimensión entera de la vida.

No sé muy bien por dónde empezar a hablar, porque es algo muy complejo; quizá diciendo que, a mi entender, deberíamos cambiar total y radicalmente nuestra manera de vivir, no sólo en nuestras relaciones, actitudes y actividades externas, sino también, y lo que es aún más importante, en nuestro mundo interior. Y el cambio que se necesita debe ser en verdad tan extraordinario que nuestras mentes, la estructura misma de quienes somos, deben ser diferentes por completo. La humanidad ha buscado durante siglos y siglos una forma de vida que no sea mundana; y de ese modo nos hemos escapado de la vida. Hemos renunciado a vivir, y hemos creado nuestra propia idea de lo que es una vida religiosa. Pero si queremos investigar sobre la meditación y lo que es una vida religiosa, lo que una mente religiosa significa, debemos dar la espalda a todo lo que se nos ha enseñado, o a todo lo que los seres humanos han pensado que es una vida religiosa o que es la meditación. Tenemos que renunciar a todo eso, rechazarlo por completo; y les mostraré por qué.

La razón es una facultad excelente; la capacidad de razonar con lógica, con sentido, con cordura y objetividad es esencial: en lugar de dejarse llevar por la emoción, mejor utilizar con claridad la capacidad del intelecto. Pero el intelecto es una parte, no es la totalidad del ser humano; y debemos ser capaces de observar con nitidez, de razonar de modo objetivo, eficiente, cuerdo, y no neuróticamente, y darnos cuenta de que el intelecto es sólo una parte y no tiene ninguna posibilidad de resolver nuestros problemas. Y uno pregunta, si es que uno es mínimamente serio y espero que ustedes lo sean, cómo provocar un cambio en nosotros y, por consiguiente, en el mundo, puesto que el mundo es lo que nosotros somos. Nosotros somos el mundo y el mundo es nosotros, porque estamos condicionados por la cultura en la que se nos ha educado, y esa cultura la ha creado, la ha elaborado, el ser humano, cada uno de nosotros; luego no hay ninguna diferencia entre uno y el mundo que le rodea. Uno es el mundo, y el mundo es lo que uno es; y si son verdaderamente serios y ven en lo más profundo de su ser la necesidad de un cambio, deben preguntarse si es posible que la estructura del cerebro, la mente, experimente un cambio total. Bien, eso es lo que vamos a averiguar, y ése es el principio de la meditación; no aprender a sentarse erguidos, respirar profundamente, ni hacer toda clase de piruetas esperando alcanzar de ese modo algún tipo de maravillosa iluminación.

Así es que empezaremos por ver lo que no es meditación, y a través de la negación llegaremos a la afirmación. Ahora bien, deben negar, no sólo verbal o intelectual y teóricamente, sino negar de verdad todo lo que cualquiera –sin importar de quién se trate– haya dicho sobre la meditación. Uno tiene que averiguarlo por sí mismo, ya que la verdad es algo que no se puede conseguir a través de otra persona; no es algo de carácter fijo, algo sobre lo que se pueda ir aumentando poco a poco la información a fin de dar con ello. Por favor, dense cuenta de esto: de que si son realmente serios, deben rechazar toda clase de propaganda, pues la religión organizada no es nada más que eso. Les han dicho lo que deben hacer, lo que deben pensar, a lo largo de cinco mil años o durante doscientos; de modo que, si son serios, han de dejar todo eso a un lado y descubrir por sí mismos lo que es la verdad; si es que tal cosa existe.

Lo importante es que se comprendan a sí mismos, no lo que otros dicen. Si aceptan lo que los psicólogos, los psicoanalistas, los maestros y los libros religiosos dicen, no se descubrirán a sí mismos; descubrirán lo que otros aseguran. ¿Entienden esto con claridad? Si se basan en lo que dice un psicólogo, un filósofo o una persona intelectual y analítica, o uno de los maestros de la antigüedad, no hacen sino aceptar lo que otro les dice acerca de ustedes. Deben negar la validez de todo eso para poder averiguar lo que son. Y la meditación forma parte de eso; porque, sin conocerse a sí mismos, no sólo superficialmente sino hasta las profundidades mismas de su ser, no tienen ninguna clase de cimientos sobre los que poder construir –sobre los que la mente pueda construir– una casa sólida, una casa en orden. De modo que es algo absolutamente necesario si de verdad quieren emprender este extraordinario viaje. Vamos a viajar juntos y a adentrarnos en este asunto tan complejo que es comprenderse a uno mismo. Les ruego que vean la importancia de esa comprensión, y que nadie puede enseñarles sobre sí mismos excepto ustedes. Tienen que ser su propio *gurú*, el discípulo, el maestro, y aprender de sí mismos. Lo que aprenden de otros no es verdad; han de averiguar por sí mismos lo que son, y aprender a observarse.

Como ya saben, una de las tareas más difíciles que existen es hablar sobre esto. Es como emprender un viaje juntos. Para caminar junto a otra persona, ha de haber amistad, se ha de disfrutar de verdad del hecho de caminar juntos, ha de haber amor; y eso es algo muy difícil. Aprender sobre uno mismo no consiste en acumular conocimientos sobre uno mismo; para aprender sobre lo que soy tengo que observarme. Si aprendo sobre mí mismo a base de acumular conocimientos, en realidad no aprendo nada.

Hay dos formas de aprender. Está el aprender cuyo fin es acumular información y posteriormente aprender a través de ella, lo cual significa observarlo todo a través del filtro del pasado. Es decir, mi forma de aprender es observándome a mí mismo, teniendo experiencias y acumulando conocimiento sobre esas experiencias, y observándome luego a través de ellas; o sea, por medio del pasado, porque el conocimiento no es sino eso. Ésta es una forma de observarse a uno mismo. La otra es observar la actividad del pensamiento entero, estar atento a él, a todos sus motivos, y nunca acumular; por tanto aprender es un movimiento constante. Vamos a examinarlo paso a paso.

En el pasado, al verme actuar con violencia la he condenado o justificado, y he llegado a la conclusión de que no debo ser violento; puede decirse que he aprendido de ello. Y así, cuando en un momento dado me veo que vuelvo a actuar con violencia respondo de acuerdo con el conocimiento de lo que he aprendido; no observo con mirada limpia; miro esa nueva experiencia de mi comportamiento violento con ojos viejos, con un conocimiento anterior y, por tanto, no aprendo. Aprender significa estar constantemente en movimiento; no un movimiento que llega del pasado, sino movimiento a cada instante, de modo que no haya acumulación alguna.

Somos el resultado de miles de acumulaciones y seguimos acumulando. Ahora bien, si uno quiere comprender esa acumulación, tiene que aprender de ella y acumularla, de modo que haya una observación que sea un aprender constante sin acumular. La acumulación es el centro, es el "yo", el ego; y para aprender sobre él, uno debe estar libre de toda acumulación, no puede seguir acumulando en otros aspectos con propósitos diferentes.

El aprender sobre uno mismo debe ser fruto de una observación en la que no haya justificación ni censura; debe ser fruto de observar simplemente: el modo en que uno camina, en que uno habla, las palabras que emplea, sus motivaciones, intenciones y propósitos, dándose cuenta de ellos sin ninguna preferencia, sin elección. Darse cuenta no es acumular; es aprender, es estar alerta a cada momento. Si uno se da cuenta de que no lo está, no debe preocuparse, sino comenzar otra vez, para que su mente sea siempre una mente nueva. Entonces, aprender sobre uno mismo no es algo que ocurre sólo en el nivel consciente, superficial, sino también en los niveles más profundos, ocultos, en el llamado nivel subconsciente.

¿Cómo van a aprender sobre algo que está profundamente enraizado, oculto, invisible a simple vista? Nuestra conciencia es tanto superficial como oculta, y tenemos que aprender cuál es el contenido de toda esa conciencia, ya que es su contenido lo que la constituye; una y otra parte no están separadas. El contenido completo es la conciencia, y, para comprenderlo, es necesaria una observación sin el observador. Como saben, lo más fascinante que hay en esta existencia es aprender a observar la vida con mirada nueva.

Para observar lo oculto, uno necesita mirar con ojos que no estén condicionados por su pasado, como hindú, como cristiano, como lo que sea; uno ha de mirarse a sí mismo como si fuera por primera vez, y mirarse así, por primera vez, cada vez que se mire, sin jamás acumular nada. Si son capaces de observarse mientras actúan: en la oficina, con su familia, con sus hijos, cuando les asalta el deseo sexual, la codicia o la ambición, si son capaces de observar, entonces, sin condenar sus acciones, sin justificarlas, de observarlas sencillamente, verán que en esa observación no hay conflicto de ninguna clase. Una mente angustiada, distorsionada, nunca podrá descubrir lo que es la verdad; y así están, por lo general, nuestras mentes: distorsionadas, torturadas, empequeñecidas por el control, la disciplina y el miedo.

Existe, además, otro factor. Aunque no he leído sus libros ni otros por el estilo, algunos psicólogos y profesionales de la mente me han hablado de temas de su especialidad. Me han comentado que soñar es necesario, que si no soñáramos nos volveríamos locos; que mientras dormimos, inevitablemente ha de haber sueños. Cada noche, cuando estamos dormidos la actividad de los sueños se pone en marcha, y lo que ellos dicen es que esa actividad es esencial para la cordura humana. Vamos a cuestionar esto, vamos a averiguar si soñar es absolutamente imprescindible; y, para ello, vamos a dejar a un lado lo que dicen los profesionales y vamos a averiguarlo por nosotros mismos. De modo que debemos empezar por preguntarnos qué son los sueños; ¿no son una continuación de la actividad de nuestra vida diaria, sólo que en forma simbólica? Por favor, no es cuestión de que estén o no de acuerdo; estamos investigando juntos, viajando juntos, así es que no hay cabida para estar de acuerdo o no. Ambos estamos observando y preguntamos si es necesario soñar. ¿Acaso no son los sueños el movimiento de la vida cotidiana, de las observaciones y de las discusiones diarias, ya saben, de las desgracias, de la violencia, de la amargura, de la ira, un movimiento de todo ello que continúa mientras dormimos, con la única diferencia de que adopta una forma simbólica o ritual? Averígüenlo.

Si observan, verán también que el cerebro necesita orden, que sin orden no puede funcionar racionalmente. ¿Han advertido que antes de quedarse dormidos hacen un repaso del día y se dicen a sí mismos: «Debería haber expresado eso de otra manera; debería haber actuado de modo diferente en ese momento; no debería haber dicho aquello; ¡ojalá no hubiera sucedido!; tendré que intentar enmendarlo mañana». ¿Se han dado cuenta de eso? ¿Por qué lo hacen? La respuesta es que si no lo hacen de forma consciente, mientras estén dormidos la mente empleará su energía en poner orden en su interior. Es necesario que haya orden en la vida diaria, no sólo mientras estamos dormidos; el cerebro nos exige que llevemos una vida ordenada, sana, pues de lo contrario su funcionamiento no puede ser eficaz. El cerebro sólo puede funcionar con excelencia cuando se siente seguro, cuando está en orden. Y el orden es virtud. Si uno no es virtuoso, si su mundo interior está alborotado, ¿cómo puede funcionar ese cerebro? ¿No han advertido todo esto? Si llevan una vida desordenada, contradictoria, una vida estúpida, superficial, como hace la mayoría, pueden tener un orden también superficial; pero ese orden superficial se convertirá en desorden cuando entren en relación con otros seres humanos. De manera que el orden es necesario.

Mientras el cuerpo está dormido, el cerebro pone orden en su interior, porque al día siguiente tendrá que volver a enfrentarse al desorden; y como debe poner orden a partir del desorden, necesita cierta capacidad y la consigue por medio de los sueños. Ahora bien, si durante las horas de vigilia uno pone orden a medida que vive, el cerebro puede entonces indagar mientras el cuerpo físico duerme, y llevar así una vida totalmente distinta.

Esto forma parte de la meditación. Una mente desordenada, que dice una cosa, piensa otra y actúa de manera diferente, no puede en modo alguno comprender lo que es la meditación. Tiene que haber orden. Y ¿cómo puede la mente, el cerebro, establecer el orden durante el día? Decíamos que el orden es virtud; la moral social no lo es; la moral social es inmoral. No estamos hablando del orden social, de la moral social; hablamos de una virtud que en sí misma es orden. El orden no es un prototipo establecido por la *Gita*, la Biblia o un maestro. El orden es algo vivo; no hay prototipos del orden. Si uno vive de acuerdo con un patrón de conducta, hay desorden, debido a la separación entre lo que uno es y lo que debería ser; hay contradicción y, por tanto, conflicto. El conflicto es síntoma de desorden.

Así es que sólo podrán averiguar qué es el orden cuando observen el desorden y aprendan acerca de él; y de la comprensión del desorden, emana el orden. Nuestra vida diaria, la forma en que vivimos, es desordenada, ¿no les parece? Si son sinceros consigo mismos, ¿dirían que su vida es ordenada, equilibrada, sensata, armoniosa? Es obvio que no. Si lo fuera, no estarían aquí sentados; serían individuos libres, seres humanos maravillosos, dedicados a establecer una sociedad nueva. Pero somos seres humanos desordenados, contradictorios. Obsérvenlo sin rechazarlo ni justificarlo; simplemente observen lo desordenados, lo contradictorios, temerosos y envidiosos que son, cómo viven ambicionando posición y prestigio, intimidados por su cónyuge, esclavos de lo que puedan pensar sus vecinos, sumidos constantemente en conflictos y luchas. Obsérvenlo sin justificarlo ni condenarlo; aprendan sobre el desorden, y verán que de ello nace un orden delicioso y espontáneo, activo, vivo, rebosante de vigor. Y lo verán porque, durante el día, han puesto orden absoluto en sus vidas; un orden matemático, preciso.

Para comprender esto deben comprender el miedo y el placer, temas que ya examinamos brevemente el otro día. Todas las actividades egotistas, la vanidad, la angustia, la desesperación son desorden; y si uno se da cuenta sin elección de ningún tipo, verá que cuando duerme su mente no sueña. Por tanto, esa mente, ese cerebro, se renueva mientras el cuerpo duerme, y al llegar la mañana, descubrirán que tiene una capacidad extraordinaria. Eso forma parte de conocerse a uno mismo.

Pero uno ha de dedicarle su tiempo; ha de amarlo, ¿entienden? Deben poner su vida entera en esto, porque es su vida; deben entregar su vida a comprender su vida. Porque uno es el mundo, y si uno cambia, cambia el mundo. Esto no es tan sólo una idea. Para comprenderse a sí mismos han de tener ardor, han de tener pasión. Y la meditación libera una energía inmensa. Vamos a profundizar un poco más en ello.

Como saben, para cambiar el medio se necesita un sistema, un método eficaz. Si quieren cambiar el entorno, tienen que planear lo que se va a hacer; y lo mismo puede decirse si quieren construir una casa. Pero cuando uno establece un sistema, ¿qué sucede? ¿Qué ocurre en el exterior? Debe haber una serie de personas que sean capaces de llevar a la práctica ese sistema. Y ¿qué les sucede entonces a esas personas que lo dirigen? Pues sucede que acaban siendo mucho más importantes que el sistema y que la necesidad de cambiar el entorno. ¿Se han dado cuenta de esto? Ellos son los jefes, son las personas que utilizan el sistema con el fin de lograr importancia personal; ¿no han visto que eso es lo que hacen los políticos del mundo entero? Para hacer realidad un cambio del medio, se necesita un grupo eficiente de personas que lleven a la práctica un sistema; pero esas personas eficientes son seres humanos, y en ellos hay ira, celos, envidia, ambición de poder, por lo que utilizan el sistema y se olvidan del medio.

Y nosotros queremos un sistema para meditar. Vean la relación entre ambos casos. Creemos que nuestra meditación, nuestra indagación y nuestro pensamiento serán eficaces si contamos con un sistema. Pero ¿qué implica un sistema? Por favor, tengan presente en todo momento la diferencia entre ambos. Si quieren cambiar el entorno físico, ha de haber un grupo de gente que sepa poner en práctica el sistema; un grupo de personas desinteresadas, que no actúen por egoísmo, que no se llenen los bolsillos, ni metafórica ni físicamente, pues de esa manera la prioridad serán los seres humanos y no el sistema. Ahora bien, uno podría pensar que lo mismo debería ser aplicable a la transformación de lo que somos: que sólo mediante un sistema podemos aprender lo que es la meditación, porque aparentemente eso garantiza una eficacia. Pero ¿es esto cierto? Escuchen, cada pequeño *gurú* –chiflados todos ellos– de la India y de otras partes del mundo cuentan con un sistema de meditación: reúnanse, mediten juntos, hagan esto, no hagan aquello…, toda esa cantinela en nombre de la meditación. Un sistema supone repetición, práctica, seguir un método; y si uno sigue un método, un sistema, una práctica, lo que hace se convierte en una rutina. Entonces, cuando la mente se vuelve mecánica, aparece el conflicto, y uno escapa de él a través del sexo o de otra clase de actividad. Así pues, eviten a toda costa cualquier sistema de meditación, porque una mente mecánica nunca podrá saber lo que es la verdad. La mente mecánica puede llegar a ser muy disciplinada, ordenada, metódica, pero ese orden metódico está en contradicción con el orden del que hablábamos antes; en él hay una contradicción entre lo que uno es y lo que debería ser, entre el ideal de perfección y todo lo demás. Y donde hay contradicción hay distorsión, cuyo resultado es una mente torturada, y esa mente no encontrará nada jamás. Luego no pertenezcan a ningún sistema; no sigan a ningún *gurú*.

Vino a verme una vez un *gurú* muy famoso. Fue un incidente bastante divertido. Algunos de nosotros estábamos sentados sobre una pequeña colchoneta igual que ésta que ven y, por cortesía, nos levantamos y pedimos a aquel hombre tan importante que se sentara en ella. Lo hizo. Llevaba un bastón; lo colocó delante de él, se sentó en una postura muy digna, y se convirtió en el *gurú*, por el hecho de estar sentado sobre aquel pequeño colchón. Ya ven, como un gesto de cortesía le habíamos ofrecido que se sentara allí y, al sentirse elevado centímetro y medio del suelo, empezó a aleccionarnos sobre lo que debíamos hacer. ¡La vanidad!; el deseo de poder, de posición y de tener seguidores. ¿Cómo una persona así puede encontrar la verdad? Alguien así encontrará lo que busca, que es su propia gratificación. De modo que no hay ningún sistema. Si comprenden esto, la mente se llena de vida, y de agudeza para averiguar.

Y ¿qué es lo que van a averiguar? La mayoría se siente ansiosa por experimentar algo que esté más allá de las experiencias cotidianas; queremos experimentar un estado trascendental, tener una experiencia iluminadora. La palabra *experiencia* significa "pasar por". Esa necesidad suya de vivir experiencias más significativas es indicio de que les aburre vivir. Todos aquellos que consumen drogas creen que a través de ellas vivirán experiencias extraordinarias. Y eso hacen: se embarcan en un "viaje" de experiencias, de experiencias que son una mera expresión de su condicionamiento. Las drogas les dan cierta vitalidad, cierta claridad, pero eso no guarda relación alguna con la iluminación; es totalmente imposible descubrir lo real a través de las drogas.

Así pues, ¿qué buscamos? ¿Qué es lo que quiere el ser humano? Se da cuenta de que su vida es aburrimiento, rutina, un campo de batalla, lucha y esfuerzo constantes, sin un solo instante de paz, salvo quizá ocasionalmente durante una ex-

periencia sexual o de otro tipo, y se dice: «Todo es tan efíme-
ro; es tan cambiante la vida; tiene que haber algo extraordinario, algo que sea permanente». Ansía esa permanencia, algo
que esté más allá de la mera rutina, de la experiencia física
cotidiana; y a eso le llama Dios. De modo que cree en Dios,
y todas las imágenes y rituales están basados en esa creencia.
La creencia es fruto del miedo. Si no hay miedo, uno puede
ver la hoja, el árbol, el cielo espléndido, la luz, los pájaros,
la expresión de un rostro; y hay belleza. Cuando hay belleza
hay bondad; y cuando hay bondad, la verdad se revela.

Por eso es tan importante que comprendamos nuestro vivir diario. Uno debe comprender por qué se ha vuelto su vida
tan mecánica, por qué sigue a otros, por qué es tan infantil
y vive creyendo o no creyendo, forcejeando, actuando con
violencia. Tiene que comprenderlo, porque ustedes saben
perfectamente que eso es lo que ocurre a diario en nuestras
vidas, y que ésa es la razón de que queramos escapar y anhe-
lemos una experiencia más vasta, más profunda. Por eso acu-
dimos a los libros, *gurús* y maestros que nos prometen la iluminación, ese algo extraordinario; pues eso es precisamente
lo que nos ofrecen los sistemas: «Haz esto y aquello y llega-
rás a lo que buscas; sigue este camino y alcanzarás la meta»,
como si la verdad fuera una estación inamovible, a la que todos los caminos conducen. Esa ridícula idea de que hay una
estación en la que los innumerables caminos desembocan,
significa que no importa cuál tome uno, porque todos conducen al mismo sitio, y por tanto, ¡seamos tolerantes con todos
los caminos! Escuchen, no hay camino ni sendero ni verdad
inamovible. No hay ningún sendero, ¿entienden?; por eso deben tener una mente muy despierta, viva, que investigue, que
aprenda.

Luego está todo el tema de la concentración. No sé quién
les ha dicho que deben concentrarse, aprender a controlar el

pensamiento, que deben reprimir sus deseos y no mirar a una mujer, o a un hombre, jamás. No sé por qué prestan atención a nada de eso. ¿Se han concentrado alguna vez? Es decir, ¿han enfocado su intención en algo, como hace un colegial cuando quiere mirar por la ventana y contemplar el movimiento de un árbol, de un pájaro o de alguien que pasa y el profesor le dice que deje de hacerlo y se centre en el libro? Eso es la concentración: enfocar la intención y levantar un muro alrededor de uno para que nadie le moleste; de modo que se convierte en exclusión, en resistencia. ¿Se dan cuenta de eso? En esa concentración uno libra una batalla: uno quiere concentrarse, pero su mente se escapa; el pensamiento se va en pos de una cosa u otra, y surge el conflicto. Mientras que si uno estuviese atento, no en el momento dado en que decide estar atento, sino completamente atento a lo largo del día, aunque sólo fuera durante unos minutos cada vez, poniendo en esa atención la mente, el cuerpo, el corazón, los ojos, los oídos, el cerebro, el ser entero, vería que esa atención no tiene límites, que no hay resistencia en ella. En ese estado de atención, no hay contradicción alguna.

Ahora bien, no se puede aprender a estar atento por medio de un método, de un sistema, de ciertas prácticas, sino solamente prestando atención, olvidándolo a continuación y comenzando de nuevo; retomando la atención cada vez, para que sea una atención nueva y total. Entonces verán cuándo no están atentos. Y si al ver la inatención surge el conflicto, obsérvenlo, dense cuenta de él, préstenle toda su atención, a fin de que la mente cobre extraordinaria vitalidad, en lugar de ser una mente mecánica. Eso forma parte de la meditación.

Además, les han dicho que deben tener una mente tranquila, silenciosa, ¿no es cierto? Incluso quien les habla se lo ha dicho. Olviden lo que les ha dicho quien les habla, pero vean por sí mismos por qué es necesario que su mente esté quieta, que esté en silencio. Véanlo; no basándose en lo que alguien haya dicho, incluido quien les habla. Si quieren ver cualquier cosa con claridad, la mente no puede estar parloteando. Si quiero escuchar lo que usted dice, ha de haber silencio en la mente, ¿no es así? Si quiero comprenderle, comprender de qué está hablando y por qué dice algo, debo escucharle; y es obvio que, si mientras le escucho estoy pensando en otra cosa, no puedo escuchar. ¿Entienden a qué me refiero? De manera que, para escuchar, para observar, la mente debe estar en paz, en silencio. Es así de simple.

Entonces se preguntarán cómo puede esa mente que parlotea todo el tiempo acerca de una cosa u otra estar en silencio. Si intentan detener el parloteo, aparece el conflicto, ¿se dan cuenta? La mente está habituada a parlotear, a hablar sin descanso consigo misma, o con otro, empleando palabras y palabras sin fin. Ahora bien, tratar de detenerla mediante un acto de la voluntad es una contradicción, ¿comprenden? Si uno está parloteando y se dice: «Debo parar», entra una vez más en lucha consigo mismo. Luego lo que han de descubrir ustedes es por qué parlotea la mente. Investíguenlo, y compréndanlo. ¿Importa mucho si parlotea? ¿Por qué lo hace? Parlotea porque necesita estar ocupada con algo. Constantemente escuchamos que es necesario estar comprometido con algo, con alguna actividad; que uno debe estar entregado a algo de lleno. Y eso es lo que hace la mente: se entrega de lleno al parloteo. ¿Por qué? Pues porque necesita algo que la tenga ocupada. Y ¿por qué exige estar ocupada? Obsérvenlo en sí mismos; formúlense la pregunta; averígüenlo. ¿Qué ocurriría si no parloteara, si no estuviera ocupada? ¿Se han planteado esta pregunta? ¿Qué sucedería entonces? Se encontraría cara a cara con su vacío, ¿no es así? Cuando uno de repente detiene un hábito, se siente perdido; se encuentra de pronto ante un vacío que es su miedo a la soledad, e intenta escapar de ella, de ese miedo, de ese vacío, mediante el parloteo, o estando ocupado. Si llegan hasta el fondo de ese sentimiento de soledad, si de verdad observan la soledad, en lugar de intentar reprimir o rehuir el miedo que provoca en ustedes, verán que al encontrarse cara a cara con ese vacío, la mente se queda sola por completo. Esa mente sola, que está en silencio, es entonces una mente capaz de observar; mientras que condenar el parloteo y forzarse a uno mismo a estar en silencio desata el conflicto, y de él nacen toda clase de barbaridades.

No sé si ven la diferencia entre la angustia de sentirse solo y la soledad. El sentirse solo es aislamiento, aislamiento total, que es lo que viven a diario; mientras realizan sus actividades cotidianas, se aíslan. Tal vez estén casados y, si lo están, tal vez duerman con su esposa, con su marido, o con quienquiera que duerman, pero ¿qué significa eso en realidad? Tienen sus propias ambiciones, su propia codicia, sus propios problemas, y su esposa o su marido tienen los suyos propios, luego lo que intentan establecer cuando están juntos es una relación entre sus problemas respectivos; y esa actividad egocéntrica es aislamiento, del que nace el espantoso, el aterrador sentimiento de soledad. Cuando uno comprende esto, y sólo entonces, sobreviene la soledad verdadera, que es la negación de toda autoridad (autoridad espiritual, no legal. Si uno se niega a pagar sus impuestos acabará en la cárcel).

Desgraciadamente, uno tiene que obedecer las leyes. Para cambiar las leyes que han ideado, lógicamente deben cambiarse a sí mismos. Lanzando bombas o haciendo estallar revoluciones, no van a cambiar la mente humana; esa clase de revolución está abocada a ser semilla de una dictadura burocrática o de la dictadura de una minoría. A lo que aquí nos referimos es a la autoridad de otra persona o a la autoridad del conocimiento acumulado por uno mismo en forma de experiencia, que es el pasado. Cuando uno desecha por completo en sí mismo toda clase de autoridad, cuando ha dejado atrás cualquier sistema que hubiera seguido hasta entonces y ha comprendido el miedo y el placer, entonces uno comprende lo que es el orden. Comprender el miedo y el placer es fuente de dicha; y la dicha nada tiene que ver con el placer; es uno el que, tras vivir un momento de dicha inmensa, la reduce a placer al pensar insistentemente en ella.

Es a sí mismos a quienes tienen que comprender –que es comprender todo esto–, no al "Yo superior". No existe tal cosa. El "Yo superior" forma parte de uno, sólo que el pensamiento lo pone un poco más alto. El *atman* sigue siendo un pensamiento, sólo que sentado sobre una colchoneta, como aquel *gurú*. Y creen que eso va a guiar sus vidas –¡qué sandez!–, eso que no es sino una causa más de conflicto: entre lo bajo y lo alto, y todas esas chiquilladas.

La comprensión del orden llega con la comprensión del desorden que hay en la vida de uno. El orden no es un plan de acción; la virtud es algo vivo, como la humildad; no puede cultivarse. Cuando uno ha hecho todo esto, la mente adquiere una extraordinaria claridad, pues ya no está confundida. Esa mente está sola, ya que el resto de las mentes viven sumidas en la confusión y el dolor. Y de su soledad nace una cualidad de silencio que no es resultado de la práctica y que no es lo opuesto del ruido: un silencio que no tiene causa y, por consiguiente, ni principio ni fin. En esa mente hay orden absoluto; por eso está sola. Es una mente inocente, que no puede ser herida jamás.

De todo esto emana un silencio maravilloso; y lo que ocurre en ese silencio no puede describirse con palabras. No hay palabras. Si uno describe lo que en él ocurre, esas palabras no son la realidad; lo que se describe, la descripción nunca es lo descrito. La verdad –esa bendición, ese extraordinario silencio y la dinámica de ese silencio– no tiene palabras.

Y si uno ha llegado a este punto, está iluminado. No busca nada, no desea ninguna experiencia. Entonces es luz; y ése es el comienzo y el fin de la meditación.

11. ¿CÓMO SE MIRA A SÍ MISMO Y CÓMO MIRA EL MUNDO?

Creo que uno debería mirar a fondo no sólo hacia el exterior, no sólo aquello que sucede en el mundo, sino también, y con mayor rigor, lo que sucede dentro de sí. Y para poder ver con claridad, sin distorsión alguna, es necesaria una cualidad de percepción, una cualidad de la mente, que vea sin oponer resistencia, sin prejuicios, sin estar sujeta a ningún método; es necesario poder tan sólo observar. Pues percibir *lo que es*, no como teoría sino percibirlo de hecho, nos revelará qué es la verdad, y serán innecesarias entonces todas las ideas especulativas acerca de ella. No vamos a aceptar ni a rechazar lo que otros dicen que es la verdad; vamos a ver por nosotros mismos con claridad lo que es.

Es muy importante, así pues, que comprendamos el significado de la palabra *percepción*. Vamos a indagar acerca del complejo problema del vivir –no sólo en sentido externo, sino también del vivir interior–, y uno debe de ser capaz de mirar exactamente qué es lo que está sucediendo. Percibir *lo que es* constituye la base de la verdad, y es imposible que uno perciba o vea si es intolerante, estrecho de miras, si está atemorizado, o si pertenece a cualquier secta, grupo o comunidad. De modo que vamos a observar juntos y averiguar, no sólo cómo provocar una revolución radical dentro de nosotros, y por consiguiente en la sociedad, sino también si es posible vivir sin ningún conflicto. Para comprender esto, para comprender nuestra angustia, nuestra confusión, nuestras múltiples formas de pensar y actuar, todas tan contradictorias, tenemos que mirar exactamente lo que sucede; no interpretarlo, no escapar de ello, ni traducirlo de acuerdo con nuestros gustos y antipatías particulares, sino observarlo. Y eso es lo que resultará difícil: ver exactamente qué está sucediendo.

Aunque quien les habla describirá y explicará cosas, ya saben que ni la descripción es realmente lo que se describe, ni la explicación lo que se explica; que las palabras no son el hecho real; que la palabra *árbol* no es el árbol, y que, por tanto, tenemos que ir más allá de la palabra, pese a que, por supuesto, necesitemos emplear palabras para comunicarnos, para transmitir algo a quien nos escucha. Comunicarse significa conversar sobre un problema común, compartirlo y comprenderlo a fin de averiguar si puede resolverse. La comunicación implica, pues, compartir, compartir todos nuestros problemas y comprenderlos juntos, lo cual quiere decir que en ello no hay ninguna autoridad. Cuando uno comunica algo, existe un sentido de afecto, de cuidado, y de responsabilidad también. Es su responsabilidad que el compartir sea real, que no se quede en meras palabras, en un discurso intelectual; es responsabilidad de ustedes participar real y profundamente en la resolución de nuestros problemas. Para comunicarse no basta con que estén ahí sentados escuchando a quien les habla, reteniendo algunas palabras e ideas para ver si están o no de acuerdo con ellas y sacar alguna conclusión. En lo que vamos a tratar aquí durante estas reuniones, no tiene cabida el estar o no estar de acuerdo.

Vamos a observar y comprender juntos el inmenso problema del vivir, el problema de la existencia, lo cual significa comprender las complejas relaciones entre los seres humanos. Porque sin fundamentar nuestro examen en la relación, en nuestras relaciones cotidianas con los demás, sin esa base sólida, es imposible explorar ninguna otra cuestión de la vida. Ineludiblemente, la persona que es de verdad seria debe sentar esa base firme de cara a comprender la relación humana; no una base asentada en una idea, en una conclusión, en la autoridad de las escrituras o de sus *gurús*, sino en lo que esa persona haya comprendido sobre el significado y la importancia de la relación.

Ya saben lo que está ocurriendo, no sólo en países como América, Rusia o China, que parecen un mundo tan lejano, sino también mucho más cerca de nosotros. Hay guerras, revueltas, desesperación, sufrimiento y confusión; hay fragmentación nacionalista y religiosa, y también fragmentación en nuestro mundo interior. Somos seres humanos divididos, ¿no es así? Si se observan, verán lo contradictorios que son: lo que dicen nada tiene que ver con lo que piensan, ni con lo que hacen. En el plano político, están divididos en naciones, y cada nación está en conflicto con las demás: Pakistán con la India, Alemania con Rusia, Rusia con América, cada una compitiendo por una posición económica, movida por su ambición; en el plano religioso, están los católicos y los protestantes, los hindúes y los musulmanes, los budistas y... El mundo a nuestro alrededor está roto, fragmentado, social y éticamente. Tanto en el exterior como en nuestro interior, somos seres humanos divididos, fragmentados.

Y ya hemos visto que cuando hay división de cualquier clase, hay conflicto. Ésa es una verdad. Es una verdad absoluta, y no sólo en cuanto al exterior, al conflicto entre naciones, sino dentro de nosotros: entre el observador y lo observado, entre el pensador y el pensamiento. Eso significa que hay conflicto, y una mente que está en conflicto es una mente distorsionada, que no tiene la menor posibilidad de ver con transparencia qué es la verdad. Esto es de pura lógica. Nos da miedo usar la lógica, la razón, porque consideramos que hacerlo no es espiritual; pero si no saben razonar con claridad, con objetividad, de un modo impersonal, sensato, nunca poseerán una mente clara.

Es un hecho que los seres humanos del mundo entero han creado una moralidad que ha dejado de ser moral, una cultura corrupta, una sociedad degenerada. Éste es un hecho con el que no se puede estar de acuerdo o en desacuerdo; es así. Observen lo que está ocurriendo en este país: la decadencia, inmoralidad de la sociedad, las divisiones lingüísticas, tribales, religiosas. Si observan con cuidado, con atención, verán que hay miles de *gurús*, y que cada uno de ellos asegura que su sistema, su método, conduce a la verdad, a la iluminación, a la dicha suprema, o a lo que quiera que cada uno de ellos prometa. Y si observan aún más de cerca, verán que la tradición ha distorsionado nuestras mentes, que aceptan los libros religiosos como si fueran la verdad absoluta, cuando es un hecho que la religión, que debería unir a los seres humanos, sólo ha engendrado separación, desdicha y sufrimiento.

Al encontrarse frente a todo esto, no a lo que describe quien les habla, sino al ver que ésta es la realidad interior y exterior de nuestras vidas, ¿qué puede hacer uno? ¿Cuál es la acción correcta? Vemos el terrible sufrimiento que hay en el mundo –y *sufrimiento* no es tan sólo una palabra; hay de hecho infelicidad y miseria inmensas–; vemos que el ser humano se ha vuelto mecánico, y que está dispuesto a seguir a cualquier líder que le prometa algo, religioso o del tipo que sea. Y al verlo, uno se pregunta: ¿qué puede hacer el ser humano?

Usted es el mundo, y el mundo es usted. Cada uno es producto de su cultura, de su sociedad, de su religión; se han sustentado de esa sociedad, de esa cultura que cada uno ha creado, y por tanto forman parte indisoluble de ella. También esto es un hecho. La mayoría probablemente cree en Dios, puesto que se han criado en una cultura, en una sociedad, que cree en él; si hubieran nacido en Rusia o en cualquier otra sociedad comunista donde no se cree en Dios, estarían condicionados a no creer, al igual que están condicionados a creer por el hecho de haber nacido en este país. Está claro que cada uno es resultado de la sociedad en la que vive y que, lo mismo que sus antepasados, ha contribuido a crear esa sociedad. Por este motivo, al afrontar que uno forma parte de eso, como ser humano debe ineludiblemente preguntarse qué ha de hacer, cuál es la acción correcta. Por favor, háganse a sí mismos esta pregunta; que no sea necesario que la formule quien les habla. ¿Qué ha de hacer uno?

En primer lugar, ¿puede uno, como ser humano, seguir lo que otro dice? Necesitamos un cambio radical, una profunda revolución psicológica, interior, sin la cual es imposible crear una sociedad nueva. Me pregunto si les interesa todo esto. Me da la impresión de que lo único que de verdad les interesa es que alguien les diga lo que deben hacer, y encontrar así un camino seguro. Nunca han utilizado su propio cerebro para averiguar cómo vivir con rectitud; sólo saben repetir las palabras de otros. De hecho, algo que realmente pueden hacer a partir de este momento es no repetir jamás algo sobre lo que nada saben, no hacer jamás nada que no comprendan por sí mismos, no por sus *gurús*, sus salvadores y sus libros sagrados; nada que por sí mismos no hayan comprendido. ¿Saben lo que sucedería entonces? Que dejarían de ser personas de segunda mano; abandonarían sus libros y a sus *gurús* y nunca volverían a seguir a nadie; entonces sus acciones estarían en concordancia exacta con los hechos, y no con suposiciones ni con ideas. Hagan la prueba; prueben a no repetir nada que no comprendan con lógica y sensatez, a no confiar en nada que no hayan experimentado directamente. Si se atreven a hacerlo, se encontrarán a partir de ese momento con hechos, no con ideales, no con credos y conclusiones, sino realmente con *lo que es*, con lo que cada uno es.

Ahora bien, cuando vemos en nosotros mismos y en el mundo todas estas contradicciones; cuando vemos y nos damos cuenta en nosotros mismos del gran sufrimiento que tenemos, de la desesperación, la agonía, el dolor, la soledad, la falta de amor, la brutalidad y la violencia, entonces uno se pregunta, ¿qué puedo hacer? Pero lo importante no es saber qué hacer, lo importante es ver todos estos hechos; no lo que quiere hacer con los hechos, sino como ser humano darse cuenta de esta tremenda complejidad de la existencia, la complejidad de la sociedad, la inmoralidad de la presente estructura social; lo importante es cómo mira todo eso, no lo que quiere hacer al respecto. Se lo mostraré.

No pueden actuar hasta haber comprendido, hasta haber visto; luego lo primero es ver, observar, percibir. Y ¿cómo perciben ustedes? Por favor, recuerden que estamos compartiendo, que estamos aprendiendo juntos, que quien les habla no les está enseñando nada, pues nada puede enseñarles; sólo aprenderán si comprenden de verdad por sí mismos *lo que es*. De modo que la siguiente pregunta es, ¿cómo se dan cuenta de todo esto? ¿Lo ven como un observador que mira desde fuera, o lo ven sin que exista una división? Por favor, esto es muy importante, es la auténtica base para poder comprender.

¿Cómo se miran a sí mismos y cómo miran el mundo? Les ruego que observen, que estén atentos a lo que sucede en ustedes cuando hago esta pregunta. ¿Cómo se ven a sí mismos? ¿Desde dónde miran el mundo? Si lo miran como hindúes o comunistas, no están observando el hecho; están mirando desde sus prejuicios, desde un determinado punto de vista o desde su conclusión particular y, por tanto, son incapaces de mirar de verdad este inmenso problema. Y si miran esta inmensidad que es la vida desde su estrecha perspectiva de hindúes, musulmanes o budistas, serán incapaces de ver la extraordinaria belleza de la vida con toda su complejidad. Así pues, ¿cómo lo miran?, ¿desde el punto de vista de su tradición?, ¿con mirada de científico, de ingeniero o de miembro de una determinada secta?; ¿cómo? Deben ustedes ver la falta de lógica, el sinsentido de identificarse con algo. La casa está en llamas, el mundo entero está en llamas, y siguen empeñados en apagar el fuego como hindúes, musulmanes, parsis o Dios sabe qué. De manera que antes de preguntar qué pueden hacer como seres humanos respecto a la locura del mundo, lo más importante es que comprendan lo que significa mirar el mundo. ¿Seguimos caminando juntos, o se han quedado en su territorio hindú, o comunista?

Cuando uno intenta observar –no, cuando lo intenta no–, cuando observa, cuando uno observa en su totalidad el gran problema de la existencia, se desprenden de él espontáneamente todas las divisiones; uno pierde todo interés en comprender el problema como hindú. ¿Están haciéndolo a medida que escuchan? Me da la impresión de que no, de que quieren continuar siendo hindúes, parsis, budistas o seguidores de algún *gurú*; si es así, están perpetuando la división, perpetuando el conflicto. Y donde hay conflicto, son inevitables el dolor y el sufrimiento, pues donde hay conflicto no hay amor. ¿Entienden esto, verbalmente al menos? Ahora bien, si lo observan sólo de modo verbal, intelectual, quizá digan que sí, que comprenden que cualquier clase de división ha de originar desdichas, pero una comprensión meramente intelectual no cambia nada; decir «estoy de acuerdo» o «no estoy de acuerdo» no tiene el menor significado. Si de verdad ven que cualquier división es inevitablemente origen de conflictos, la acción es inmediata; entonces uno tiene auténtico interés en eliminar de sí mismo y de la sociedad toda forma de división.

Así pues, cuando se observan a sí mismos, está el observador y lo observado; es decir, uno que es el censor y aquello que condenan o justifican. Entiendan que ése es el verdadero trabajo; tienen que trabajar. Probablemente no estén acostumbrados a hacerlo, están acostumbrados a que se les guíe; y cuando una persona está habituada a dejarse llevar mediante coerciones y amenazas, lo que hace no es algo propio. Aquí, en cambio, no se les ofrece nada: ni recompensas ni castigos ni el cielo ni la dicha suprema, nada, salvo el fin del conflicto; pues una vez que hayan puesto fin al conflicto, ¡se les abrirá el cielo entero!

Así que eso es lo principal. No piensen que poner fin al conflicto significa llevar una vida estática, una vida mecánica. El fin del conflicto es el comienzo del amor, el respeto, el afecto; mientras que donde hay conflicto, sólo puede haber insensibilidad. ¿Acaso no son personas insensibles, totalmente indiferentes a lo que sucede a su alrededor? Lo primero, por tanto, es comprender cómo ve, cómo observa uno el mundo, y cómo se ve a sí mismo. Si miran el mundo como un observador, o se miran a sí mismos condenando, justificando y explicando lo que ven, entonces su forma de mirar estará dividida y será causa de conflicto y desdicha. De manera que ¿es posible observar, percibir, sin el observador?

El observador, el pensador, la entidad que percibe es producto del pasado. Cuando observan sus cualidades, su ira, su envidia, su ambición, su deseo de triunfar, su lucha constante, eso es lo que son. Es bastante simple, es lógico: el pasado es el observador, es el "yo". Entonces, ¿son capaces de observar sin el observador –que entra un segundo después de la explosión de envidia o ira, y la condena, la justifica o la acepta–, sin ese observador que es el pasado, que es el censor?

¿Son capaces de mirar sin el observador este inmenso campo de la existencia? Porque sólo entonces verán la totalidad de la vida. Se lo mostraré. Empezaremos por lo más sencillo. Cuando miran un árbol, ¿cómo lo hacen?, ¿cómo lo ven? Lo ven sólo a través de la percepción sensorial o lo ven también con la mente, ¿entienden? Sus mentes han creado una imagen del árbol, y dicen: «Aquello es una palmera; esto es un mango», o sea, que sus conocimientos sobre el árbol interfieren con el acto de mirarlo. Está claro, ¿no?, que la información que tienen les impide ver el árbol. Mirar el árbol significa estar en contacto con él, no en el sentido de identificarse con él, sino de observarlo por completo; y no es posible observarlo por completo si el pasado interfiere. ¿Se dan cuenta de esto?

Conviene que lo examinemos a fondo, pues el siguiente paso es observarse a uno mismo en relación con otro. Observar el árbol es relativamente fácil, ya que no interfiere con la felicidad de uno ni con sus deseos; no es más que un árbol. Ahora bien, si no son capaces de mirarlo sin ponerle nombre, sin sus conocimientos botánicos acerca de él, que constituyen el pasado, no podrán ver la belleza, la cualidad total del árbol. Esto es bastante simple. El siguiente paso es mirar a su esposa, a su marido o a su amigo sin el observador, es decir, sin la imagen que han creado acerca de ellos.

Comprender todo esto nos llevará a una acción libre de contradicciones, a una acción que es total, completa en sí misma. A menos que esto se comprenda, sus acciones seguirán siendo contradictorias y conflictivas.

Tiene una imagen de su esposa, y ella tiene una imagen de usted –creo que esto es obvio–. Bien, ¿cómo se han formado esas imágenes? ¿Cuál es el mecanismo que las crea? Sin comprender cuál es y cómo funciona ese mecanismo, no sabrán poner fin a la creación de imágenes. Sigan esto paso a paso, por favor; es su vida, no la mía..., ¡su vida es tan miserable, tan mezquina, tan solitaria e infeliz! Es su vida lo que tienen que comprender, no lo que dice quien les habla, pues él únicamente señala lo que son sus vidas. Si no quieren mirarla, no lo hagan, no necesitan fingir; pero sólo si la examinan nacerá en ustedes una acción armoniosa, sin contradicciones, una acción bella.

Cuentan con una imagen de su esposa, o de su marido, una imagen que han construido a lo largo de los años, o de unas horas. Es la imagen de su esposa ofreciéndoles placer sexual, y de todo lo demás que ocurre entre marido y mujer: la dominación, la intimidación, la irritación, los reproches... Saben mejor que yo lo que sucede. ¿Cómo se forman esas imágenes? Por favor, obsérvenlo en sí mismos. Olviden la explicación que está dando quien les habla, y obsérvenlo por sí mismos; utilicen a quien les habla como un espejo en el que verse a sí mismos. Las células cerebrales lo graban todo, cada incidente, cada influencia, como un magnetófono. Cuando su esposa les regaña, queda registrado; cuando le exigen algo y ella se enfada, queda registrado también. El cerebro es una grabadora en funcionamiento permanente, ya sea uno consciente de ello o no. No necesitan estudiar biología, psicología ni leer ningún libro científico si son capaces de observarse a sí mismos, porque en cada uno está contenido el maravilloso libro de lo que son, y lo que pueden aprender de él es infinito.

Decíamos que a lo largo de los años o de unos días, el cerebro ha grabado todo tipo de recuerdos, y esos recuerdos son las imágenes. La esposa tiene una imagen del marido, y el marido una imagen de la esposa; y a la relación entre esas dos imágenes es a lo que llaman matrimonio, que en realidad no es una relación, puesto que relación significa contacto directo, percepción directa, significa comprender juntos, compartir. Vean cómo entra en funcionamiento la maquinaria: cuando uno se enfada con su esposa, o ella con uno, se forma una imagen inmediatamente, y esa imagen es almacenada, va adquiriendo cada vez más fuerza, y se convierte en el factor divisivo; por tanto, hay conflicto entre ella y usted. ¿Puede esa maquinaria fabricadora de imágenes detenerse definitivamente de modo que estén en contacto directo con el mundo, en lugar de relacionarse con él a través de una idea? Mire, señor, cuando tiene hambre, está en contacto directo con el hambre, ¿no es así? No necesita que nadie le diga que está hambriento; no le hace falta acudir a un psicoanalista ni a un *gurú*. La comprensión, la experiencia del hambre y la reacción a ella son directas.

Vemos entonces que cuando uno tiene una imagen del mundo, de uno mismo, de su vecino o de su esposa, esa imagen crea división. Y la imagen no se reduce al recuerdo de la ira o el reproche, no surge sólo entre dos personas, sino que abarca también las ideas, los conceptos, las creencias. Cuando dicen: «Soy indio», ésa es una imagen, que crea una separación en cuanto su interlocutor dice: «Yo soy musulmán», o «paquistaní». Supongo que ven que las creencias dividen a la gente; seguramente creen en Dios, en la reencarnación o en lo que sea, pero hay gente que cree exactamente lo contrario. Todo ello son imágenes, y la división que crea el conjunto de imágenes, ideas, conceptos y creencias, es la causa del conflicto externo e interno. Vean esto, no con el intelecto sino con el corazón, pues entonces harán algo; mientras que si la comprensión se queda en el plano intelectual, caerá en el olvido. Cuando sea una realidad, cuando vean la verdad y la belleza que hay en ello, actuarán de una forma totalmente distinta.

Nos preguntábamos cómo se forman las imágenes y si la creación de imágenes puede cesar por completo. Les he mostrado cómo se forman: el cerebro, que tiene tantas facultades, que es capaz de ir a la Luna, de inventar extraordinarios instrumentos tecnológicos, ese mismo cerebro tiene también la cualidad de registrar cada insulto, cada ofensa, cada halago, cada matiz de cada acción. La cuestión es: ¿puede esa grabación producirse sin interferir con la acción? Vean la lógica de esto; vean su lógica en primer lugar, después verán su belleza. Alguien me ha insultado; tengo una imagen de él; no me gusta esa persona. A la vez, alguien me halaga, y siento que es mi amigo. Ambas imágenes se han formado al instante, de modo que pregunto: ¿puede cesar al instante la formación de imágenes, no posteriormente? Porque una vez que la imagen se forma, es difícil deshacerse de ella. Vamos a investigar ahora ambas cosas, el prevenir y el curar.

Hablemos primero de la prevención, es decir, de no formar jamás una imagen de nada ni de nadie, incluido su *gurú* y todas las cosas absurdas que cuenta. Cuando alguien le insulte, dese cuenta de sí mismo en ese instante. Para ello deben comprender lo que significa estar completamente atento en el momento del insulto o el halago. ¿Qué significa darse cuenta, darse cuenta objetivamente de lo que hay a su alrededor, del color y la variedad de las ropas que visten, por ejemplo? Si perciben el azul, el rojo, el rosa o cualquiera que sea el color de un atuendo, y dicen: «Me gusta», o «no me gusta», están limitando el darse cuenta. Dense cuenta sin la limitación que supone el agrado o la aversión, sin condenar ni justificar; dense cuenta sin motivación, sin preferencia alguna, sin elección, pues sólo así pueden darse cuenta de la totalidad.

Si en el momento en que uno recibe un insulto o halago presta toda su atención, es decir, se da cuenta por completo, verá que no se forma ninguna imagen. ¿Qué sucede entonces? Esa atención significa que no hay observador, que no hay un censor que diga: «Me agrada; me hace daño; esto es lo correcto»; hay atención, solamente. Cuando uno está atento de esa manera, en la que no hay elección, en la que no hay observador, el proceso de formación de imágenes no existe. Ahora, por favor, escuchen. ¿Están escuchando con toda su atención, o escuchan sólo parcialmente? El escuchar parcial es comparar lo que se ha dicho, es distraerse con la luz, con cualquier detalle que la mente cavile, sencillamente distraerse. ¿O, por el contrario, están escuchando con todo su ser, con el corazón, con la mente, con los nervios, con el organismo psicosomático entero, escuchando con plena atención? Si es así, verán que no se forma ninguna imagen de quien les habla.

Así pues, la próxima vez que su esposa o su amigo le digan algo agradable o desagradable, présteles toda su atención, pues la mente entonces es libre. Libertad significa ver las cosas con claridad, con pureza, sin ninguna distorsión; y sólo la mente que es libre puede percibir la verdad –no las imágenes que uno se ha forjado acerca de la verdad–. Esto es algo que puede hacerlo de forma instantánea.

Y la segunda cuestión es qué hará uno con todas las imágenes que ha ido recolectando sobre su país, sobre sus líderes políticos y religiosos, sobre sus teorías… Supongo que se dan cuenta de que sus mentes están abarrotadas de ideas, teorías, opiniones, juicios; de que parlotean sin fin. ¿Qué harán con todo eso? ¿Qué harán con la colección de imágenes, creencias e ideas? Porque eso es lo que son ustedes: una idea; creen que son seres trascendentes o seres insignificantes, que son el *atman*, esto, aquello o lo de más allá, y eso significa que son el pasado. Ésa es la realidad. Y ese pasado, las imágenes pasadas, el conocimiento adquirido, dirige sus vidas.

Y esto nos lleva a ver algo muy interesante: que todo el conocimiento es pasado. Todos los conocimientos tecnológicos son conocimientos del pasado. Eso es un hecho, ¿no es así? Lo que conocemos es el pasado; y el pasado, modificado por el presente, se proyecta hacia el futuro. Por tanto, uno como entidad es el pasado, un pasado constituido por los recuerdos, tradiciones y experiencias; el "usted", el "yo", el ego, el superego, el "Yo superior", el *atman* y el resto de los conceptos sobre los que han leído –y sobre los que no saben absolutamente nada–, son todos el pasado. Por supuesto que todo ese conocimiento –incluido el conocimiento científico, tecnológico– uno puede modificarlo, aumentarlo o disminuirlo, pero su base es siempre el pasado. Y esto es extensivo al conocimiento de uno mismo; luego uno, obviamente, es el pasado, y eso significa que hay una división entre el pasado, el presente y el futuro: entre lo que ha sido, lo que es y lo que será, todo ello en función del conocimiento acumulado. Esto quiere decir que su Dios es algo que ya conocen; si no, no tendrían Dios.

Como ya hemos dicho, el conocimiento –es decir, la memoria de las experiencias que el cerebro ha acumulado a lo largo de los siglos– es absolutamente necesario para funcionar en el mundo; y el conocimiento es, al mismo tiempo, un obstáculo en las relaciones entre los seres humanos. ¿Ven el problema, la belleza del problema? Sin conocimiento no podrían funcionar; y ese conocimiento, las imágenes que se han forjado, ese pasado, impide a la vez la verdadera relación.

No se contenten con estar ahí sentados; hagan uso de sus facultades. Estamos aprendiendo juntos, y por consiguiente deben formularse la siguiente pregunta: puesto que el conocimiento es necesario, ¿cómo hacer que ese conocimiento que el cerebro ha recopilado a lo largo del tiempo no interfiera en la relación? Porque la relación es lo más importante de nuestras vidas; es el fundamento de nuestro comportamiento social, de nuestra sociedad, de nuestra moral, y mientras exista la imagen, o sea, el conocimiento, no hay relación. ¿Cómo resolveremos, entonces, este problema, sabiendo que el conocimiento es necesario y que en la relación actúa como impedimento?

Si ha llegado hasta ese punto, si ha seguido el recorrido paso a paso desde el principio, verá que la cualidad de su mente ahora es de una sensibilidad extraordinaria. Esa sensibilidad es inteligencia, y es la inteligencia la que impedirá que la imagen interfiera en la relación. No se trata de una decisión que es suya, de que se proponga hacer o no hacer lo que sea; se trata de haber comprendido realmente todo este proceso, más allá de las palabras, más allá del intelecto, con el corazón, con el cerebro, con la plena capacidad de su ser; de comprenderlo y percibir la verdad de lo que se ha expuesto. Al comprender la verdad de que el conocimiento es necesario y que, sin embargo, éste impide la relación porque el conocimiento es la imagen, la mente se halla en un estado de flexibilidad y sensibilidad extraordinarias; y es esa sensibilidad, que es la más elevada forma de inteligencia, la que impedirá que las imágenes –resultado del conocimiento acumulado– interfieran en la relación. Comprendan esto, por favor; porque si lo comprenden, su vida entera cambiará, y acabarán definitivamente con la división que el ser humano ha establecido entre él y sus semejantes. El conocimiento, la experiencia humana acumulada, es imprescindible; cualquier otro tipo de conocimiento, cualquier imagen, es absolutamente irrelevante en nuestras relaciones.

Indudablemente, el amor no es una idea, no es una imagen; no es acariciar el recuerdo de la persona a la que uno cree amar. El amor es un sentimiento nuevo a cada instante, que no se puede cultivar, que no es resultado del esfuerzo, la tensión, el conflicto. Si escuchan atentamente lo que se está diciendo, esa atención es amor; si en esa atención se abre una fisura, el conflicto aparece. Cuando hay amor no hay conflicto, pues el amor no forma parte de la entidad creadora de imágenes.

Así pues, aquel que quiera vivir en paz consigo mismo y con el mundo debe comprender toda la estructura del conocimiento acumulado en su mente acerca de sí mismo y el mundo, de ese conocimiento que es el pasado. Una mente que vive en el pasado no es una mente verdadera; es un instrumento estático, muerto. Se han acostumbrado a vivir de las experiencias de otros. Vean que es así, por favor. No han ejercitado este maravilloso instrumento que es el cerebro. Hacen uso de él para resolver problemas tecnológicos, problemas de ingeniería, o cuando necesitan desesperadamente encontrar un empleo, o engañar a alguien en los negocios. Pero se niegan a usar el cerebro para comprender las relaciones humanas, en las que está basado todo nuestro comportamiento social. Y a menos que lo hagan, que las comprendan con todo su corazón, con todo su ser, esa búsqueda de Dios, ese anhelo de la verdad y la dicha no significan nada. Pueden lanzarse en busca de *gurús*, pero nunca encontrarán la verdad; no se les revelará jamás. Deben aprender; deben tener una mente objetiva, sensible, clara, sana, una mente sin miedo.

¿Quieren plantear ahora alguna pregunta?

INTERLOCUTOR: ¿Qué es el amor?

KRISHNAMURTI: ¿Qué es el amor? El amor no es algo que pueda describirse… Escuchen, no sólo deben preguntar a quien les habla, han de hacerlo principalmente a sí mismos. Es mucho más importante que se pregunten, por ejemplo, por qué se aferran a sus creencias, por qué siguen códigos de comportamiento, por qué siguen a sus *gurús*, a sus líderes o lo que dicen sus libros. ¿Por qué cree usted en Dios? ¿Por qué se ha convertido en un hombre triste? Averígüelo; averigüe por qué se ha vuelto insensible, indiferente a todo, salvo a su engrandecimiento personal o económico. A menos que se plantee estas preguntas y encuentre por sí mismo las respuestas correctas, preguntar a quien le habla no le va a servir de mucho. Pero si de todos modos quiere preguntar, comparta la pregunta, investiguemos juntos. Entonces, cualquier comprensión que sobrevenga no será su comprensión, su logro, sino sencillamente comprensión. La comprensión no es personal. La inteligencia no es personal, y ésa es precisamente su belleza.

12. ¿PUEDE LA MENTE SER ABSOLUTAMENTE LIBRE?

Hay varios temas sobre los que deberíamos conversar juntos, y uno de ellos es la libertad. Es sumamente importante y necesita ser explorado con todo detalle, paciencia y dedicación, para averiguar si es posible que la mente sea libre o si está sentenciada a permanecer siempre bajo el yugo del tiempo. O lo que es lo mismo: ¿es irremediable que la mente viva limitada por el pasado? ¿Puede la mente, nuestra mente, que vive en este mundo y funciona como corresponde a la situación –agobiada por los problemas cotidianos, los deseos enfrentados, las influencias opuestas y todas las contradicciones en las que uno vive, los sacrificios, los tormentos, agraciada con alguna alegría pasajera–, puede esa mente ser libre, no sólo en la superficie sino en lo más profundo, en las raíces mismas de su existencia? Creo que la pregunta es clara; queremos saber si la gente que vive en esta sociedad tan extremadamente compleja, que tiene que ganarse la vida, quizá mantener una familia, competir, demostrar ambición, puede ir más allá de todo eso; no como abstracción, como hipótesis, ni como idea o concepto de la libertad: preguntamos si verdaderamente puede ser libre. Si les parece, esto es lo que me gustaría que investigáramos.

El "liberarse de algo" es una abstracción; sólo el observar *lo que es* y trascenderlo es verdadera libertad. Vamos a profundizar en esto, pero antes, si puedo sugerirlo, escuchen

tan sólo, sin aceptar ni rechazar lo que se diga; tengan simplemente la sensibilidad de escuchar sin sacar ninguna conclusión, sin reaccionar adoptando una actitud defensiva u
oponiendo resistencia, sin interpretar lo que escuchan. Y si
tienen la bondad, no escuchen sólo las palabras y el significado de las palabras; intenten comprender el pleno significado, el sentido profundo e inexpresable de la palabra *libertad*.
Vamos a compartir esta cuestión, a viajar, investigar y comprender juntos lo que la libertad significa, y si una mente –su
mente– que se ha alimentado de tiempo, que ha evolucionado a través del tiempo, que ha acumulado miles de experiencias, que está condicionada por las diversas culturas, si esa
mente puede ser libre. No hablamos de la libertad en un sentido utópico o religioso; queremos averiguar si viviendo en
este mundo confundido y contradictorio, la mente –su mente
tal como saben que es, tal como han observado que es– puede ser libre por completo, en la superficie y en lo más íntimo
de sus profundidades.

Si no encontramos por nosotros mismos la respuesta a
esta pregunta, si no descubrimos por nosotros mismos la verdad acerca de esto, viviremos a perpetuidad en la cárcel del
tiempo. El tiempo es el pasado, es pensamiento, es sufrimiento; luego a no ser que descubramos la verdad de esta cuestión, viviremos siempre en conflicto, atormentados, presos
en la cárcel del pensamiento. No sé lo que piensan acerca de
este tema. No me refiero a lo que hayan dicho sus maestros
religiosos, la *Gita*, las *Upanishads* o sus *gurús*, ni a lo que deberían ustedes pensar dada la estructura social a la que perte-
necen, o dada su posición económica, sino a lo que piensan
ustedes, pues lo que digan es mucho más importante que todos los libros juntos; por eso tienen que descubrir por sí mismos la verdad respecto a esta pregunta. Nunca repitan lo que
hayan dicho otros; averigüen por sí mismos, y verifiquen lo

que descubran. No se molesten en poner a prueba las palabras de otros –de la *Gita*, de las *Upanishads*, de la Biblia, de su *gurú* particular o de su salvador–; pongan a prueba lo que ustedes piensan, lo que ven. Entonces no serán esclavos de ninguna autoridad.

Escuchen, por favor; y a medida que escuchan, actúen. Es decir, a medida que escuchan averigüen la verdad. Es obvio que en cuestiones científicas dependemos del conocimiento y los experimentos de otras personas, de la recopilación de conocimientos matemáticos, geográficos y biológicos realizada por otros; es inevitable. Pero hace mucho tiempo que nos alimentamos de las experiencias de otros también en el ámbito religioso, en las comúnmente llamadas cuestiones espirituales. Si uno quiere ser ingeniero, necesita todos los conocimientos de matemáticas, estructuras y tensiones que ha ido acumulando. Ahora bien, si lo que quiere es averiguar por sí mismo qué es la verdad, averiguar si tal cosa existe, no puede de ninguna manera aceptar el conocimiento acumulado de lo que otros hayan dicho. Y eso es lo que han hecho, están repletos de conocimiento sobre la *Gita*, las *Upanishads*, y los interminables comentarios acerca de ellos que han escrito los expertos. Nada de eso importa. Lo que importa es lo que cada uno vive, cómo vive, cómo piensa; y para averiguar cómo vive uno, cómo actúa, qué hace, es necesario que deseche totalmente el conocimiento de los expertos, los profesionales que le han dado instrucciones sobre cómo debe vivir. La libertad no es permisividad; la mente humana necesita libertad para ser una mente sana y poder funcionar con cordura, con normalidad.

Debemos indagar juntos, aprender juntos. No acepten lo que dice quien les habla. Si lo convierten en una autoridad, no serán libres, sólo habrán sustituido a un *gurú* por otro; y quien les habla se niega rotundamente a ser su estúpido *gurú*, porque sólo la gente embotada, la gente estúpida sigue a un *gurú*, no aquel que realmente quiere descubrir qué es la libertad. Así pues, vamos a aprender juntos escuchando, no sólo a quien les habla, sino escuchando lo que piensan –no lo que piensan los demás–, lo que perciben, lo que observan en el significado y la aplicación de esa palabra *libertad*, y vamos a averiguar también si la mente puede ser libre. Eso es lo que nos disponemos a hacer.

Como antes he dicho, liberarse *de* algo –de la ira, los celos, la agresividad– es una abstracción, y por tanto no es real. Aquella persona que se convence a sí misma de que debe liberarse de la ira, o de los celos, no es libre. Lo que a uno le libera no es cultivar el opuesto, sino la observación directa de uno mismo, del hecho de la ira, de lo que es realmente, y aprender acerca de su estructura y naturaleza.

Es decir, cultivar la valentía, cuando uno no es valiente, no se trata de libertad. Sin embargo, una mente que comprende la naturaleza y estructura de la cobardía y permanece con ella, sin intentar reprimirla o trascenderla, observándola, aprendiendo todo lo que se puede aprender sobre la cobardía, percibiendo al instante la verdad acerca de ella, es una mente libre, tanto de la cobardía como de la valentía. Esto significa que la percepción directa es libertad, mientras que cultivar el opuesto no lo es, debido a que en ese proceso está involucrado el tiempo.

¿Comprenden? Si soy codicioso, ambicioso, competitivo, la respuesta que mi cultura me ha enseñado a dar es intentar cambiarlo; eso es lo que los libros y los *gurús* dicen. Así que respondo queriendo no ser codicioso, y me esfuerzo por conseguirlo; es decir, soy codicioso pero no debo serlo. Pero el "no debo" implica tiempo; el factor que existe entre *lo que es*, o sea, la codicia, y *lo que debería ser* es un intervalo de tiempo, y en ese intervalo se añaden muchos otros factores, a consecuencia de los cuales la mente nunca se libera de la codicia. Mientras que la percepción directa de la codicia como hecho, no de su causa, ni de la explicación, justificación o negación de la codicia, sino el observarla sin ninguna actividad del pensar, es estar libre de codicia.

Basan su vida en ideas, conceptos, principios, creencias e ideales. Para vivir necesitan un propósito, una meta, algo por lo que esforzarse, algo que alcanzar, ¿no es así? Obsérvenlo; no hagan caso de lo que otro haya observado; observen en sí mismos lo que ocurre realmente. ¿No es cierto que cuentan con creencias, metas, propósitos, que están llenos de conclusiones? Al ver el mundo confuso en el que viven, la vida confusa y contradictoria que llevan, se convencen de que tiene que existir la claridad, la iluminación, de que tiene que haber esperanza. ¿Es eso lo que sucede? Y entre lo que son en realidad, con sus principios, conclusiones y conceptos, y lo que tratan de conseguir, o sea, lo que serán un día, media un intervalo de tiempo, en el que entran en juego factores, influencias e incidentes imprevistos, debido a los cuales nunca llegan a alcanzar lo que querían; por eso la libertad jamás puede hallarse en el futuro. Cuando uno ve que los ideales, las conclusiones, conceptos y creencias son verdaderamente los factores del tiempo y, por tanto, una atadura, que es obvio que no conduce a la libertad, uno los elimina absolutamente a todos. Entonces sólo le queda a uno *lo que es*, que es su codicia.

Ahora bien, observar de una manera total y completa la codicia significa no reprimirla jamás, no dar explicaciones, no justificarla; observarla nada más. Del mismo modo que escuchan un ruido respecto al que no pueden hacer nada, observen completamente el hecho de la codicia y permanezcan con él, lo cual significa que el observador es lo observado: el observador es la codicia; no está separado de eso a lo que llama codicia. En la percepción completa de esto, hay libertad total. Mientras escuchan, ¿están aprendiendo y haciendo? Escuchar, aprender y hacer son una misma cosa. Lo importante es escuchar y hacer ahora, no cuando se vayan a casa. Si escucho y me dice que estoy cargado de ideas y conceptos, que mi vida entera se basa en un ideal futuro, eso es un hecho. Lo aprendo, veo las repercusiones de ese enunciado, comprendo lo que significa: que mis acciones dependen del tiempo, que crean conflicto entre *lo que es* y *lo que debería ser*; veo que nunca podré alcanzar el ideal que persigo, y veo la estructura y naturaleza del conflicto que surge cuando persigo un ideal. Al comprender la verdad de todo eso, lo abandono por completo, y entonces ya no tengo ningún concepto.

Por favor, escuchen con atención. Esto es importantísimo: cuando abandono definitivamente los conceptos, las ideas, los ideales, los principios, estoy tan sólo viviendo, y lo único que hay es la codicia y el modo en que observo esa codicia. ¿La observo como un extraño que mira desde afuera, o la observo sin el observador? El observador es el pasado; el observador es el conocimiento acumulado que dice que no debo ser codicioso o que justifica la codicia. Por tanto, ¿puede esta mente observar sin el observador? Cuando lo hace, cuando observa y percibe así, hay una comprensión total, y hay libertad. ¿Lo han comprendido? ¿Están haciéndolo mientras hablamos?

Si la mente no es libre, uno no puede vivir en orden. Uno vive en el desorden, ¿no es cierto?, no sólo en el mundo exterior, sino interiormente. Al verlo intentan poner orden, pero eso a lo que llaman orden sigue formando parte del desorden. La mente necesita orden total, y el orden total es libertad total. Voy a hablar un poco sobre esta cuestión. Escuchen, por favor; pongan su corazón en ello, puesto que ésta es su vida. En primer lugar, vean de verdad, no teóricamente, que

su vida es desordenada y contradictoria: se ponen una más-
cara ante su *gurú*, otra ante el político, adoptan una postura
afectada ante su superior, son hipócritas, no hay en ustedes
ni una pizca de amor, de consideración, de belleza. Ésa es su
vida. Y la mente, el cerebro, al ver el gran desorden que reina
en ella, se da cuenta de que necesita vivir en orden, incluso si
se trata de un orden neurótico, y se vuelve neurótico para intentar encontrarlo.

   ¿Han advertido que cuando aprenden algo de tipo mecánico, tecnológico, su mente, su cerebro, funciona con enorme soltura? Si uno es un buen matemático, su mente opera
con increíble eficiencia, casi con automatismo, lo cual indi-
ca que el cerebro necesita perfecto orden para funcionar. ¿No
es así? El cerebro necesita orden, protección; a fin de que su
funcionamiento sea eficaz, necesita sentirse completamente
seguro. Y ¿qué sucede? Cuando el cerebro ve el gran desorden en el que está sumido, piensa que si tiene una conclusión,
una creencia, un principio, de los que espera obtener orden y
seguridad, podrá funcionar adecuadamente –les ruego que lo
observen en sí mismos–; y así vive, esforzándose sin descanso por encontrar el orden en lo que fuere: una ilusión, la autoridad, la experiencia de otro o una conclusión. De lo que no
se da cuenta es de que intentar encontrar el orden en una ilusión genera conflicto, y para huir del conflicto va aferrándo-
se a una conclusión tras otra.

   De manera que el cerebro, en su incesante búsqueda de
orden –porque en él hay seguridad, y cuanto más perfecto sea
el orden, mayor será la seguridad y mayor su capacidad de
funcionamiento–, ha intentado encontrarlo en el nacionalismo, lo cual es origen de desastres y guerras; ha intentado encontrarlo en la autoridad, en la obediencia, en el acatamiento de unas pautas, lo cual provoca a su vez el conflicto entre
lo que es y *lo que debería ser*; lo ha buscado en la moral so-

cial, que es igualmente causa de desorden por su contradicción intrínseca, y lo ha buscado en el conocimiento, que es
siempre el pasado. Luego las implicaciones de esa constante
búsqueda de seguridad son que el pasado y el futuro –el futuro es el concepto, el principio, el ideal– cobran tremenda importancia, y que, mientras busca y no encuentra, el cerebro
crea cada vez más desorden. Observen sus mentes, señores;
escuchen las palabras y vean la verdad de lo que ocurre, obsérvenlo en sí mismos. ¿No es cierto que buscan seguridad y
orden? El problema es que, para encontrarlo, la mente, el cerebro, escapa del desorden y se lanza en pos de lo que llama
el ideal, la promesa de la iluminación.

El orden llega por sí mismo espontáneamente, con sencillez, cuando uno comprende el desorden. El orden, que es
algo vivo, nace de la comprensión del desorden que hay en
la vida de uno; no de cómo trascenderlo o de cómo reprimirlo, sino de la comprensión de su naturaleza, su estructura, de
la belleza del desorden. Así pues, la libertad es orden, orden
total; es el orden que nace de comprender el desorden, no de
buscar el orden. Cuando uno lo busca, el orden se convierte
en un principio, en una idea, en un concepto, mientras que si
uno realmente comprende en su totalidad el desorden de su
vida cotidiana, y no escapa de él, ni intenta disfrazarlo o reprimirlo, sino que lo observa con su corazón y con su mente
enteros, de ello nace un sentimiento de orden que está vivo,
en movimiento, cuya cualidad es la vitalidad, el vigor.

El orden es esencial en nuestra vida interna y externa; es
esencial en la relación. Sabiéndolo, el cerebro intenta encontrarlo de todos los modos posibles, en un constante movimiento de adentro hacia afuera y de afuera hacia adentro; por
eso, cuando uno duerme, el cerebro trata de establecer el orden a través de los sueños, porque en el orden absoluto halla
esa protección y seguridad necesarias. Pero cuando durante

el día la mente observa, no de un modo artificial, no con determinación o por un acto de la voluntad, sino que observa en su totalidad la confusión, las falsedades, la hipocresía, las contradicciones y, al hacerlo, al observar el desorden en el que vive, pone orden de forma espontánea, entonces durante la noche, mientras uno duerme, esa mente, ese cerebro, tiene la cualidad de una libertad total para observar.

Esto significa que si observan su vida tal como es, si ven su belleza, así como la naturaleza destructiva de la confusión, y comprenden que una mente en la que no existen credos ni principios es una mente libre para observar y escuchar, sobreviene entonces una libertad que es orden, una libertad que es completa, mientras uno vive dentro de este mundo. Y sólo esa mente que es libre sabe qué es el amor, qué es la belleza. Sólo esa mente que vive siendo libre puede percibir qué es la verdad.

Quizá les gustaría plantear alguna pregunta. Pero antes de que las hagan, por favor tengan en cuenta que se las formulan a sí mismos, y que las responderemos juntos; juntos, ¿entienden? Cuando pregunten, no se queden esperando una respuesta de quien les habla; hagamos del hecho en sí de formular la pregunta una oportunidad de compartirla. El afecto, el cuidado, el amor están en eso, no en esperar a que una autoridad responda por nosotros. Cuando es la autoridad quien responde –ya sea el libro, el *gurú* o quien fuere–, uno no quiere realmente encontrar la verdad; uno busca reafirmación, seguridad. En cambio, si plantean una pregunta, por trivial que sea, y se la hacen a sí mismos, el hecho mismo de formularla en voz alta permite que la compartamos, y entonces es nuestro problema común. Lo que se tiene en común puede comunicarse y compartirse, y en ese compartir hay una gran belleza, un gran afecto. Eso es el amor: compartir. Adelante, señores.

INTERLOCUTOR: Lo he intentado durante tres años, pero no tengo energía suficiente para darme cuenta de mis reacciones.

KRISHNAMURTI: El caballero afirma que no posee energía suficiente para darse cuenta de sus problemas y resolverlos. ¿Es así, señor? Plantee la pregunta con sencillez; no hace falta complicar las cosas: No tengo energía para resolver mis problemas y necesito energía, ¿no es cierto? Bien, ¿cómo la consigo? Ésa es la pregunta, ¿no es así? Señor, estamos compartiendo esto, ¿entiende? Nos encontramos ante una cuestión enormemente compleja. En primer lugar, uno debe comprender qué es la energía. La hemos dividido en innumerables fragmentos: la energía que se necesita para hacer negocios, la que se necesita a la hora de escribir un poema o ser un científico excepcional, independiente –no uno de esos científicos que son títeres de los gobiernos–. Para comprender se necesita energía, y dentro de ella se ha separado la que es una mera comprensión intelectual o verbal. Se ha hecho una separación entre la energía sexual y la energía moral, etcétera. Vemos, así pues, que la energía está totalmente dividida.

I: ¿Qué es…?

K: Espere, señor; un momento. No he terminado. ¿Se da cuenta? A esto me refiero precisamente: a la insensibilidad, a la indiferencia, a la falta de consideración. Alguien plantea una pregunta, dice: «Por favor, ¿cómo puedo resolver este problema? No tengo suficiente energía. Ayúdeme. ¿Podemos hablar de ello?» (no es que yo le esté ayudando), y usted se levanta y plantea *su* pregunta. No le interesa el problema de la otra persona, porque tiene los suyos propios, y está impaciente por resolverlos, lo cual es indicio de una total y absoluta indiferencia por su parte. Así que, por favor, escuche.

Éste es su problema, señor, es el problema de todos. Es el problema del artista cuya prioridad es sentirse satisfecho y considera su trabajo, no en función de la belleza del arte, sino de cómo logrará esa satisfacción a través de su arte. Hemos dividido la energía en humana y cósmica; uno es de cierta manera en su trabajo, y en su casa es una persona distinta; uno dice una cosa y hace la contraria; si es rico, quiere que se le adule; si es pobre, vive atemorizado. Todo esto es un hecho. Obsérvelo en su vida. Dividimos la energía constantemente.

Y cuando se divide la energía, hay conflicto. Observen también esto en sí mismos, señores. Hay conflicto cuando uno crea una división entre su vida religiosa, su vida como empresario, como científico, político, cocinero, o lo que sea; forzosamente ha de ser así. ¿Lo ven? Y donde hay conflicto, la energía se disipa, se pierde. Cuando uno opone resistencia, está malgastando su energía; y lo mismo sucede cuando escapa de *lo que es*, y cuando sigue a un *gurú*, que le dice lo que debe hacer y lo que no, y vive sumido en esa histeria colectiva, en esa farsa que se ha creado en nombre de la religión. Entre *lo que deberían ser* y *lo que son*, hay conflicto, puesto que hay división, y por tanto lucha, dolor y miedo. Vemos, por una parte, que el conflicto es un derroche de energía, y, por otra, que en el instante en que la energía se divide surge el conflicto. Cuando uno lleva una vida que no es totalmente armoniosa, se produce una disipación de la energía; uno se convence de que, para encontrar a Dios, para encontrar la verdad, debe llevar una vida de castidad, y eso desata en él una batalla: reprime, disciplina y controla sus deseos, el instinto sexual, la lujuria, y entre eso que él considera el camino hacia la realidad y lo que realmente es su vida, hay una contradicción, y es precisamente ese conflicto el que le roba la energía. Por tanto, uno ha de descubrir una forma de vida que sea casta, que no esté corrompida, y en la que no haya ninguna clase de conflicto. Entonces tendrá suficiente energía.

Miren, señores, la mayoría hemos sufrido. No me refiero sólo al dolor físico, sino a los momentos de sufrimiento desolador, de pesar en el corazón, desesperación y lágrimas; a una persistente y profunda amargura. Todos sabemos qué es el sufrimiento, y todos escapamos de él. Escuchen esto, por favor, ésta es su vida; y lo que hacen es huir de ella, justificarla mediante explicaciones sobre el *karma*, empeñarse en encontrar la causa de todo lo que sucede, o escapar mediante visitas al templo, a la iglesia, mediante oraciones y congregaciones; ya conocen todo lo que llegamos a hacer para escapar de eso tan terrible a lo que llamamos sufrimiento. ¿Qué es lo que sucede? Cuando uno sufre, recurre a lo que sea preciso con tal de huir del dolor: escuchar la radio, el sexo, Dios… Y en esa huida, en esa evasión de *lo que es*, hay contradicción, conflicto, y una pérdida de energía. Mientras que si la mente permanece sola con el sufrimiento, sola, sin tratar de escapar, sin oponerle resistencia, si permanece con él completamente sola, uno ve que de esa percepción "sola" emana una energía extraordinaria que transforma el sufrimiento en pasión; no en lujuria, sino en pasión, en intensidad, en una tremenda energía que ningún libro, *gurú* ni maestro puede dar. Así pues, debe aprender usted; observe a partir de sí mismo, y tendrá energía sin fin.

I: ¿Se puede buscar a Dios a través de la observación?

K: No sé muy bien qué significa esa palabra, *Dios*; pero creo que el caballero pregunta si se puede buscar a Dios, encontrar a Dios, a través de la observación de la naturaleza, de la observación del ser humano, de la belleza de la Tierra, de la belleza de una nube o de un rostro, de la risa de un niño, a través de la observación de esta vida maravillosa. ¿Es ésa la pregunta, señor?

Si lo busca, no lo encontrará jamás; ¿comprende la respuesta? Nunca lo encontrará si vive persiguiéndolo, si tiene una intención de fondo cuando contempla la belleza de la Tierra, cuando mira el reflejo de la luz en el agua, el exquisito perfil de una montaña, si convierte todo eso en un medio para encontrar a Dios. Nunca lo encontrará, porque no existe ningún medio para llegar a él: ni el sacrificio ni el culto ni la meditación ni la práctica de la virtud. Nunca dará con él, ya que la base misma de su búsqueda es un error; quiere encontrarlo no en el hecho en sí de vivir, sino en algún lugar lejano y separado de la realidad cotidiana. Primero, debe establecer la relación correcta con las demás personas, lo cual significa saber qué significa amar, saber qué significa ser compasivo, qué significa ser generoso cuando uno tiene en abundancia, qué es compartir con otro lo poco que se tiene; establecer un orden impecable en el vivir diario. Y si uno establece ese orden, que es libertad, no hay necesidad de buscar nada.

Cuando emplea la palabra *buscar*, se sobreentienden varias cosas; una de ellas es que alberga la esperanza de encontrar algo. Ahora bien, ¿cómo sabrá cuándo lo ha encontrado? Escuchen esto, por favor, ya que dicen que son todos buscadores de la verdad, que viven acaparando experiencias espirituales, que hablan sin cesar acerca de su búsqueda. En el movimiento de buscar está implicado, primero, que existen el buscador y aquello que se busca, y, segundo, que cuando el buscador encuentre lo que cree que es la verdad, Dios, la iluminación, el cielo o como quiera que lo llame, ha de ser capaz de reconocerlo, ¿no es así? Pero reconocer algo significa que se tiene conocimiento previo de ello, ¿se dan cuenta?; si no, es imposible reconocerlo, identificarlo: no puedo reconocer a nadie si no lo he visto antes. Así pues, cuando digo que he encontrado la verdad, eso que he encontrado ya lo conocía y, por tanto, no es la verdad.

De manera que vivir buscando la verdad es llevar una vida de hipocresía, puesto que la verdad que uno persigue es una mera proyección de su memoria, sus deseos, de su propósito de encontrar algo distinto de *lo que es*, un concepto, una idea. En la búsqueda está implícita la dualidad –yo que busco y aquello que busco–, y donde hay dualidad hay conflicto, lo cual supone una pérdida de energía; de modo que uno nunca encuentra a Dios, nunca se halla en un estado en el que poder descubrirlo. El dios al que llaman "Dios" es una invención de ustedes, no es Dios. No es Dios la imagen que sus manos han creado y colocado en el templo, ni es la verdad eso que su pensamiento ha ideado. Y, sin embargo, han hecho de esa imagen creada por la mano o por la mente el fundamento de sus vidas.

Si de verdad quieren descubrir si existe o no algo que esté más allá del tiempo, más allá del ámbito del pensamiento, deben empezar por comprender la naturaleza del pensamiento. Ahora bien, si su pregunta es simplemente: «Dígame, ¿encontraré a Dios algún día?», la respuesta es que sí, que lo encontrará, porque uno encuentra lo que busca; pero no será la verdad ni algo real. Es como el hombre hambriento que busca comida; seguro que más tarde o más temprano encontrará algo que comer. Escuchen, si no hay amor en sus corazones, si sólo hay dinero y engaños, si son competitivos, despiadados, violentos, inventarán un dios que sea lo opuesto de su realidad.

Lo importante es comprender *lo que es*, lo cual es su vida, la insignificante, limitada y mezquina vida que llevan; esa vida suya de vanidad. Si ponen orden en ella, tendrán libertad; libertad total y absoluta. Y sólo esa mente puede descubrir lo real.

13. ¿ES POSIBLE CAMBIAR RADICALMENTE NUESTRA NATURALEZA PSICOLÓGICA?

Creo que sólo hay una pregunta fundamental, y es cómo vivir en este mundo a pesar de todas nuestras complicaciones. ¿Qué podemos hacer para vivir sin conflicto, para llevar una vida verdaderamente sensata, vivida con libertad y penetrante inteligencia, con cordura, con afecto, con un sentimiento de belleza? ¿Cómo hemos de vivir para que en nuestra vida no haya ninguna clase de problema, para que haya tal profundidad en ella que el hecho en sí de vivir adquiera pleno significado? ¿Podemos hacernos a nosotros mismos esta pregunta, no sólo verbal o intelectualmente, y descubrir cada uno de nosotros la forma de vivir en este mundo con integridad, con excelencia, sin ninguna pretensión, sin este conflicto y esta desdicha tan espantosa? Me parece a mí que ésta es la cuestión más importante del ser humano; porque si no somos capaces de vivir nuestras relaciones con armonía, sensatez, equilibrio, si no comprendemos lo que eso significa, si no hacemos de ello el fundamento de nuestras vidas, viviremos en la superficie: uno seguirá en cada momento las prácticas espirituales más de moda, hará alguna clase de penitencia, cantará, bailará y reducirá su vida a toda esa clase de insensateces. Si fuéramos capaces de descubrir una forma de vivir en la que de verdad hubiera amor,

inteligencia, belleza, quizá pudiésemos averiguar por nosotros mismos, no con la ayuda de otros, si existe algo que sea
intemporal, algo que no pertenezca al campo de nuestras luchas cotidianas.

Tal vez podríamos dedicar un poco de tiempo a averiguar
por nosotros mismos cómo vivir con auténtica comprensión,
con un claro sentido de la belleza, con un entendimiento entre los seres humanos que erradicara de nuestras relaciones
cualquier clase de conflicto. Si pudiéramos dedicar un poco
de tiempo a esto, quizá lo que averiguáramos nos permitiría
descubrir a cada uno de nosotros lo que es la meditación, y si
existe tal cosa como la verdad, como la realidad.

Pero antes es necesario que echemos los cimientos, no
basados en las palabras de otro –tanto si se trata de un sabio
como de alguien atrapado en la ilusión o en sus propias experiencias–, sino basados en nuestras propias vidas, en la vida
de nuestra existencia cotidiana. Si fuéramos capaces de hacerlo, ¿saben lo que sería el mundo entonces? No sería un
mundo utópico, un mundo ideológico, sino un mundo funda-
mentado en la cordura, un mundo que no conocería la guerra ni la división entre los que saben y los que no saben, entre
los que fingen estar iluminados y los que buscan la iluminación, entre los que afirman que existe algo trascendente y los
que no. De modo que si les parece, averigüemos si es posible
cambiar completamente nuestra forma de vivir.

En primer lugar, debemos examinar la totalidad de nuestra existencia, la fragmentación a la que llamamos vivir, y
que incluye la necesidad de ganarnos la vida, la cuestión del
conflicto, el dolor físico y psicológico, el sufrimiento cada
vez más acuciante, esos sentimientos a los que llamamos
amor, dicha, placer, miedo, ansiedad, y el significado de la
muerte. Debemos examinar como un todo, no como un fragmento, la realidad del vivir y el morir; debemos observar la

dimensión de nuestra existencia en su totalidad, no sólo un apartado, no sólo cómo ganarnos la vida, ni sólo para ver la realidad y escapar de ella hacia cualquier clase de ilusión; debemos reflexionar juntos sobre el fenómeno total de la existencia en la que está incluido todo esto. Tal como somos en la actualidad, estamos constituidos por innumerables fragmentos; somos la suma de una larga serie de personajes: el bueno, el malo, el codicioso, el ambicioso, el que sufre, el que quiere comprender el sufrimiento y el que quiere escapar de él. Somos esta fragmentación no sólo en nuestro interior, sino también de la piel hacia afuera, puesto que somos el mundo, y el mundo es lo que nosotros somos. Somos nosotros quienes hemos creado esta sociedad; y aunque nos hemos convertido en sus prisioneros, formamos parte de ella: es obra nuestra. Por eso hemos de comprender en su totalidad el fenómeno de la existencia.

Así que empecemos por examinar nuestras vidas; no la vida de ningún santo, no la vida descrita en ningún libro ni la vida del *gurú* predilecto, ni la que a uno le gustaría vivir, sino lo que es de hecho nuestra vida de cada día: la monotonía y el aburrimiento que se han instalado en ella, el sentimiento de soledad, el miedo a vivir, la agresividad, la violencia, los placeres sexuales, la alegría, la superficialidad de la mente, la mezquindad de nuestro vivir, la aceptación, la imitación y el conformismo irreflexivos. Esto es nuestra vida diaria –su vida diaria–, y es, por tanto, lo que debemos comprender. Y en el propio proceso de la comprensión debemos ver si es posible transformar todo eso radicalmente, si es posible acabar por completo con el sufrimiento de nuestras vidas, si es posible vivir sin miedo; debemos descubrir por nosotros mismos qué significa amar, y descubrir qué es la muerte, tan temida. Nuestra vida es todo esto, y por eso debemos mirarla cara a cara tal cual es, sin miedo a lo que vayamos a encontrarnos, sin desesperanza ni esperanza. Lo primero que debemos hacer es observar.

¿Son capaces de observar su vida? Si lo hacen, ¿no la ven marcada por una sensación de esfuerzo constante, de insuficiencia, conformismo, miedo, búsqueda de placer? ¿No ven que su vida tal como la viven, y tanto si son conscientes de ello como si no, está dominada por el miedo, la ansiedad, un intenso sentimiento de soledad y un aburrimiento absoluto? Ésta es su vida; y al observarla y no saber cómo resolverla, uno escapa de ella. ¿Es posible cambiarla en modo alguno, no únicamente sus circunstancias externas, sino la estructura interna que las ha creado? ¿Es posible cambiar radicalmente nuestra naturaleza psicológica? Porque si no es así, seguiremos faltos de energía; mientras que si ese cambio es posible, tendremos energía desbordante. Pero hemos llegado a la conclusión de que es imposible un cambio radical; hasta tal punto nos hemos acostumbrado a vivir con miedo, a sufrir, a escondernos de nuestras desgracias secretas que pensamos que son imposibles de cambiar. Por eso hemos convertido nuestras vidas en algo que no es posible cambiar y escapamos así de esa cuestión tan fundamental.

Vamos a averiguar si, independientemente de cómo seamos –intelectuales, sentimentales, seres humanos aburguesados con una perspectiva reaccionaria de la vida–, tenemos alguna posibilidad de cambiar. Vamos a investigarlo juntos; y explorar juntos significa que van a compartir la investigación, que también van a ser muy serios a la hora de averiguar si ese cambio es posible. El cambio del que hablamos no puede suceder si no es en la relación. No pueden aislarse y tratar de resolver todos sus problemas. Los problemas únicamente pueden resolverse en la relación, ya que sólo en la relación descubre uno todas sus preocupaciones, sus angustias, toda su confusión. Es nuestro problema; es nuestra desdicha. Ésta es nuestra Tierra, para que vivamos y seamos felices en ella, para que disfrutemos del esplendor de la naturaleza, de la belleza de la vida, no para que suframos a perpetuidad y vivamos sumidos en la infelicidad y la confusión. De modo que, juntos, tenemos que resolver esto. Y juntos significa en relación.

Al observarse, ¿no perciben que pese a adoptar diferentes formas, son dos los principios activos que hay en ustedes: el placer y el miedo? ¿Se dan cuenta de que tanto la búsqueda de Dios como el deseo de convertirse en alguien importante tienen como base el principio del placer, y que, paralelamente a él, está activo el principio del miedo? Ambos están presentes, y nosotros queremos más del primero y menos del segundo. Estando ahí sentados, en este momento no tienen miedo; quizá lo tengan al irse de aquí, pero en este instante no sienten ningún temor. Sin embargo, el miedo está siempre latente, como telón de fondo y, por eso mismo, no está en nuestra mano forzarlo a que se manifieste para poder observarlo. Uno no puede decir: «Bueno, voy a tener miedo y a examinar lo que sucede»; pero si uno comprende qué es el apego, puede descubrir lo que significa estar atemorizado. Como decíamos, el miedo y el placer son los dos movimientos principales y contradictorios que rigen nuestra vida. Llevados por el miedo –o sin darse cuenta de que tienen miedo–, se apegan a alguien o a algo, y se vuelven dependientes de personas e ideas, de su *gurú*, su esposa o su marido. Al observar, ¿se dan cuenta de que dependen de otras personas? No me refiero al cartero o al lechero, sino a determinadas personas de su entorno, o a alguien en quien hayan depositado su confianza. ¿Se dan cuenta de que dependen de ciertas personas?

Y ¿en qué se traduce esta dependencia? De entrada, es obvio que cuando uno depende de alguien no hay libertad. Da igual que se trate de su *gurú* o de su esposa; depende psicológicamente de esa persona porque encuentra bienestar, porque se siente reconfortado, y esa dependencia le hace querer poseerla, dominarla o someterse a ella. Si uno observa esa dependencia, ve que su origen es el miedo: miedo a ser incapaz de estar solo, miedo a cometer errores, miedo a no estar siguiendo el camino correcto –que es un *gurú*–, miedo a vivir sin el consuelo de alguien, a no tener un compañero, a que no haya nadie de quien depender. Así pues, en este mismo instante, sentados donde están, al observar la dependencia ven que realmente tienen miedo; sin necesidad de provocar la aparición del miedo, descubren que en esencia son seres humanos atemorizados. ¿Estamos comunicándonos? La comunicación, como decíamos el otro día, es compartir un problema común; y éste es nuestro problema común. Vemos que cuando uno depende de otra persona, inevitablemente ha de haber, no sólo miedo, sino también celos y ansiedad; y porque depender de alguien implica todo esto, surge la pregunta: ¿puede la mente liberarse de esa dependencia? Porque el caso es que a la gente le gusta sentirse poseída; ¿no lo han advertido? Les gusta pertenecer a alguien, o pertenecer a un grupo, comprometerse con cierto curso de acción y vestir, como los demás, la misma túnica azafranada, pues obtienen de todo ello una sensación de seguridad, de estar llevando una vida de rectitud. Si lo examinan con mucha atención, verán por sí mismos que la base de todo es el miedo. ¿Estamos observando esto juntos?

Y la cuestión ahora es si tenemos la posibilidad de liberarnos totalmente del miedo, no sólo del miedo superficial que está en la base de las relaciones y la dependencia, sino del miedo arraigado en lo más profundo de nuestro ser. ¿Pueden, como seres humanos, liberarse por completo del miedo? Cuando están atemorizados, hacen estupideces de lo más increíble, se comportan casi como seres trastornados, neuróticos, son incapaces de pensar con claridad, de ver lo que tienen delante. ¿No se han dado cuenta de que su vida se vuelve entonces desgraciada y triste? Se convierte en una carga, en una tortura. Y puesto que no sabemos cómo resolver ese miedo, escapamos de él; con tal de poder escapar, somos capaces de hacer las cosas más absurdas. De modo que vamos a averiguar ahora si es posible vivir sin ninguna clase de miedo.

Está, por un lado, el miedo al dolor físico. Todos hemos sufrido algún dolor físico, bien un padecimiento atroz o bien simples dolores superficiales, y ese dolor ha dejado una huella en el cerebro. Uno tuvo un dolor años atrás o hace unos días, y existe el recuerdo de ese dolor, que uno no quiere que se repita. ¿Qué sucede, entonces? La idea de que el dolor podría repetirse lleva implícito el miedo. El pensamiento, que es la respuesta de la memoria, dice: «No quiero volver a sentir aquel dolor». Desde el punto de vista fisiológico, no es posible olvidarlo; está registrado en el cerebro, y cada vez que uno piensa en él, intensifica su recuerdo; luego pensar en él incrementa el miedo al dolor, ¿comprenden? Pensar en el pasado alimenta ese dolor y el miedo a volver a padecerlo en cualquier momento futuro –lo cual sigue siendo pensar en el dolor–, y el pensamiento dice entonces: «No podría soportar volver a sufrir de aquella manera».

Así pues, el pensamiento engendra miedo; y no sólo del pasado, sino del futuro. Cuando pienso que podría quedarme sin trabajo, ese "podría" está en el futuro, y me hace estremecer; cuando pienso en la muerte, el simple hecho de pensar en ella me aterra. Por favor, a menos que sigan esto paso a paso con atención, no podrán erradicar el miedo. Juntos vamos a ver si es cierto que no podemos liberarnos completamente de él. Si son capaces de hacerlo, serán personas libres, y podrán olvidarse para siempre de todos sus *gurús*; serán capaces de pensar, ver, vivir con inmensa claridad y en un estado extático. Así es que, juntos, debemos comprender la esencia de esta cuestión.

El pensamiento sustenta, da continuidad al dolor psicológico y también al dolor físico. Quédense con eso; deténgase ahí. O sea, ayer experimentaron un intenso deleite –sensual, sexual, el deleite de ver una hermosa puesta de Sol o el bello porte, la dignidad y la fuerza de un árbol magnífico–, y todo ese placer ha quedado grabado en el cerebro. En el instante de ver la puesta de Sol, no había ninguna sensación de querer que ese momento se repitiera; lo único que había era el estar experimentando su belleza. Pero un segundo después, uno piensa en lo hermoso que ha sido, y quiere volver a vivirlo. Ese deseo de que el momento se repita es el comienzo del placer; el deseo de volver a experimentar una y otra vez la dicha producida por cierta vivencia, el perseguir lo que dio origen a esa dicha es placer, o sea, es pensamiento. Eso es el placer: ver la puesta de Sol, pensar en ella a continuación y querer que se repita, ¿no es así? Eso es lo que sucede tras experimentar el placer sexual: la repetición, la imagen, el pensar en ello..., ya saben como es eso; y el deseo de volver a experimentarlo. Vemos, pues, que el pensamiento, el pensar, engendra miedo así como placer, y da continuidad a ambos. Ahora bien, si en el momento de sentir un dolor físico, ayer o hace dos años, uno le pone fin y el dolor no queda registrado, entonces no hay continuidad posible, no hay esa continuidad que el pensamiento le habría dado de haber podido pensar en él. Voy a examinar esto más a fondo.

Escuchen, por favor, porque somos seres humanos no simplemente animales. Tenemos que vivir con inteligencia; tenemos que vivir una vida de excelencia, de belleza, no una vida dominada por el miedo, que es ansiedad, que es culpabilidad, que es una constante sensación de fracaso. Ya conocen el miedo: el miedo a la oscuridad, el miedo a la muerte, el miedo a perder lo que se posee, el miedo a no llegar a ser una persona importante; son innumerables las formas de expresión, pero el miedo que las origina es siempre el mismo. Y es el pensamiento el que alimenta, sustenta y da continuidad al miedo y el placer; el mismo pensamiento que ha creado en el mundo auténticas maravillas en el campo de la tecnología, la medicina, las ciencias es el que sustenta el placer y el miedo. Luego la cuestión es: ¿se puede poner fin al pensamiento?

¿Qué es el pensamiento? ¿En qué aspectos debe el pensamiento funcionar plenamente, con lógica, con cordura, y en cuáles debe permanecer completamente sin intervenir? El pensamiento es la respuesta de la memoria, es decir, del conocimiento y la experiencia almacenados en el cerebro. La inteligencia, la memoria, o sea, el conocimiento, ha creado un cohete capaz de ir a la Luna, diferentes prodigios tecnológicos, la bomba atómica, el aeroplano, cosas extraordinarias; y, no obstante, ese mismo pensamiento perpetúa el miedo, y ese mismo pensamiento ansía el placer, que a su vez se convierte en miedo. ¿Se dan cuenta de la dificultad que esto plantea? El pensamiento es imprescindible para que podamos funcionar racional y objetivamente, con lógica, con lucidez, con cordura, y vemos también que él es el responsable del miedo constante en el que vivimos. Pregunto: ¿por qué cuando uno experimenta algo, un dolor físico o psicológico, interviene el pensamiento y lo retiene? ¿Por qué? ¿Se están haciendo esa misma pregunta?

Para hablar inglés, necesito tener gran conocimiento, memoria de ese idioma, pues el pensamiento utiliza palabras con el fin de transmitir algo. Es decir, el pensamiento utiliza el conocimiento para facilitar la comunicación verbal, y utiliza asimismo el conocimiento para engendrar miedo. En mí está el conocimiento del dolor y el placer de ayer, y el pensamiento elude el primero y se aferra al segundo; ¿por qué?

Ésta es una pregunta. Otra es por qué interfiere el pensamiento cada vez que se tiene una experiencia. Contemplo la puesta de Sol, la belleza de la luz, y en ese instante no hay pensamiento alguno, pero un segundo después el pensamiento llega, se aferra a esa experiencia, quiere que se repita, y la convierte así en conocimiento, es decir en placer; o he sentido dolor y el conocimiento en este caso es el recuerdo de ese dolor, de acuerdo con el cual, o dependiendo del cual, el pensamiento dirá que no quiere que la experiencia se repita jamás. Esto es lo que hace constantemente, moviéndose siempre entre el placer y el dolor. De modo que el responsable, tanto del uno como del otro, es el miedo.

¿Empieza a aburrirles lo que se está diciendo? Ésta es su vida, amigos míos; una vida en la que no hay amor. El placer no es amor. ¿Comprenden? El placer, el deseo, no es amor.

Así pues, el conocimiento es esencial en lo práctico y, a la vez, en lo psicológico es el artífice del miedo. Por tanto, cada uno debe descubrir, no recibir información de quien les habla, sino descubrir por sí mismo qué es lo que actúa cuando el pensamiento está ausente. Decíamos al comienzo de la charla que íbamos a mirar de frente nuestras vidas, que íbamos a observarlas, a examinarlas, no a escapar de ellas. Así que están ustedes entre la espada y la pared; deben cambiar; ahí sentados, no tienen escapatoria posible. Se encuentran cara a cara con su vida, y descubren en ella estos dos principios básicos: el placer y el miedo. Los descubren, no es que quien les habla les diga que existen, sino que los ven y, a medida que examinamos juntos la cuestión, ven la naturaleza del miedo y la naturaleza del placer. Al ver esto, no se juzgan a sí mismos y se imponen no sentir ni lo uno ni lo otro, sino que los investigamos juntos, y tratamos de comprender el placer y de comprender el miedo; en ningún momento surge la idea de que deberíamos librarnos de ellos, pues cuando uno comprende algo, se libera de ello espontáneamente, y sólo es posible comprender algo cuando lo miramos tal cual es, cuando lo investigamos, cuando aprendemos acerca de ello. Y estamos aprendiendo juntos acerca del miedo, al igual que estamos aprendiendo acerca del placer.

Si han seguido esto paso a paso desde el comienzo, si han ido observándolo en sí mismos, su mente se habrá vuelto sensible y alerta en extremo, y se dará plena cuenta de este problema en su totalidad. Eso significa que pueden profundizar, tener una visión instantánea de la cuestión y comprenderla de inmediato, no a lo largo de un proceso de análisis, sino al instante. Cuando uno ha observado todo esto paso a paso, ve que su mente está aprendiendo, y que al sensibilizarse ante el problema que antes siempre había eludido, se ha despertado en ella la inteligencia. Ahora son sensibles al problema del miedo y el placer, y por consiguiente están aprendiendo acerca de ellos; y esa mente que está aprendiendo no tiene ningún conocimiento anterior; está aprendiendo ahora, no antes.

Escuchen, escuchen. Quiero transmitirles esto con todo mi corazón, para que puedan irse de aquí como seres humanos intensamente vivos, y no como seres eternamente atemorizados. Miren, cuando aprenden acerca de algo sobre lo que no saben nada, lo que reciben es nuevo por completo; su mente está en blanco; es una mente que no sabe. Uno aprende a hablar un idioma a medida que va adquiriendo conocimientos de él, y finalmente es capaz de hablarlo; pero en un primer momento no sabía nada. Ustedes creen que saben acerca del miedo, acerca del placer, pero en realidad no saben, y por eso están aprendiendo ahora. Una mente que está aprendiendo es una mente inteligente, a diferencia de la mente que cree haber aprendido, que cree saber lo que es el miedo. La mente que dice: «Usted que sabe, hábleme del miedo; usted es mi *gurú*, y creeré todo lo que me diga», esa mente es una mente estúpida, una mente neurótica, una mente muerta; no puede aprender. La mente que está aprendiendo es la que dice: «No sé; voy a observar el miedo por vez primera; voy a observar por vez primera el apego; voy a averiguar por vez primera qué es el placer». Hasta tal punto he asumido que el miedo, el apego y el placer son inevitables hábitos de vida, que no aprendo nada; al contrario, estoy cada vez más asentado en el miedo, cada vez más embotado, soy cada vez más estúpido.

Cuando uno está aprendiendo, la mente está despierta. Una mente que está despierta es una mente inteligente, y es esa inteligencia la que dice cuándo se ha de emplear el conocimiento y cuándo no. Deben descubrir la verdad acerca de esto por sí mismos; pues la verdad no puede ser un bien de segunda mano, no puede uno obtenerla de un *gurú* ni de un libro: uno tiene que aprender sobre ella. Y la belleza de aprender está en que uno no sabe. De manera que no saben lo que es la verdad. La realidad es ésa, que no lo saben; por tanto, aprendan sobre ella. Y para aprender, uno debe ser serio y apasionarse por descubrir. La mente inteligente es la mente que está aprendiendo, no la mente repetitiva o dominada por el hábito. El aprender trae consigo inteligencia, como la inteligencia que está viva en uno cuando es un excelente ingeniero o científico. Si realmente están aprendiendo, por sí mismos, no de mí, entonces tienen esa extraordinaria cualidad de inteligencia que no puede conseguirse por medio de ningún manual.

Ahora vamos a aprender juntos sobre lo que es el amor. Vamos a aprender, porque no saben lo que significa, por más que hayan usado, repetido y definido la palabra mediante máximas, como «el amor es divino, el amor es sagrado, el amor no es profano»; creen haberla comprendido, cuando en realidad sólo la han sepultado bajo una montaña de conceptos. ¿Saben qué es el amor? ¿Lo saben? Si dejan a un lado la hipocresía, si son realmente sinceros, responderán: «Lo cierto es que no lo sé. Sé lo que son los celos; sé lo que es el placer sexual al que llamo amor; sé la agonía que supone vivir eso a lo que uno llama amor». Pero sobre la naturaleza del amor, sobre su belleza y la verdad del amor, no saben nada, ¿no es así? Por tanto, averigüemos qué es; aprendamos acerca de él. Cuando uno está aprendiendo, tiene la mente despejada, abierta; no es una mente vieja, marchita, deteriorada. Sin importar la edad que uno tenga, cuando aprende, la suya es una mente inmaculada, una mente que acaba de nacer. Por eso la costumbre, la tradición, es una carga tan letal; porque impide que uno aprenda.

Así pues, ¿qué es el amor? No se formen ninguna opinión al respecto; no lleguen a ninguna conclusión, ya que en ese caso habrán dejado de aprender. Ahora vamos a averiguarlo. Y esto quiere decir que no se conformarán con pensar que han aprendido verbalmente lo que significa; eso no es amor; debe tener la necesidad ardiente de descubrir su significado. ¿Qué es el amor? ¿Es placer, es deseo, es producto del pensamiento, es el amor de Dios y el odio del hombre? Eso es lo que hacen, ¿no es cierto?; "aman" a Dios y tratan a sus semejantes a patadas; "aman" al político... bueno, quizá precisamente el político no sea un buen ejemplo, pero "aman" a su jefe, "aman" a su esposa. ¿De verdad aman a su esposa? ¿Qué quieren dar a entender cuando dicen eso? Cuando uno ama algo, cuida de ello. ¿Aman a sus hijos? ¿Qué significa que uno ama a sus hijos? Que cuida de ellos, no sólo cuando son pequeños, sino también según van haciéndose mayores; que se ocupa de que tengan la educación correcta. Cuando uno ama a sus hijos, no es simplemente su porvenir lo que le importa: el que encuentren un trabajo seguro, se casen y sigan al pie de la letra lo que han aprendido de la generación de sus mayores, de ustedes.

¿Qué es lo que han aprendido de ella? ¿Qué es lo que ha creado esa generación? ¿Qué idea del mundo, y qué mundo, han transmitido a sus hijos?

El amor no es envidia. Una persona ambiciosa jamás podrá comprender lo que es el amor, ¿no les parece? ¿Y una persona agresiva? Sin embargo, siguen siendo violentos, agresivos, competitivos, ambiciosos; esto es un hecho, ¿no es así? Por tanto, eso a lo que llaman amor es placer. Y en cuanto a su familia, se trata de una entidad mortífera. Puede que les parezca un disparate que alguien hable así de su familia, a la que dicen amar. ¿Saben lo que significa amar a alguien? Significa que no hay división. Su familia es una entidad funesta, excluyente, corrupta, puesto que cada familia está enfrentada a todas las demás. ¿Cómo pueden amar a su esposa o a sus hijos cuando son ustedes ambiciosos, cuando en sus negocios se sirven del engaño, halagan a sus superiores, y su meta es ascender en la escala social? Si son violentos, ¿cómo pueden amar?

Para averiguar qué es el amor, abórdenlo mediante la negación; es decir, no sean ambiciosos. Profundicen en esto. Dicen que si no son ambiciosos, el mundo les destruirá. Bien, si eso es cierto, déjense destruir; en cualquier caso, es un mundo absurdo, un mundo monstruoso e inmoral. Si realmente quieren descubrir la belleza, la verdadera cualidad del amor, deben renegar de toda la supuesta virtud que el ser humano ha cultivado; porque lo que, de hecho, han cultivado ha sido la ambición, la codicia, la envidia, la competitividad, el apego a su pequeño "yo" y a su pequeña familia. Su familia es lo que son cada uno de ustedes, y por eso la aman. Se han identificado con la familia, lo cual significa que se aman a sí mismos, no a su familia, no a sus hijos. Si de verdad amaran a sus hijos, el mundo sería un lugar muy diferente. No habría guerras, señores.

De modo que para averiguar qué es el amor, deben dejar de lado lo que el amor no es. No lo van a hacer, ¿verdad? ¿Me equivoco? Están dispuestos a hacer cualquier cosa menos ésa. No tienen inconveniente en ir a los templos, a los *gurús*, en leer libros sagrados interminables, repetir *mantras*, engañarse a sí mismos, y están siempre deseosos de hablar sobre su amor a Dios, su devoción a su *gurú* y todas esas tonterías, pero no están dispuestos a hacer absolutamente nada por averiguar lo que significa amar.

Investiguen por sí mismos qué significa ser agresivo. Porque eso es lo que son en su vida familiar: agresivos, dominantes, posesivos –todo ello, por supuesto, hecho de forma muy sutil–; pero, en fin, nadie conoce mejor que uno mismo las artimañas que todos emplean. Y es obvio que una persona con el corazón rebosante, no de amor, sino de las elaboraciones del pensamiento, creará un mundo monstruoso, construirá un sociedad totalmente inmoral. Eso es lo que han hecho. Así pues, para averiguar lo que significa ser agresivo, todo eso que han hecho lo han de deshacer; y no a lo largo del tiempo, de modo gradual, pues ésa es sólo otra treta de la mente, aunque digan que es su *karma*. Cuando uno de verdad descubre lo terrible que es la agresividad, tanto a pequeña como a gran escala, se desprende de ella instantáneamente. Y en ese abandono hay una inmensa belleza.

Y tenemos que averiguar también lo que significa morir. Ustedes no saben nada acerca de la muerte, ¿no es cierto? Han presenciado la muerte; han visto morir a algunas personas, han visto cómo a otras las transportaban hacia la tumba, pero no saben lo que significa morir. Tienen teorías y creencias sobre la muerte; dicen que creen en la reencarnación. ¿Creen en ella de verdad?

EL PÚBLICO: Sí.

KRISHNAMURTI: ¿Saben qué significa reencarnarse? Escuchen con atención: significa que nacerán, que uno encarnará en una próxima vida. ¿Qué es ese "uno"? Dan por hecho que "uno" es lo que nacerá; eso es en lo que creen. Pero ese "uno" ¿qué significa? La cuenta bancaria, la casa, el empleo, los recuerdos, las riñas, las ansiedades, el dolor, el miedo, ¿no es "uno" todo eso? ¿Niegan que eso es lo que son? ¿Consideran, quizá, que el "yo" es algo más importante que eso? Si dicen que "yo" no soy mis muebles, ni mi cuerpo ni mi familia ni mi trabajo, sino algo muy superior a eso, ¿quién lo dice? ¿Cómo saben que existe algo muy superior? El que lo dice sigue siendo el pensamiento. ¿Creen que no es así? Eso que es tanto más elevado, el "Yo superior", el *atman*, etcétera, sigue perteneciendo al ámbito del tiempo, ¿no es así?, puesto que sigue dentro del ámbito del pensamiento. Y el pensamiento es uno, sus muebles, su cuenta bancaria, el apego a su familia, a su nación, a sus libros, a sus obras, a sus deseos insatisfechos. Uno es todo eso, y quieren creer que cuando se mueran, toda esa basura retornará y nacerá en su próxima vida. Si de verdad creyeran con el corazón, y no con sus pequeñas mentes superficiales, que se encarnarán en una próxima vida, vivirían el día de hoy en toda su plenitud, porque lo que hagan hoy, lo pagarán en esa vida futura. Pero ustedes no creen en nada; tal como demuestra su conducta, su comportamiento, su forma de "amar" a su familia, todo eso en lo que dicen creer son sólo palabras.

Como decíamos, no saben nada sobre la muerte; no saben lo que es, si es hermosa, desastrosa, horrenda, o si todo termina cuando uno muere, ¿no es así? Cuando se mueran, van a quedarse sin su cuenta bancaria; no se la pueden llevar, aunque tengan la libreta del banco a su lado hasta el último momento –la mayoría de la gente se aferra a ella hasta el final, es bastante divertido, ¿no creen?–. Así es que no saben nada acerca de la muerte. Por tanto, vamos a aprender acerca de ella, ¿les parece? Aprender, no repetir lo que diga quien les habla, porque si repiten lo que él dice, sólo serán palabras, nada más.

El organismo físico muere, obviamente. Es posible que los científicos consigan darle cincuenta años más de vida, pero al final muere, debido al uso y abuso que se ha hecho de él. Me refiero a la cantidad de presiones a las que se ha visto sometido; al deterioro que ha sufrido a causa del alcohol, las drogas, una alimentación inadecuada y las batallas constantes, todo lo cual le ha impuesto una tensión que ha provocado un paro cardiaco o una enfermedad. El cuerpo morirá. Pero ¿morirá alguna otra cosa? ¿Habrá algo más que muera con el cuerpo? ¿Qué pasará con sus muebles, sus conocimientos, todas sus esperanzas, su desesperación y sus satisfacciones? ¿Morirán también?

¿Qué es la muerte? Aprendan, por favor. Estamos aprendiendo juntos. Para averiguar lo que significa, uno debe morir, ¿no es así? Uno, con sus ambiciones, debe morir a la ambición, debe morir a su deseo de poder, de posición y prestigio, a sus hábitos, a sus tradiciones. No lo discutan; no pueden discutir con la muerte. No es posible implorar: «Por favor, unos días más; necesito terminar mi libro», o «todavía no; quiero tener otro hijo». No se puede discutir con ella; por tanto no discutan, ni tampoco la justifiquen diciendo: «Así ha de ser». Simplemente ríndase, muera por completo a cualquier cosa: a su vanidad, a sus aspiraciones, a sus imágenes de sí mismo, de su *gurú* o de su esposa; pónganle fin. Entonces sabrá lo que significa morir, sabrá lo que es una mente que ha muerto al pasado. Sólo la mente que cada día pone fin a todo lo que ha aprendido es capaz de ir más allá del tiempo.

Ahora bien, señores, ya lo han escuchado. Lo han escuchado y, por tanto, han aprendido lo que es el miedo, lo que es el placer; y si han aprendido acerca de ambos, sabrán lo que es el amor. El amor es esa cualidad de la mente –y por mente me refiero al cerebro, al corazón, al ser entero– en la que no existe división alguna, lo cual significa que no hay fragmentación en uno. De modo que cuando lo hayan hecho, tendrán una mente maravillosa, y un corazón inocente. Aprendan todo lo que han observado hoy, y mueran a ello. Mueran a todo lo que han aprendido aquí, para que mañana al despertar su mente tenga de nuevo claridad absoluta; si, por el contrario, trasfieren la carga de hoy a mañana, estarán dando continuidad al miedo. Por eso, mueran, pongan fin a cada día, y descubrirán la belleza de la vida, la belleza de la verdad. Entonces no necesitan aprender nada de nadie, porque entonces *estarán* aprendiendo.

14. ¿PUEDEN SOSTENER LA TIERRA EN LA MANO, RETENER EL MAR EN EL PUÑO?

Hemos tratado diversos problemas de nuestra vida y espero que mientras conversábamos juntos sobre ellos, al menos algunos hayan aprendido a observar sus propios problemas íntimos, y no sólo los problemas personales, sino también los problemas del mundo. Si les parece, vamos a hablar ahora sobre un tema que si se comprende perfectamente, puede abarcar todos nuestros numerosos problemas y provocar, no sólo un cambio psicológico, sino una transformación del mundo exterior. Es posible que, además, esa comprensión nos dé una forma de percibir, una forma de ver, que vaya más allá de la mera percepción verbal o sensorial.

Dijimos que íbamos a hablar sobre la meditación. Es una palabra que, al igual que la palabra *amor*, o *disciplina*, está cargada de connotaciones. Todos entendemos su significado; probablemente algunos incluso la hayan practicado, siguiendo, en casi todos los casos, un sistema, un método, una disciplina ejercitada a diario, y sabrán por consiguiente lo que hay implicado en esa palabra, su significado. Es más bien una desgracia que al parecer sepan tanto sobre ella. Ojalá no fuera así, ya que entonces podríamos investigarla juntos y descubrir cada uno de nosotros sus verdaderas implicaciones; ahora bien, si dicen saber ya lo que es, no hay nada que decir. El problema es que tengo serias dudas de que sepan realmente lo que significa la meditación. Se les ha explicado lo que deben hacer; desgraciadamente han seguido a rajatabla diversos sistemas, y debido a todo ello, sus mentes no tienen libertad para observar, investigar y profundizar en esta cuestión tan extraordinaria. Han llenado sus mentes y corazones con las experiencias, conclusiones y aseveraciones de otros.

Como tristemente sucede con todo lo demás, aceptamos lo que nos dicen, porque nosotros no sabemos. Nos sentimos inseguros, infelices, confundidos, y cuando aparece alguien diciendo que si hacemos ciertas cosas – si meditamos, si cerramos los ojos y respiramos de cierta manera– nuestra mente encontrará la paz, lo aceptamos sin hacer objeciones. Y a partir de ese instante, ya no somos libres para poder investigar, para averiguar por nosotros mismos qué es la meditación –que nada tiene que ver con ningún sistema, ni tiene nada en absoluto que ver con ningún acto de la voluntad, y que, por supuesto, no tiene la menor relación con el conformismo, puesto que todo método, todo sistema, implica una práctica que le conducirá a uno a una conclusión o a un estado determinados de antemano–. El sistema, el método suponen practicar mecánicamente una fórmula establecida, repetirla una y otra vez, con la esperanza de experimentar lo que el *gurú*, el maestro o el libro le han prometido a uno. Y cuando uno hace eso, no sólo se convierte en una persona de comportamiento mecánico, insensible, sino que –como uno ve, si lo observa– su mente se aturde. Éste es un hecho obvio, y es lógico que sea así. A pesar de ello, se empeñan en encontrar métodos; constantemente preguntan «cómo», «¿cómo debo meditar?». De entre lo más bajo que puede hacer alguien con respecto a algo tan inmenso es pedir a otro: «Dígame lo que he de hacer; explíqueme como sostener la Tierra en mi mano; cómo retener el mar y el aire en mi puño».

Si observan, verán que todos quieren experimentar algo por medio de un método; y un método supone no sólo conformarse, amoldarse, no sólo medir el progreso conseguido, sino que está implícita en él la idea de un sistema, de un sendero que conduce a una meta prefijada, ¿no es así? Creen que su *gurú* o aquellos que dicen haber experimentado la verdad, lo han hecho gracias a un sistema o método concretos. Para ellos, la verdad es un punto fijo, y si pretenden llegar a él, sólo tienen que practicar. Es una idea tan ilógica, tan irracional, tan sinsentido; basta con que observen su vida para ver que no existe en ella nada estable, nada permanente. Puede que uno quiera que sea permanente la relación con su esposa, con sus hijos, con su vecino, con su sociedad; pero nada es permanente; ni su cuenta bancaria ni ninguna relación son permanentes; todo está en un flujo constante, en constante movimiento. Consciente o inconscientemente sabemos que es así, por tanto buscamos algo estable, que perdure, algo en lo que nos podamos apoyar; y a eso lo llamamos "la verdad", "Dios", o como uno prefiera.

Así pues, se dan cuenta, ven el hecho de que la verdad, la realidad, no tiene morada fija. Es como un océano inexplorado, tiene que encontrar la forma de salir –no su salida o la de alguien más, sino la salida–. Siempre que uno siga un sendero para llegar a la realidad, en él está implicado el tiempo: para recorrer la distancia entre un punto y otro, se necesita tiempo, días de viaje; y en ese periodo de tiempo intervendrán factores imprevistos. Para solucionarlo, uno decide concentrarse, centrar su interés en una sola cosa y rechazar todo lo demás, subyugar todo lo demás a ese único factor. Observen cómo el proceso mecánico de cualquier sistema origina insensibilidad, represión, resistencia frente a lo que uno es en realidad y nos impone aquello que uno cree que debería ser; por tanto, surge el conflicto. Esto significa que la meditación que practican ateniéndose a un sistema es un proceso de conflicto y lucha sin fin. Quieren controlar lo que sucede, reprimir cualquier interferencia, de modo que se imponen a sí mismos una disciplina: se fuerzan a estar sentados en silencio, a respirar de la forma adecuada y a realizar ejercicios fantásticos, con la esperanza de que finalmente alcanzarán algo, sobre lo cual no saben absolutamente nada. Por eso, una persona inteligente, sensata, rechazará de plano toda idea o concepto de un sistema de meditación, puesto que no conduce a ninguna parte.

También creen firmemente en la idea de que pueden experimentar la verdad, encontrar la realidad, alcanzar la iluminación. ¿No han escuchado decir a sus *gurús*, a los que quieren enseñarles a meditar, que ellos han experimentado la iluminación? El otro día una persona vino a verme y me contó que había experimentado la realidad, que sabía lo que era la verdad. ¡Cómo se puede decir algo tan estúpido! Cuando alguien dice que sabe, ¿qué es lo que sabe? Cuando digo que sé, lo que sé es algo que sucedió, que ya no es; sólo puedo conocer lo que ya sucedió, lo cual es el pasado, y eso significa que vivo en el pasado. Por favor, obsérvenlo en sí mismos. Si prestan atención a su vida, verán que es así. Cuando le dicen a alguien: «Te conozco», lo único que conocen es la imagen que tienen de esa persona, y esa imagen es el pasado. El que diga que conoce la verdad, no sabe nada acerca de ella; lo que conoce es pasado, está muerto.

Hay mucha gente que habla de los estados extraordinarios que ha experimentado. ¿Han examinado alguna vez la palabra *experimentar*? *Experimentar* significa "pasar por algo". Cuando uno pasa por algo, eso por lo que ha pasado queda atrás; se ha terminado. Ahora bien, si uno no completa el movimiento, la experiencia queda grabada en la memoria, se convierte en recuerdo, y lo que uno experimenta entonces es el pasado. Miren, en el momento de estar experimentando algo realmente, ya sea la ira, el sexo o la violencia, no existe una entidad separada, el experimentador; ¿se han dado cuenta? Cuando están verdaderamente enfadados, celosos o furiosos, el "yo", el "usted", el "experimentador" está totalmente ausente; pero unos segundos después el experimentador es cuando aparece y pone nombre a lo que acaba de experimentar.

Como decíamos, aquellos que dicen saber no saben; aquellos que dicen haber experimentado la realidad no la han experimentado nunca. Porque, además de su significado de pasar por algo, experimentar implica que uno ha de ser capaz de reconocerlo; si no, no lo puede experimentar. Si yo no lo reconociera, señor –lo cual es una experiencia–, no sabría quién es. De modo que cuando esas personas emplean la palabra *experiencia*, en ella está implícito el reconocimiento. Para reconocer algo, uno tiene que haberlo conocido con anterioridad, y aquello que uno ya conoce no es lo real. Por tanto, abandonen completamente todos los sistemas, y cuídense de todo aquel que asegure haber tenido un experiencia real o que diga que sabe; no caigan en su trampa, porque se trata de un medio para explotarlos.

Y esas personas les han dicho que deben aprender a concentrarse. ¿Han investigado alguna vez lo que significa la concentración? Su base es una acción de la voluntad que consiste en oponer resistencia a cualquier factor que pudiera actuar como distracción y en enfocar la energía o el pensamiento en algo: una frase, una palabra…, una de esas palabras a la que llaman *mantras* y que repiten hasta la saciedad. La concentración implica oponer resistencia, ya sea para impedir que cualquier otro pensamiento se infiltre, o para controlar el pensamiento y evitar que interfiera; es un acto de la voluntad, es resistencia y represión. Necesitamos tener una mente libre, una mente llena de vitalidad, de energía; y en una mente que vive en conflicto constante la energía divaga. Y necesitamos energía; la necesitamos para ir al trabajo, para hacer cualquier cosa. Todo lo que hacemos requiere energía. Si son capaces de soltar su sistema de meditación predilecto, si son capaces de ver y comprender la verdad de que la concentración es meramente resistencia, y por consiguiente conflicto y pérdida de energía, entonces pueden averiguar por sí mismos lo que se necesita para que la mente se halle en estado de meditación.

Así pues, indaguemos juntos, ¿les parece? No estamos meditando juntos; ésa no es sino una de tantas tretas: la meditación en grupo; un montón de gente reunida que cierra los ojos e intenta meditar sobre una cosa u otra. Estamos investigando juntos lo que es la meditación, no estamos meditando, porque no saben lo que esa palabra significa; sólo saben lo que otros han dicho. Y deberían desconfiar totalmente de lo que otros dicen, incluido quien les habla; porque el problema es que se dejan persuadir con suma facilidad, y la razón es que están ansiosos por experimentar algo que piensan que es maravilloso. No se dejen influir por quien les habla.

Averigüemos, pues, cuál es la base indispensable para que la mente pueda tener la cualidad de la meditación. Hemos dicho que, en primer lugar, uno debe rechazar todos los sistemas, los métodos y el deseo de tener experiencias, y hemos explicado también lo que significa la palabra *experiencia*, y cómo tras ella se oculta el apremiante deseo de experimentar algo acerca de lo cual uno no sabe nada. Una vez que todo eso ha quedado atrás, y ha quedado atrás la gran farsa montada en torno a ello –todo ese circo de la respiración, las danzas, la exaltación emocional y el sentimentalismo, que lo dejan a uno mentalmente muerto–, podemos averiguar juntos lo que está implicado en eso a lo que se da el nombre de meditación. Vamos a descubrir juntos lo que significa meditar; no es que vayamos a averiguar cómo meditar, sino que vamos a descubrir la naturaleza y la estructura de una mente que es libre, en la que no existe ningún movimiento de la voluntad, puesto que la voluntad supone resistencia, oposición.

Empecemos, pues. Tengan presente que no están aprendiendo de quien les habla; cada uno es su propio *gurú*, su propio maestro, y también su propio discípulo, ya que la investigación sólo tendrá valor si llegan a las cosas por sí mismos. Es necesario que aprendan; imitar, someterse a la autoridad, no tiene ningún sentido.

Y lo primero es conocerse uno mismo, comprenderse uno mismo, pues de lo contrario no hay una base racional para pensar con claridad. Si no se comprenden a sí mismos, ¿cómo esperan comprender cualquier otra cosa?... y no hablemos de comprender algo que puede o puede no existir. De manera que el primer paso es comprenderse uno mismo, comprenderse tal como uno es en realidad, no la imagen de lo que a uno le gustaría ser, sino comprender la vileza, la insensibilidad, la violencia, la codicia, la envidia, la angustia de la soledad, la desesperación. Eso es lo que realmente son; y como han sido incapaces de resolverlo e ir más allá de ello, han introducido la idea del "superyo", del *atman*. Es una de sus tretas, que se les ha vuelto en contra y les hace vivir en perpetuo conflicto entre lo que son y lo que deberían ser, o lo que el *atman* les dice que deberían ser. Se hacen trampas a sí mismos y, obviamente, eso les impide comprenderse.

Para comprenderse uno mismo, uno ha de mirarse, uno tiene que mirar. Igual que miro cuando quiero ver un árbol o un pájaro, tengo que mirarme a mí mismo, porque no sé lo que soy. Tengo que aprender acerca de mí, olvidándome de todo lo que dicen los filósofos, los psicólogos, los libros, los guías y los *gurús*. ¡Por el amor de Dios, vamos a olvidarnos de todo eso y a descubrir lo que somos por nosotros mismos! Somos calculadores, envidiosos, egoístas, corruptos; somos personas de dos caras, que decimos una cosa y hacemos otra, seres hipócritas que vivimos fingiendo, escondidos tras nuestro repertorio de máscaras; y como mar de fondo de todo ello, una sensación de sufrimiento, de dolor, de ansiedad, de tristeza, de punzante soledad. Eso es lo que somos; y si no lo comprendemos y vamos más allá de ello, ¿qué posibilidad tenemos de comprender aquello que es de una belleza extraordinaria, inexpresable?

Aprender sobre uno mismo puede ser muy difícil debido a que uno está en constante movimiento. Uno cambia a cada momento; nadie es permanentemente codicioso, permanentemente sexual o violento. Uno está vivo; todo en él fluctúa, cambia, y es de ese ser vivo de quien se ha de aprender. Para ello hemos de observar con mirada siempre nueva, aprender todo de nuevo a cada instante. ¿Se dan cuenta de la dificultad que entraña? Uno es una entidad viva, no es un fósil, y es ese ser vivo al que tenemos que observar. Y lo que uno aprende acerca de él en un momento concreto, debe abandonarlo, para que al volver a mirarse un segundo después, lo que aprenda sea siempre nuevo –no es que uno haya aprendido y, con ese conocimiento que ahora tiene, observe lo que es un ser vivo–. Descubrirán, si lo hacen, que es en verdad fascinante lo que sucede al mirar y aprender así; porque entonces es muy poca la información que la mente retiene: se reduce a los conocimientos técnicos esenciales, nada más. De ese modo, la mente está atenta al movimiento del "yo" –que es una entidad tan compleja–, no sólo en el nivel superficial, sino en los niveles más profundos.

Puede que si uno es consciente y observa sus actividades superficiales, aprenda de nuevo a cada momento; pero ¿cómo aprenderá acerca de las estancias secretas de la mente, de los motivos ocultos, de la compleja herencia contenida en ella? Todo eso vive en uno, escondido; y ¿cómo aprenderá acerca de ello? Aprender no significa analizarlo, sino observarlo durante el día: todos los movimientos, todas las insinuaciones y señales de los deseos secretos. Obsérvenlos; atrévanse a descubrir las motivaciones, las intenciones, el lugar que ocupan la tradición y la herencia. Háganlo a medida que hablamos y verán que es posible hacerlo espontáneamente a lo largo de todo el día; y entonces, en el momento de irse a dormir, la mente estará en completo silencio. No habrá sueños, puesto que los sueños son una mera continuación, de forma simbólica, de los conflictos cotidianos; y si uno ha comprendido las actividades cotidianas de su vida –el egoísmo, la envidia, la ira–, verá que su mente se vacía a cada instante de todo el pasado. Así pues, dense cuenta de la importancia del conocimiento propio; no de aplicar lo que uno ha aprendido, sino de un continuo aprender: un aprender que no conoce otro tiempo que el presente activo.

De modo que necesitan disciplina, que en su origen significaba precisamente eso: "aprender". ¿Se dan cuenta de lo que hemos hecho con esta palabra? Hemos convertido el aprendizaje en represión, control, conformismo, imitación, y a eso le hemos llamado disciplina –como la que se le impone al soldado–. Hemos reducido la disciplina a una práctica rutinaria. Y en esa clase de disciplina, que es la que emplean todos los *gurús*, no hay libertad, hay únicamente deterioro y corrupción, mientras que el aprender sobre uno mismo –el aprender constante, no el haber aprendido– trae consigo su propio orden. Si estoy aprendiendo acerca del proceso entero del vivir, la acción misma de aprender lleva implícita su propio orden, que es su propia virtud; la virtud no es eso que ustedes cultivan. Por tanto, vemos que es necesario conocerse uno mismo, y para ello ha de existir ese orden verdadero, que es disciplina, y no ha de intervenir en absoluto la acción de la voluntad. Vamos a explorar un poco esto último.

¿Qué es la voluntad? ¿Lo han examinado? Cuando uno dice: «Haré; no haré; debo; no debo», ¿qué significa eso? Es la aseveración, la decisión, la afirmación de un deseo de *ser*; y en la acción de esa voluntad está presente la elección: «No haré esto, pero haré aquello». Por favor, presten atención; porque, a menos que aprendan todo esto por sí mismos, tendrán una vida desdichada, ¿comprenden? Pueden escapar de sí mismos, claro, dedicándose a danzar el día entero, o pueden luchar contra lo que son en realidad; eso es lo único que saben hacer: escapar o resistirse. La resistencia es lucha; y escapar es acudir al templo, al *gurú*, es el alcohol, las drogas, el sexo…, hay una variada gama de escapes. Y en todo ello participa la voluntad.

¿Puede uno llevar a diario una vida en la que no existan la dinámica y la acción de la voluntad? Eso significa una vida sin preferencias y elecciones, puesto que cuando uno siente que puede elegir, vive en la contradicción. La elección cobra presencia cuando uno está confundido, ¿no es cierto? Cuando uno no sabe qué hacer, su mente está confusa, y de esa confusión nace la ilusión de poder elegir, que conduce a su vez a un acto de la voluntad. ¿Por qué están confundidos, señores? La mayoría de la gente lo está; ¿por qué? La razón es que uno no acepta las cosas tal como son, de modo que intenta cambiar *lo que es* y convertirlo en algo distinto; y en cuanto lo hace, hay conflicto, y de él nace la confusión. La acción de la voluntad es, pues, producto de una mente confundida. En la meditación, por tanto, el movimiento de la voluntad no interviene en absoluto.

Si están haciendo todo esto, se encuentran ahora con el problema de la ilusión. El cerebro es producto del pasado.

La estructura cerebral, las células son el resultado de siglos y siglos de evolución. Para sobrevivir, el cerebro ha recopilado una colosal cantidad de conocimientos, pues lo único que le importa es eso: sobrevivir. Pero la supervivencia física es cada día más difícil a causa de la explosión demográfica y las divisiones nacionales. Ya hemos visto que donde hay división hay conflicto, hay guerra, hay sufrimiento; y el cerebro, en su búsqueda implacable de la seguridad que necesita para sobrevivir, prueba sin cesar una posible solución tras otra. Intenta encontrar la solución en las creencias, pone sus esperanzas en el nacionalismo, en la familia, en la cuenta bancaria, en una forma de vida neurótica; y al no encontrar en nada de ello la seguridad deseada, acaba confiando en que encontrará permanencia en una doctrina, en un dios, en una experiencia espiritual. Entonces ve que, ciertamente, existe seguridad en esa ilusión, y la ilusión cobra a partir de ese instante una importancia desmedida. Eso es todo lo que hacen: su nacionalismo es una ilusión, y son una ilusión sus dioses; son ustedes quienes los han inventado. Ni en sus *gurús* ni en sus sistemas morales existe seguridad alguna.

Como ya dijimos, el cerebro, que necesita seguridad completa para poder funcionar con sensatez, se da cuenta de que no existe ninguna seguridad en el pensamiento. Hasta ese momento había intentado encontrar seguridad en él porque era el único instrumento del que disponía, pero ahora ha visto que el pensamiento es memoria, que es pasado, que es la reacción del pasado; ha visto que el pensamiento no es libre, pues carga con todo el peso de los siglos y es la respuesta de la memoria; y ha visto, por consiguiente, que no hay seguridad alguna en las creencias con las que se identifican, sus dioses, sus sistemas políticos, sus organizaciones religiosas, sus ídolos, sus templos y sus *gurús*, porque todos ellos son invenciones del pensamiento. Vean la verdad acer-

ca de esta cuestión; no la palabra y lo que esa palabra significa, ni la descripción ni la explicación, sino la verdad sobre
este tema. ¿Qué sucede entonces? Pues sucede que, ahora,
la mente, las células cerebrales se ocupan sólo de la supervivencia, de nada más: ni de los dioses ni de las ilusiones. La
psique no existe, y lo único que importa entonces es la supervivencia física; que no es espiritual, que nada tiene de espiritual. Cuando el cerebro ve que la espiritualidad es una invención del pensamiento, una más de entre sus ilusiones, y se
ocupa exclusivamente de sobrevivir en el plano físico, el resto del cerebro queda totalmente vacío. Y eso significa que en
ese cerebro hay silencio total.

La conciencia es herencia, es el resultado del tiempo.
La conciencia es su propio contenido, que es tiempo, sufrimiento, confusión y desdicha. La inteligencia no tiene herencia. Cuando uno ve –cuando la mente ve– lo importante de
la supervivencia total, y nada más, en ese momento actúa la
inteligencia, y esa inteligencia organizará la sociedad de una
forma completamente distinta; entonces su moral será orden
verdadero.

Y llegamos ahora a la cuestión de qué es el silencio. ¿Qué
cualidad tiene una mente en la que hay silencio absoluto?
Espero que nos estemos entendiendo; porque quien les habla no ha emprendido este viaje solo, sino que estamos viajando juntos, y en ello hay amor, hay belleza, hay comunicación, hay un compartir. Ahora bien, ¿cómo es la mente que
está en completo silencio? Porque sólo esa mente silenciosa, que está libre de distorsión, de tormento, es capaz de observar. La mayoría de los seres humanos viven atormentados, porque a lo largo del tiempo se han torturado con el fin
de encontrar seguridad. Y la han encontrado –o eso creen– en
la ilusión, que se convierte en una tortura más; toda su disciplina, su *yoga* y sus ejercicios respiratorios son una tortura

compulsiva: «Debo levantarme a las seis; disciplinar el cuerpo, doblegarlo». ¿Qué le han hecho a su cuerpo, a su mente, a su corazón? El cuerpo tiene su propia inteligencia, y la han destruido con su engañoso deseo de placer.

Necesitamos saber lo que es una mente silenciosa; porque sólo cuando la mente, el cerebro, está en silencio total puede percibir. Si quiero comprender lo que me dice, debo escucharle en completo silencio. Cuando me dice: «Le amo», debo escuchar, ¿no es así?; debo escuchar con un corazón en el que no haya el más leve movimiento contradictorio. El corazón debe poder escuchar, y para ello se necesita una mente en completa quietud. Vean la verdad de esto; nada más. No pregunten cómo aquietar la mente, pues si lo hacen habrán vuelto a caer en la vieja trampa, y encontrarán miles de *gurús* dispuestos a decirles cómo hacerlo. Es tan sencillo que para percibir el árbol, la nube bañada por la luz del Sol poniente, la luz reflejada en un remanso de agua, para poder simplemente percibir su belleza, la mente ha de estar muy silenciosa, ¿no es así? Si alguien les amenaza de muerte, deben escuchar, ¿verdad? Cuando su jefe les habla, lo escuchan con toda su atención; quizá no les guste lo que les está diciendo, quizá incluso les resulte ofensivo, pero está claro que no tienen más remedio que escucharlo, porque su vida, su subsistencia, su economía dependen de ello. De manera que en ese instante están verdaderamente en silencio.

Pues de esa misma manera, escuchen, observen la verdad de que para ver y escuchar cualquier cosa, de forma sensorial y no verbal a la vez, la mente debe estar muy silenciosa. Ésta es una verdad; tiene sentido, tiene lógica. Si observan, comprenderán que la mente de una persona que vive apegada a sus creencias, asentada en la tradición, que se considera a sí misma hindú, budista o parsi, no es una mente silenciosa. Tener una mente silenciosa es muy sencillo; de verdad que lo es. Sólo en ese estado de absoluta quietud puede uno percibir la belleza de la Tierra, de un árbol, un ave o un rostro; y sin esa belleza, nunca descubrirán, nunca verán qué es la verdad.

¿Hay belleza en sus vidas? ¿Saben lo que significa la belleza? No la belleza arquitectónica, el diseño del espacio, no la belleza de un cuadro, de unas armoniosas facciones o de un sari muy hermoso, sino la belleza que sobreviene cuando no hay ningún movimiento del "yo", ningún movimiento de la voluntad, ningún movimiento del tiempo. Cuando uno está ansioso por encontrar algo, ya sea en el exterior o dentro de sí, no puede haber belleza. La belleza existe solamente cuando la voluntad, el "yo", está completamente ausente, porque entonces hay pasión, y en la pasión hay una belleza extraordinaria. A la mente que se halla en estado de meditación, le importa sólo la meditación, no el meditador. El meditador es el observador, el censor, el pensador, el experimentador, y cuando está presente, sólo existe lo que a él le interesa, que es encontrar, obtener, alcanzar, experimentar. Pero eso que es intemporal no puede experimentarse; no hay ninguna experiencia de ello; hay, únicamente, eso que es innombrable.

Miren, señores, cuando la mente está en silencio, el cuerpo se halla en un estado de inmensa quietud; es así, y no al contrario, como hacen ustedes, que fuerzan al cuerpo a sentarse quieto y lo someten a todo tipo de tensiones a fin de encontrar esa rara belleza del silencio. No lo hagan; observen simplemente.

Como saben, es cierto que a base de subyugar el cuerpo se pueden adquirir una serie de poderes, como la clarividencia o leer el pensamiento de alguien –lo cual es bastante vergonzoso, en realidad; es como leer las cartas íntimas de otra persona–. Ya saben a lo que me refiero; seguramente los conocen como *siddhis*, ¿no es así? Pues escuchen, todos esos poderes son como la llama de una vela encendida bajo la luz del Sol. Cuando el Sol no brilla y hay oscuridad, la vela y la luz de la vela son muy importantes; pero cuando el Sol irradia su luz, su belleza, su claridad, entonces todos esos poderes, esos *siddhis*, los *chakras* y la *kundalini* son como la luz de una vela; no tienen ningún valor. Cuando uno tiene *esa* luz, no existe nada más.

Dense cuenta de una cosa, señores; necesitan tener una mente sana, capaz de razonar con lógica, con sensatez, no una mente estúpida. Una mente embotada puede sentarse durante siglos, inhalando, exhalando, concentrándose en los diversos *chakras*, jugando con la *kundalini*, pero nunca descubrirá eso que está más allá del tiempo, que es auténtica belleza, verdad y amor. Por tanto, abandonen la luz de esa vela que todos los *gurús* y los libros les ofrecen, y no repitan una sola palabra que por sí mismos no hayan descubierto que es verdad, que por sí mismos no hayan verificado. Ni siquiera se trata de verificar los dichos de otros, sino de poner a prueba el propio pensamiento de uno, de cuestionarlo, averiguar la verdad en cuanto a él. Entonces no serán personas de segunda mano.

INTERLOCUTOR: Señor, ¿cómo se las arregla uno para encauzar la extraordinaria energía que tienen los seres humanos?

KRISHNAMURTI: ¿Cómo encauza uno esa extraordinaria energía? ¿Es eso lo que pregunta, señor? Bueno, ya la encauzan ustedes de modo admirable: se matan unos a otros, se engañan, y todavía les sobra energía para derrochar con su comportamiento codicioso, conflictivo, violento, agresivo, con su empeño en reprimir y someterse a la autoridad de otro... Lo hacen realmente de maravilla; ¿por qué plantea esa pregunta? ¿No derrocha su energía en el sexo, en el placer, en ir a la Luna, en vivir bajo el mar, en odiar? ¿No es eso lo que hace? Tiene energía de sobra para todo ello y para malgastarla yendo a trabajar cada día de su vida durante cuarenta años, ¡piense un poco! Si me permite decirlo, ¿por qué plantea esa pregunta? ¿Por qué pregunta qué ha de hacer uno con la tremenda energía que tiene? ¿No cree que la pregunta sería, cómo puede esta energía –que es inmensa y que hemos dividido en energía sexual, intelectual, emocional, física– emplearse en terminar con la guerra tanto interna como externa? ¿Es ésta la pregunta?

I: Más o menos.

K: Más o menos, ¿por cuál de ellas se inclina: por el más, o por el menos?

I: ¿Cómo he de meditar?

K: El caballero quiere saber cómo meditar. ¡Qué gran tragedia hemos hecho de nuestra vida! Quien les habla ha examinado este tema durante una hora y veinte minutos, y al final de esa indagación usted quiere saber cómo meditar. ¡Qué lástima! ¿Se dan cuenta de lo que es nuestra vida? Nunca escuchamos, nunca averiguamos por nosotros mismos, nunca investigamos; lo único que hacemos es preguntar: «Dígame cómo debo vivir». Nadie le puede decir cómo debe vivir, pues en ese caso viviría de acuerdo con la idea de otro.

Miren, ¡la energía es tan inmensa! La energía humana es energía cósmica; es la misma energía: la energía explosiva del universo. Nosotros hacemos uso de una parte ridículamente ínfima de ella, e incluso esa pequeñísima parte la hemos fragmentado al dividir nuestras vidas en «mi país y su país, mi dios y su dios, mis creencias y sus creencias, mi fa-

milia y la suya»; la poca energía que tenemos, la desperdicia-
mos, y nos morimos como seres miserables. Vean esta fragmentación, tan sólo vean que es un hecho. No pueden hacer
nada al respecto, así que simplemente observen esa fragmentación en sus vidas. Si la observan en su totalidad, y la observan en silencio, desde la quietud, sin la más leve actividad
del pensamiento, verán que poseen una extraordinaria energía para cambiar la estructura entera de su ser, de su sociedad.

I: Dice que cualquiera puede acceder a una felicidad creativa,
que no es algo restringido a una minoría. ¿Podría explicarlo?

K: Como sabe, la palabra no es la realidad que hay detrás de
ella. La palabra *árbol* no es el árbol, ¿verdad? ¿Comprende
este hecho sencillo? Por tanto, la explicación no es la cosa
que se explica, ni la descripción es aquello que se describe.
Tenga esto siempre presente: la palabra no es la cosa; el árbol
no es la palabra *árbol*, y que, aun así, vivimos atrapados en
las palabras. Y la pregunta que me hace es: «Por favor, dígame qué es esa felicidad creativa a la que puede acceder todo
el mundo». Puedo explicarlo, pero la explicación no será lo
verdadero.

Diga, señor, ¿por qué no somos seres humanos felices,
sencillamente felices? Nos pasamos la vida corriendo tras el
placer, pero el placer no es felicidad, ¿no es cierto? ¿Se ha
dado usted cuenta de que cuando es feliz, cuando se siente dichoso, esa dicha ha llegado sin que hiciera nada para
atraerla? El placer se puede perseguir y atraer; se puede conseguir, prolongar, cultivar e intensificar; en cambio, la dicha,
la auténtica alegría, no puede atraerse hacia uno, no se puede
cultivar. Cuando uno se siente feliz, esa alegría, esa felicidad
está ahí. Acto seguido viene el pensamiento y dice: «Qué maravilloso momento fue». Entonces el pensamiento convier-

te esa dicha en placer, y sigue diciendo: «Debo tener esa dicha nuevamente, por tanto, dígame como puedo conseguirla de nuevo».

Mire, señor, el que cualquier persona del mundo sea feliz supone que ha de llevar una vida muy diferente, una vida en la que no haya conflicto; ha de producirse un cambio en la propia estructura de las células cerebrales, ha de haber un cambio en sus corazones y en sus mentes. Y eso tiene que hacerlo *cada uno*, no su entorno; nadie excepto usted puede hacerlo. Uno es el mundo, y el mundo es uno; sólo uno puede hacerlo. ¿Acaso no ha puesto su fe en los templos, en los dioses, en los *gurús* y los sistemas? Y ¿adónde le ha conducido todo eso? Al cabo de miles de años, ¿dónde está? Sigue confundido, viviendo en la oscuridad y la desdicha, ¿no es así? ¿Por qué sigue entonces depositando su fe en otra persona? Lo único que necesita hacer es observarse a sí mismo, lo cual está al alcance de cualquier persona que quiera hacerlo. Obsérvese, conózcase a sí mismo tal como es, y no diga: «No soy lo guapo que quisiera, soy feo», simplemente observe la fealdad. Para observar, no le llame "feo", simplemente observe; no lo nombre, no lo condene ni lo justifique: obsérvelo simplemente. A partir de esa observación emana una dicha a la que uno jamás podrá invitar.

I: Tal como es nuestra vida, no tenemos elección, no sabemos cuándo el Sol brillará. Luego, ¿por qué no debemos utilizar una vela?

K: Dice el caballero que nuestra vida es oscura y que no hay razón para no usar una vela. ¿Se dan cuenta de dónde está? Está aferrado a su vela. Eso es lo que está haciendo, señor. No lo haga; tiene su propia vela en su interior. Quizá la suya tenga una potencia de cientos de vatios, y la de otros sea una vela muy simple. Cada uno tiene la suya propia.

I: Y ¿qué hay de aquellos que han puesto su fe en Krishnamurti? ¿Son individuos completamente felices? ¿Han encontrado la realidad?

K: ¿Qué hay de aquellos que han puesto su fe en Krishnamurti? No ponga usted su fe en Krishnamurti. No se rían, se lo ruego. Uno tiene que permanecer solo, porque únicamente la mente que está sola por completo, es una mente que nunca puede ser herida. Una mente que está sola es una mente libre. Depositar la fe en otra persona es muy infantil, muy inmaduro. ¡Es un sentimiento tan mediocre el de tener fe en otro! Nunca depositará su fe en otra persona si la ama; si la amara de verdad, ¿comprende? Pero como no sabe lo que es el amor, por eso necesita tener fe.

* * *

APÉNDICE

Desde la muerte de Krishnamurti, su enfoque sobre la educación se ha seguido aplicando en varias escuelas de la India, Estados Unidos e Inglaterra.

La escuela de Brockwood Park es un internado de carácter internacional y mixto, que ofrece enseñanza secundaria y superior a alumnos de entre quince y veinticuatro años. El Krishnamurti Study Centre ofrece alojamiento a personas adultas cuyo deseo es estudiar la obra de Krishnamurti en un entorno tranquilo, ya sea durante un día, un fin de semana o una semana completa. La Krishnamurti Foundation Trust conserva los archivos de Krishnamurti y distribuye libros y grabaciones de audio y vídeo.

La dirección de estas tres organizaciones es:

Brockwood Park
Bramdean, Hampshire SO$_{24}$ 0LQ
Inglaterra

A continuación detallamos información suplementaria sobre cada una de ellas:

Brockwood Park School
   Tel.: + 44 (0) 1962 771 744
   Fax: + 44 (0) 1962 771 875
   e-mail: admin@brockwood.org.uk
   www.brockwood.org.uk

The Krishnamurti Study Centre
    Tel.: + 44 (0) 1962 771 748
    e-mail: kcentre@brockwood.org.uk
    www.brockwood.org.uk

The Krishnamurti Foundation Trust
    Tel.: + 44 (0) 1962 771 525
    Fax: + 44 (0) 1962 771 159
    e-mail: info@brockwood.org.uk
    www.kfoundation.org

Si desea recibir información sobre la Fundación Krishnamurti
de América, la escuela de Oak Grove y el Centro de Retiros,
por favor diríjase a:

The Krishnamurti Foundation of America
    PO Box 1560
    Ojai, CA 93024-1560
    USA
    e-mail: kfa@kfa.org
    www.kfa.org

FUENTES

1. ¿Es posible vivir sin esfuerzo en este mundo de locos?
   De la grabación de una charla en Nueva Delhi, el 10 de diciembre de 1970.
2. ¿Puede el pensamiento encontrar una forma de vida armoniosa?
   De la grabación de una charla en Nueva Delhi, el 13 de diciembre de 1970.
3. ¿Qué le impide a la mente disponer de espacio ilimitado?
   De la grabación de una charla en Nueva Delhi, el 17 de diciembre de 1970.
4. ¿Es estática la verdad o es algo vivo?
   De la grabación de una charla en Nueva Delhi, el 20 de diciembre de 1970.
5. ¿Qué cualidad posee la mente que se halla en estado de meditación?
   De la grabación de una charla en Nueva Delhi, el 24 de diciembre de 1970.
6. ¿Es posible vivir en este mundo maravillo con amor, con belleza, con la verdad?
   De la grabación de una charla en Bangalore, el 30 de enero de 1971.
7. ¿Cómo mira usted su vida?
   De la grabación de una charla en Bangalore, el 31 de enero de 1971.
8. ¿Es posible una revolución interior y, por tanto, exterior?
   De la grabación de una charla en Madrás, el 6 de enero de 1971.
9. ¿Qué es el amor? ¿Qué es la muerte?
   De la grabación de una charla en Madrás, el 10 de enero de 1971.
10. ¿Qué significa una mente silenciosa?
    De la grabación de una charla en Madrás, el 13 de enero de 1971.
11. ¿Cómo se mira a sí mismo y cómo mira el mundo?
    De la grabación de una charla en Bombay, el 7 de febrero de 1971.
12. ¿Puede la mente ser absolutamente libre?
    De la grabación de una charla en Bombay, el 10 de febrero de 1971.
13. ¿Es posible cambiar radicalmente nuestra naturaleza psicológica?
    De la grabación de una charla en Bombay, el 14 de febrero de 1971.

14. ¿Pueden sostener la Tierra en la mano, retener el mar en el puño?
    De la grabación de una charla en Bombay, el 17 de febrero de 1971.

FUNDACIONES

El legado que Jiddu Krishnamurti dejó en sus *enseñanzas* forma parte de la responsabilidad de las Fundaciones creadas como iguales por él, con el propósito de preservar la integridad de lo que él expresó durante muchos años y en diferentes lugares del mundo.

Las siguientes Fundaciones creadas por Krishnamurti son las únicas instituciones responsables de la preservación y difusión de sus enseñanzas:

Krishnamurti Foundation Trust – KFT
    www.kfoundation.org
    email: kft@brockwood.org.uk

Krishnamurti Foundation of America – KFA
    www.kfa.org
    email: kfa@kfa.org

Krishnamurti Foundation India – KFI
    www.kfionline.org
    email: kfihq@md2.vsnl.net.in

Fundación Krishnamurti Latinoamericana – FKL
    www.fkla.org)
    email: fkl@fkla.org

Estas Fundaciones se responsabilizan y garantizan la autenticidad e integridad de los contenidos de todas las publicaciones realizadas por ellas: libros, vídeos, casetes, DVD, etcétera. Para resolver cualquier duda o consulta rogamos contacten con cualquiera de ellas.